KB140713

갈대와 강철 같은

두 얼굴의 베트남

갈대와 강철 같은
두 얼굴의 베트남

초판 1쇄 인쇄 2017년 11월 28일
초판 5쇄 발행 2019년 5월 20일

지은이 심상준 · 김영신

펴낸곳 인문과교양
주소 (02001) 서울특별시 중랑구 중랑천로 358-6
전화 02-3144-3740
팩스 031-633-3747

ⓒ2017, 심상준 · 김영신
ISBN 979-11-85939-49-0 (03300)

갈대와 강철 같은

두 얼굴의 베트남

심상준 · 김영신 지음

인문과
교양

책을
내놓으며

베트남에서 25년 동안 살았습니다. 많은 시행착오가 있었습니다. 그것은 기대치 때문이었습니다. 아예 우리랑 다를 것이라고 생각하면 오히려 그 문화에 적응하기가 쉽습니다. 그러나 베트남은 우리 문화와 많이 비슷합니다. 그래서 이럴 것이다, 저럴 것이다, 예단을 하지요. 하지만 그 예단은 항상 빗나갔습니다. 지금 한국인들이 베트남에 많이 들어오고 있습니다. 관광뿐만이 아니라 비즈니스를 하기 위해 엄청나게 밀려오고 있습니다. 걱정이 됩니다. 결코 쉬운 나라가 아닙니다. 화교가 부富의 주도권을 잡지 못한 나라입니다. 한국처럼 말입니다.

우리 부부는 베트남 전쟁에 대한 빚을 갚고 싶은 심정으로 한베 수교 직후에 입국했습니다. 그래서 누구보다 베트남을 사랑하고자 했습니다. 그러나 문화의 벽에 부딪혀 많이 좌절했습니다. 그럼에도 불구하고 베트남 사람은 사랑하지 않을 수 없는 사람들입니다. 따뜻하고, 친절하고, 정을 주고받을 줄 알고, 은혜를 갚을 줄 아는, 정신세계가 높은 민족입니다.

25년의 세월을 이곳에서 보냈지만 결코 후회하지 않으며, 은퇴 후 여생도 이곳에서 보내고 싶습니다. 알면 알수록 깊이가 있는 사람들, 마치 양파를 까듯이 벗기면 벗길수록 하얀 속살이 더욱 빛나는 사람들, 이런 사람들과 반평생을 살게 해 주신 하나님께 감사를 드립니다.

25년 전 베트남은, 아무도 관심을 갖지 않았던 나라입니다. 제대로 된 사전 하나 없었습니다. 우리 부부는 베-일본어, 베-한자 사전을 통해서 베트남어를 배웠습니다. 한국에 베트남은 베트콩과 치열하게 싸웠던 월남전으로만 알려져 있었습니다. 온몸으로 베트남과 부딪치며 베트남을 배웠습니다. 그 25년 세월의 부딪침의 결과물로 이 책을 내놓게 되었습니다. 한 나라의 문화를 한 권의 책으로 정의할 수는 없습니다. 아직도 발견되지 않은 베트남 문화의 속살들이 어딘가에 꼭꼭 숨어 있다가, 누군가에 의해 밝혀지게 될 것입니다.

이 책은 심상준과 김영신 부부의 공저입니다. 심상준은 베트남 대학에서 정식으로 역사와 문화를 전공하고 박사학위를 받은 사람이고, 김영신은 사단법인 한베문화교류센터를 운영하면서 베트남의 각계각층을 구석구석 발로 뛰면서 베트남의 문화를 경험한 사람입니다. 이렇게 체득한 베트남의 문화를 교민 잡지 『굿모닝 베트남』과 한베문화교류센터에서 발행하는 웹 매거진 『싱싱 베트남 뉴스』에 연재했었습니다. 부부가 공동으로 이 책을 집필하게 된 것은 문화의 이론만으로는 독자와의 거리를 좁힐 수 없기에, 한국 아줌마 겸 여성 활동가로서 실제 생활 가운데 부딪친 베트남 문화를 이 책 속에 녹여서 소개함으로 독자에게 쉽고 친근하게 다가가고자 함입니다. 문화의 이론과 문화의 경험이 만나 오늘의 책『갈대와 강철 같은 두 얼굴의 베트남』이 탄생하게 된 것입니다.

이 책을 읽을 때 주어인 '나'가 심상준일 때가 있고, 김영신일 때가 있어 혼동스러울 수도 있습니다. 예화나 장 서두에 나오는 경험담은 주로 김영신의 글이고, 문화 이론이 나오면 심상준의 글이라고 이해하시면 됩니다. 주어가 두 사람인 것이 이 책을 읽는 데 약간의 불편함이기도 하지만, 다른 한편으로 보면, 한국 아줌마의 산 경험이 들어감으로써 문화 이론에 생명력을 불어넣어 독자들이 더 쉽게 베트남 문화를 이해할 수 있다는 장점이 있습니다.

심상준은 베트남 대학에서 문화인류학을 전공한 사람으로 베트남의 권위 있는 신문인『노동신문(Báo Lao Động)』에 외국 학자의 자격으로 베트남 문화 관련 글을 종종 기고하였고, 또한 오랫동안 교민 잡지『하노이 한인 소식지』를 통해 베트남의 문화를 심도 깊게 소개해 왔습니다. 독자들은 월간 교민지에 소개되는 단편적인 베트남 문화 이야기에 목이 말라 책을 언제 내느냐며 재촉을 했고, 그 성원에 힘입어 저희 부부는 책을 낼 용기를 갖게 되었습니다. 특히 고상구 한인회장님의 격려와 성원에 감사드립니다.

지금까지 베트남 문화에 대한 좋은 책이 여러 권 나왔습니다. 그러나 그 책들은 대부분 자가용을 타고 다니면서 거주했던 사람들의 글이거나 또는 잠깐 베트남을 방문하고 나서 쓴 글들입니다. 이런 외부 관찰자적 시각도 중요합니다. 그러나 무엇보다도 중요한 것은 내부 관찰자의 시각입니다. 저희 부부는 1993년 가난한 유학생의 신분으로 입국하여 자전거와 오토바이를 타고 다니면서 베트남의 골목골목을 누비었습니다. 20번 이상의 이사를 다녔고, 마약 중독자들이 득실거리는 슬럼가에도 살아 보았습니다. 가난한 베트남 여성들을 우리 집으로 데려다가 숙식을 함께하며 한국 음식 만드는 법을 가르쳐서 한국 가정에 가사 도우미로 취직을 시켜 주었고, 베트남을 떠났던 홍콩 난민들이 숟가락, 젓가락, 냄비 한 개씩 들고 다시 본국으로 돌아왔을 때, 컴퓨터를 가르쳐서 한국 기업에 취직을 시켜 주었고, 베트남 대학 강단에서 학생들을 가르치기도 했습니다. 그리고 심상준이 박사학위를 받은 후에 '사단법인 한베문화교류센터'를 세워 한국 기업과 베트남의 지방성을 연계하여 학교를 세워 주고 있으며, 저소득층 어린이들에게 장학금을 주고 있고, 매년 베트남 대학생들을 수십 명씩 선발하여 '번역클럽'과 '봉사클럽'이라는 동아리를 16년째 운영하고 있습니다. 또한 한베 국제결혼 여성들을 위한 '한국문화교실'을 10년째 운영하고 있고, 그 외에도 한베 말하기 대회, 한베 청년 문화 교류, 한베 법률 심포지움 등 각종 문화 교류 행사를 통해 베트남의 각계각층의 사람들을, 지위고하를 막론하고 모두 만나고 있습니다.

25년의 세월이 물리적으로도 긴 세월이지만, 내용적으로는 더 긴 세월입니다. 저희 부부는 이렇게 베트남 사람 속에서, 베트남 언어로 소통하면서 살아온 한국 사람으로서, 베트남 문화의 내부 관찰자의 입장에서 베트남 문화를 소개하고자 합니다. 자가용 안에서는 결코 볼 수 없었던 문화이며, 베트남 언어를 모르고서는 결코 이해할 수 없는 베트남의 문화들입니다.

무엇보다도 이 책을 내놓게 된 것은 한베 국제결혼 가족을 위해서입니다. 10년 동안 한베 국제결혼 여성들을 교육하면서 안타까움이 많았습니다. 한국 남편들의 우월 의식과 베트남 문화에 대한 이해 부족은 서로에게 아픔과 상처를 남기며 가정이 깨지는 결과를 가져왔습니다. 물론 베트남 여성의 잘못도 있습니다. 베트남 여성은 선진 한국에서 한번 멋지게 살아 보고 싶어서 왔고, 한국 남편은 40세가 넘어도 장가를 못 가다가 젊고 모성애가 강한 베트남 여성을 만나 안정되고 평화로운 가정도 가지고 2세도 가지고 싶어서 국제결혼을 선택했지만, 문화 차이로 인한 사소한 오해로 양쪽 다 큰 희생을 치르며 헤어지게 됩니다. 한국 남편들에게는 "한번 습득된 문화가 바뀌는 데는 시간이 걸린다. 그러므로 좀 기다려 주어야 한다."라고 누누이 당부해도 '빨리빨리'의 습성은 좀처럼 변하지 않습니다. 부디 이 책이 한베 가족을 이루신 분들에게 조금이나마 도움이 되기를 바랍니다. 그동안 재정의 어려움으로 잠시 중단되었던 한베 국제결혼 여성을 위한 한국문화교실을 다시 열 수 있도록 도움을 주신 주베트남 한국 대사관과 이혁 대사님의 인도적이고 따뜻하고 적극적인 관심에 진심으로 감사드립니다.

한 나라의 문화가 하룻밤에 만들어지는 마법의 성이 아니듯이, 저희 부부가 이렇게 『갈대와 강철 같은 두 얼굴의 베트남』이라는 책을 집필할 수 있었던 것도 선배 연구자들이 있었기 때문에 가능한 것입니다. 아무도 베트남에 관심을 가지지 않을 때, 1960년부터 베트남의 역사를 연구하여 기틀을 세워 놓으신 유인선 교수님, 베트남의 문학 작품을 통하여 베트남 여성의 두 얼굴의 베일을 벗겨 주신 한국외국어대학교 전혜경 교수님 등 선임 연구자들의 연구물이 있었기에 저희 부부가 이 책을 세상에 내놓을 수 있게 되었습니다.

끝으로 이 책이 나오기까지 초고를 검토해 주시며 끝까지 고견을 주신 부산외국어대학교 하순 교수님께 거듭 감사를 드리며, 자료를 찾아 준 한베문화교류센터 직원들, 어렵게 편집되어 있는 내용을 쉽게 펴낼 수 있도록 고견을 주시면서 교정을 해 주신 '한베 국제결혼이주여성 교육교실'의 김삼성, 최은실, 안현수, 김은경, 문영미, 엄현정 선생님, 이 책이 독자층에게 가깝게 다가갈 수 있도록 충고해 주신 한베문화교류센터 이사 겸 출판사 샘인북스 이낙규 대표님, 늘 격려와 도움을 주신 『하노이 한인소식지』의 이산 편집장님, 책을 출판할 수 있도록 여러 편의를 제공해 주신 인문과교양 편집부와 박성원 대표님, 재정을 후원해 준 믿음직한 우리의 두 아들 심천섭, 심진섭, 언제나 어려운 일을 당할 때마다 도움을 주는 오랜 소꿉친구인 후암동 신흥교회 동창 이희란, 원선희, 계광근, 박경용 친구들께 마음을 모아 감사를 드립니다.

2017년 11월
심상준, 김영신

차 례

서문

두 얼굴의
베트남

베트남에 살다 보면 이해하지 못하는 것들이 참 많다. 마치 DNA의 이중 나선형처럼, A, G, T, C라는 서로 상반된 개념들이 무언가에 의해 잘 조합되어 돌아가고 있는 것 같은……

이렇게 온순해 보이는 사람들이 어떻게 그 수많은 전쟁을 했을까? 항상 웃으며 온화한 이들의 모습 속에서 응오 쿽Ngô Quyền[1]이나 리 트엉 끼엣Lý Thường Kiệt,[2] 보 응웬 잡Võ Nguyên Giáp[3] 등의 전쟁 영웅들의 강인한 모

---

1 B.C. 111년부터 A.D. 938년까지 1,000년간 중국의 지배를 받아오던 중 938년에 중국으로부터 독립을 획득한 인물(897~944). 응오 왕조를 세웠다.

2 베트남의 리李왕조 때에 송제국이 중국을 통일하고 베트남을 침공했을 때 송군을 격파시킨 장군 (1075~1077).

3 호찌민과 함께 베트남의 항불·항일·항미 전쟁을 승리로 이끈 주역으로, 한 번도 전쟁에서 실패를 경험하지 않은 인물(1911~2013).

습은 찾을 수가 없다. 베트남 전쟁에 참여했다는 올해 69세의 여성을 만났다. 그때 그녀의 나이는 고작 19세였다고 한다. 순박하기가 이를 데 없는 얼굴이다. 이런 얼굴이 어떻게 총을 들었을까? 남자들도 마찬가지이다. 작은 체구에 항상 웃으며 친절하고 토아이 마이thoải mái(편안한)한 귀여운 남자들, 전쟁과는 거리가 먼 인상들이다. 만약 기록물이 없다면 베트남 전쟁은 없었다고 전면 부인해도 충분히 믿어질 것이다.

느릿느릿한 이들의 걸음 속에서 무엇이 나올 수 있을까? '우리를 따라오려면 한참 멀었지.'라고 생각했다. 그러나 25년이 지난 지금 하노이 시내는 여느 대도시 못지않은 고층 빌딩들이 우뚝우뚝 서 가고 연 6%의 꾸준한 경제 성장률을 보이고 있다. 우리는 경제 발전을 한다고 얼마나 빨리빨리 움직였는가? 한국 사람들이 '빨리빨리'라는 단어를 얼마나 많이 입에 달고 살았으면 베트남 사람들이 제일 먼저 배우는 한국어가 '빨리빨리'가 되었을까? 그런데 그들의 느릿느릿한 걸음걸이 속에서 '빨리빨리'를 능가하는 속도가 나왔다. 어떻게 된 일인가?

허술한 조직 같은데 위기 상황이 되면 순식간에 뭉치는 놀라운 결속력, 앞에서는 "아니오."라고 말하지는 않지만 본인이 원하지 않는 것은 결코 하지 않는 강인함, 격식이 없는 것 같은데 어느 부분에는 엄청 까다롭고, 촌락의 유치원은 다 쓰러져 가는데 인민위원장의 접견실은 화려하고, 정감은 넘치는데 왠지 겉돌고, 일하는 것은 매우 수동적인데 문제가 터지면 후다닥 능동적이 되고, 서로 "형님, 동생, 삼촌, 이모" 하면서 사회적 신분의 차이가 없는 것 같은데 안으로 들어가면 엄격한 구분이 있고, 작은 이

익에 매달리고는 큰 것으로 갚고, 전쟁을 할 때는 무섭게 하고 적군이 도망갈 때는 쫓아가서 양식과 물을 주는 사람들…….

부드러운 것 같으면서 강하고, 강한 것 같으면서 부드럽고, 통하는 것 같다가도 막히고, 막히는 것 같다가도 통하고, 될 것 같다가도 안 되고, 안 될 것 같다가도 되는 문화, 베트남에서 체감되는 정서는 경계가 없는 두 나라를 하루에도 몇 번씩 왔다 갔다 하는 것 같다. 양면적인 한 실상實狀, 한 실상의 두 면을 보면서 우리는 우왕좌왕하고 있다.

이 양면성의 문화에 어떤 층위層位로 접근해야 하나? 어떤 수수께끼가 숨어 있나? 뿌리가 무엇일까? 궁금한 것이 한두 가지가 아니다. 이 책에서는 베트남인의 독특한 생계 방식과 거주 형태로 이 양면성의 문화에 접근해 보고자 한다. 그리고 25년 동안 살면서 직접 피부로 체감한 내용들도 포함하여 미력하나마 베트남의 문화를 들춰 보고자 한다.

제1장

대나무 성 안의 소국가

- 폐쇄성과 공동성

2007년 여름, 아주그룹 임직원들이 베트남에 봉사 활동을 왔다. 3박 4일의 개인 휴가를 반납하고 베트남에 와서 진정한 땀을 흘리겠다는 것이었다. 그래서 봄부터 아주그룹의 후원으로 유치원을 짓고 있는 하이즈엉Hải Dương성省의 공사 현장에 20여 명의 임직원들을 투입하기로 했다. 그들 중에는 이사급도 있었는데 이사 계급장을 떼고 공사판에서 똑같이 땀을 흘리겠다고 했다. 전시展示 봉사가 아닌 베트남 인민들과 땀방울을 섞는 진짜 봉사를 하고 싶다는 것이다.

　그런데 이런 아주그룹의 기특한 정신에 제동이 걸렸다. 인민위원회에서 보내온 스케줄에는 하루 내내 의전이 들어 있었다. 현(한국의 군郡) 단위부터 동洞 단위까지 여러 곳을 다니며 의전을 해야 했다. 그 당시 아주그룹은 하이즈엉성에 약 다섯 개의 유치원 건축을 후원하고 있었는데, 다섯 개 유치원이 소속되어 있는 동을 모두 방문해야 하기 때문에 의전만 족히 하루가 걸렸다. 아주그룹 측은 난색을 표명하며 이런 정치적인 요식 행위로 자신들의 값진 휴가를 낭비할 수 없다고 했다.

그러나 베트남에서 의전을 생략한다는 것은 대단한 결례이다. 그 이유는 촌락도 소국가小國家이기 때문이다. 남의 나라에 들어갈 때 출입국 심사를 받아야 하듯이 베트남의 촌락에 들어갈 때도 반드시 인민위원장을 만나야 한다. 인민위원장은 그 촌의 대통령인 것이다. 그래서 촌락을 방문할 때도 그냥 방문할 수 없다. 며칠 전에 공문을 보내서 승인을 받아야 한다. 말하자면 비자를 받아야 하는 것이다. 외국 NGO(시민 단체)들이 촌락에 학교를 세워 주고, 카우 뱅크cow bank를 운영하고, 정수 시설을 설치하기 위해 촌락을 수시로 방문해야 하지만 반드시 공문을 보내서 허락을 받아야 들어갈 수 있다.

그리고 첫 상견례는 꼭 해야 한다. 남의 국가에 들어가는데 그 국가의 대표와 상견례를 하지 않는다는 것은 무례無禮이다. 성의 주석(도지사급)을 만나고 왔다고, 촌에 들어갈 때 그냥 들어갈 수 없다는 것이다. 성은 성이고, 촌은 촌이다. 촌에 들어갈 때도 촌의 주석(동장급)에게 반드시 인사를 하고, 약식으로나마 정견 발표도 하고 감사의 말도 주고받는 접견 행사를 가져야 한다. 이런 베트남의 의전 문화를 모르는 한국 사람들은 "도지사한테 인사하고 왔으면 됐지, 왜 또 동장과 상견례를 하라는 거예요? 시간도 없는데. 3일 동안 이 유치원의 페인트칠을 끝내고 준공식을 하기도 빠듯한데"라며 볼멘소리를 한다. 잠시 베트남을 방문한 사람들에게 베트남의 문화를 아무리 설명해도 이해를 하지 못한다. 이럴 때 참 난감하다.

모처럼 베트남에 땀을 흘려 보겠다고 온 아주그룹의 임직원들을 하루 종일 의전 행사에 모시고 다닐 수도 없고, 그렇다고 의전 행사를 생략할 수도 없어서, 편법을 썼다. 그것은 대여섯 명의 나이가 들어 보이는 사람들로 의전팀을 만들어서 의전만 하러 다니고, 힘이 불끈불끈 솟는 청년들은 곧바로 공사 현장에 투입해서 비지땀을 흘리게 한 것이다. 하노이의 한여름은 한증막이다. 80%의 습도는 한국 청년들의 옷을 흠뻑 적시게 만들었으며, 그해 여름 한국과 베트남의 땀이 섞인 두 개의 아름다운 유치원이 탄생되었다.

심상준이 유학 시절 초기에 멋모르고 베트남 촌락을 연구한다고 랑làng(촌락)으로 들어갔다가 혼이 난 적이 있었다. 들어가서 5분도 되지 않았는데 마을 인민위원회 간부가 다가와서 대뜸 누구냐고 다그쳤다. 허락 없이 랑에 들어갔다가 붙들린 것이다. 나는 소속과 신분을 밝히면서 미안하다고 사과하자 그는 나를 마을의 딩亭, Đình[1]으로 안내하며 차를 건네었다. 내가 베트남 말을 하지 못했더라면 아마도 하노이에 있는 한국 대사관으로 바로 연락이 갔을 것이다.

왜 베트남은 이렇게 작은 촌에 들어갈 때도 까다로운가?

전통적으로 랑이라고 불리는 북베트남의 촌락은 통상 대나무로 경계 부분을 표시하고 있다. 대나무로 빙 둘러싸여 있어서 내부적으로는 태풍이나 바람 같은 자연재해로부터 주민들을 보호해 주는 역할을 해 왔으며,

---

1 촌락의 공식적인 회의 장소이며, 이곳에 촌락의 성황城隍을 모시는 재단이 있다.

하떠이 단프엉 촌락 입구   하떠이 단프엉 촌락 대나무 울타리

전쟁이 발생할 때에는 외부로부터의 침략이나 탈취를 막아 주는 성벽으로서의 역할을 해 왔다.

이러한 거주의 특징은 대부분 북부 주민에게 자기끼리의 친밀성을 가지게 하는 동시에 자기방어의 폐쇄적인 습관을 만들었다. 이런 폐쇄성은 자치적인 독립성으로 발전되었다. 대나무 성벽 안에서 모든 문제를 자체적으로 해결하는 시스템이 구축된 것이다. 랑은 행정적인 방면에서 자치 기구를 가지고 있는 독립적인 마을이며, 군사적인 방면에서도 독립적인 민군 자위대를 가지고 있으며, 신앙의 방면에서도 성황을 모시는 독자적인 랑의 딩을 가지고 있고, 생활 문화의 방면에서도 각 마을마다 독자적인 축제의 풍속을 가지고 있다.

그래서 베트남 사회 연구가들은 베트남의 랑은 베트남의 소국가이며 베트남 사회 구조의 기층이라는 결론을 내리고 있다. 이렇게 모든 방면에서 베트남의 촌락은 독립적인 단위로 조직되어 있다. 이 가운데 특히 종교적인 것은 더욱더 폐쇄적이다. 촌락마다 한 개의 절이 있는데 이 절 외의 다른 외래 종교는 이 촌락 안에 들어갈 수가 없다. 베트남에 늦게 들어온 개신교와 같은 종교는 이 촌락에 들어가는 것이 쉽지가 않다. 북부 홍하 유역의 닝빙Ninh Binh 같은 바다와 가까운 지역에 가면 천주교의 성당이 많이 있는 것을 보게 되는데 그곳은 동네 전체가 천주교 마을이다.

한국 사람들이 많이 살고 있는 경남빌딩 앞의 미딩 송다Mỹ Đình Sông Đà라는 지역의 건물군체에서도 베트남의 랑의 모습을 찾아볼 수 있다. 아파트와 빌라로 구성되어 있는 동네인데 입구에 커다란 아치형의 문이 있다. 한국과 같은 한 브랜드의 아파트 단지가 아니고 다른 동네로 통하는 큰 차로가 있는 동네이다. 그럼에도 불구하고 동네 입구에 개선문과 같은 멋진 아치형의 문틀을 세우고 '우리 동네'라고 구별 짓는 것이다.

미딩 송다 입구에 세워진 아치문

베트남 전통 마을의 형태로 지은 성곽 아파트　　　　2019년 입주 예정인 성곽 아파트

아파트도 성곽처럼 짓는다. 미딩 송다 지역에 CT로 시작하는 아파트는 약 10개 동을 붙여서 성곽처럼 둥그렇게 지었다. 이 아파트 단지에 들어가면 마치 성에 들어온 것 같은 느낌이 든다. 이것은 북부 촌락의 대나무 성(thành luỹ tre)을 그대로 반영한 것으로, 베트남이 점점 도시화되어 가고 있지만 랑의 전통을 그대로 유지하고 있는 것이다. 이런 건축 구조는 중부나 남부에서는 찾아볼 수가 없는 북베트남의 특수성이다.

대나무 감옥 – 비천이성非遷移性

이와 같은 베트남의 전통 촌락 구조인 대나무성을 가리켜 쩐 휘 리에우 Trần Huy Liệu[2]라는 학자는 그의 저서 『속세(Cõi Đời)』에서 "대나무 장벽으로 둘러 쌓여 있는 스스로 만든 감옥과 같은 마을"이라고 표현을 했다. 얼

2　애국자이며 정치 활동가(1901~1969). 애국정신에 대한 작품 『감추어진 속마음(Một bầu tâm sự)』(1927), 『냉정한 펜촉(Ngòi bút sắc)』(1927), 『국가를 위한 현신(Hiến thân vì nước)』(1928), 『감옥의 기록(Ngục trung ký sự)』(1927)을 발표했다.

마나 외부와의 접촉을 안 하고 살면 이런 표현을 했을까? 오래전에 베트남 촌락 문화를 연구할 때만 해도 하노이 근교에 사는 사람들 중에 수도 하노이를 방문하지 못한 60세 이상 노인들이 90%나 되었다. 타이 빙Thài Binh에 사는 나의 지인의 노모는 올해 90세인데 자기 마을에서 5km만 나가면 바다인데도 이 바다를 90세 평생에 딱 한 번밖에 나가 보지 않았다는 것이다. 베트남인은 그 마을에서 태어나 그 마을에서 살면서 이사 한 번 가지 않고 그 마을에 묻힌다. 그야말로 감옥과 같은 마을이라고 표현한 베트남 학자의 말처럼 그렇게 산다.

오늘날 고속 도로가 놓여 있어도 이런 비천이성非遷移性은 여전하다. 우리 한베문화교류센터는 매년 '한꿈 장학금 전달식'을 하는데, 이 장학금은 농촌의 어린이들에게 수도 하노이를 구경시켜 주는 장학금이다. 꽉 막힌 촌락이 세상의 전부인 줄 알고 살고 있는 베트남 사람들의 지경을 넓혀 주고자 만든 것이다. 여기에 선발된 어린이들은 TV에서만 보던 수도

한꿈 장학금 홍보 포스터

하노이를 실제로 가 본다는 사실에 흥분하여 잠을 못 잔다고 한다. 이른 새벽 관광버스가 마을에 도착하면 온 동네 사람들이 전부 나와서 손을 흔들며 잘 다녀오라고 하는데 마치 해외 원정을 떠나는 국가대표 선수라도 된 것마냥 기뻐하며, '촌락의 영광'이라면서 축하를 한다는 것이다. 한꿈 장학금은 이런 폐쇄된 공간에서 살고 있는 어린이들을 수도 하노이로 데리고 와서 넓은 세상을 보여 줌으로써 꿈을 가지게 하는 것이다.

이러한 비천이성은 베트남의 생계 방식으로부터 비롯되었다. 생계방식은 지리적 조건에 기인한다. 한반도의 6배가 되는 몽골은 가축을 키우기 위해 광활한 초원을 이동하면서 모험적이고 탐험적이며 공격적인 초원 문화를 형성했다. 그러나 베트남은 정반대이다. 대나무로 마을의 경계를 한정 짓고 그 안에서 자급자족적인 소농小農을 하면서 살아왔던 관습으로 인하여 그 경계를 벗어나는 것은 매우 불안한 일이다. 그래서 이동을 아주 힘들어한다.

이 점 또한 베트남의 경제 발전에 큰 장애물이다. 현재 하노이의 모든 국가 대학 이전이 큰 난제이다. 2003년부터 2015년까지 하노이국립대학을 비롯하여 모든 국립 단과 대학들을 랑화락Láng Hoà Lạc이라는 곳으로 이전할 계획을 세우고 1,113.7ha의 대학 단지 위에 건물을 짓고 있다. 그러나 교수들을 비롯하여 모든 학교 관계자들은 가지 않겠다고 버티고 있어서 2017년인 지금도 이전을 하지 못하고 있다. 랑화락은 하노이에서 그리 멀리 떨어져 있지 않은 곳이다. 하노이 외곽 미딩 쪽에서 30분이면 가는 거리이고 도로도 잘 닦여 있다. 폭이 140m, 길이가 30km인 다이 탕롱-Đai Thang Long(큰 용)이라는 넓은 도로가 2010년도에 이미 완공되었다.

소농小農적 대학

한국 대학과 미국 대학을 비교하면 기가 죽는다. 미국 대학은 캠퍼스 안에서도 자동차를 타고 다녀야 한다. 그만큼 넓다. 미국은 원체 땅덩어리가 크니까 대학의 부지도 넓을 수밖에 없다고 생각을 했다. 그리고 베트남에 와서, 대학을 보고 또 한번 놀랐다. 이번에는 대학이 너무 작아서 놀랐다. 그래도 국립 대학은 좀 봐 줄 만하다. 그러나 사립 대학은 정말 이해가 안 된다. 어떻게 아파트 건물 한 동 같은 것을 대학이라고 하는가? 학생들이 거닐 수 있는 교정이나 운동장이라고는 하나도 없다. 건물의 1층은 주차장이고 거기에 오토바이를 세워 놓고 바로 건물로 올라간다. 이런 규모를 대학이라고 설립 허가를 내 준다는 것이 이해가 안 되었다. 한국은 캠퍼스 안에 박물관을 갖추고 있는 대학도 100개가 넘는다. 베트남이 싱가포르처럼 국토가 좁아서 그렇다면 이해를 할 수 있다. 그러나 베트남은 남한의 4배이다. 한국보다 땅덩어리도 큰데 어떻게 대학이 이렇게 작을 수가 있는가? 가난해서 그런 것도 아닌 것 같다. 우리 한국이 베트남보다 GDP가 낮을 때도 대학 부지는 넓었다.

베트남 대학이 이렇게 작은 것은 소농과 무관하지 않다. 작은 촌락에서 살았던 사람들은 뭐든지 작게 생각한다. 전답이 20~30m² 크기도 있으니 얼마나 소규모의 소농인가? 그리고 베트남의 국토가 남한의 4배라고는 하나, 처음부터 그렇게 큰 면적이 아니었다. 홍강 델타에서 오밀조밀하게 살다가 점점 남쪽으로 내려왔고, 리李왕조 때 남진 정책으로 조금씩 영토를 넓혀 가다가 18세기 중반에야 비로소 오늘의 베트남 지도가 형성된 것이다.

1993년 하노이국립대학을 방문했을 때, 그 당시의 학교 이름은 '하노이종합대학(Trường Đại học Tổng hợp Hà Nội)'이었다. 이 종합 대학 안에는 인문사회대학과 자연과학대학 2개뿐이었다. 공대, 의대, 법대, 상대, 외대, 사범대, 농대, 약대는 모두 각각 다른 장소에서 독립적으로 운영하고 있었다. 종합 대학이라면 이런 단과 대학 정도는 포함되어야 한다.

개방 이후 베트남의 대학도 외국과의 교류가 활발해지면서 자국의 대학이 규모가 너무 작은 것을 알고 몸집을 불리기 위해 '종합 대학'이라는 명칭을 '하노이국립대학(Đại học Quốc gia Hà Nội)'으로 개편하였다. 그리고 일차적으로 사범대학과 외국어사범대학을 끌어들였다. 그리하여 하노이국립대학은 ① 하노이인문사회대학 ② 하노이자연과학대학 ③ 하노이사범대학 ④ 하노이외국어사범대학 이렇게 4개의 단과 대학을 합쳐서 '하노이국립대학'으로 개편한 것이다. 그런데 이 규모도 감당하기가 힘들어서 1년쯤 운영하다가 다시 분리했다. 하노이사범대학을 독립시키고 외국어사범대학을 '하노이국립외국어대학'으로 이름을 바꾸어 하노이국립대학에 편입을 시키면서 몸집을 줄인 것이다. 겨우 두 대학만을 흡수하여 몸집을 부풀렸는데 이것마저도 함께 동거하기 힘들어서 따로 헤어지게 되었다.

하노이에 우리나라처럼 종합 대학이 없고 거의 단과 대학 수준으로 되어 있는 것도 소농적 문화의 산물이다. 그리고 4개의 단과 대학을 합해서 만든 종합 대학도 불과 얼마 못 가서 다시 나누어진 것도 전통적으로 소농과 소상으로 살아왔기에 큰 체계를 감당하기 어려운 문화이기 때문이다. 심상준이 하노이국립대학의 전신인 하노이종합대학 석사·박사과정에 입학 서류를 내고 수속을 밟는 데만 해도 6개월 이상이 걸렸다. 갈 때마다 내일 오라고 하는 직원의 태도를 보면서 사회주의 체제여서 그렇다고 생각을 했는데, 그것이 아니고 소농적 사고이기 때문에 체계가 없어서 그랬던 것이다.

심상준은 최근 삼성전자가 위치해 있는 타이 응웬Thái Nguyên성의 비엣 박Việt Bắc이라는 대학에 부총장으로 취임을 했는데 그 전에 대학 관계자로부터 대학에 대한 소개를 받는 과정에서, 이 대학이 베트남 전체에서 부지가 가장 큰 대학이라며 몇 번이나 강조하는 것을 들었다. 대학 부지가 몇 평인가 물으니 40ha, 12만 평이라는 것이다. 이 정도 규모는 한국 서울의 경희대학교와 한양대학교의 규모이다. 서울에는 이보다 더 넓은 사립 대학도 많이 있다. 그러나 베트남에서는 랑화락Láng Hòa Lạc의 약 1,100ha의 대

건물 한 동이 전부인 베트남 대학

북베트남에 신축 중인 1,100 ha의 대학 단지

학 단지[3]를 제외하고는 타이응웬성의 비엣박대학이 전국에서 부지가 제일 넓은 대학이다. 이제 베트남 대학도 세계 대학과 어깨를 나란히 할 날이 머지않았다. 랑화락의 1,110ha 이상의 넓은 대지로 이전하면 체계를 갖추지 않을 수가 없다. 그러면 소농적 사고에서 서서히 탈피하게 될 것이다.

베트남의 소상

베트남에 처음 입국해서 살림을 하는 주부로서 가장 놀랐던 것은 정육점이었다. 한국의 정육점에서 육류는 전부 냉장고 보관이다. 그런데 베트남은 돼지고기 소고기를 가판대에 놓고 파는 것이다. 비록 한국이 가난했던 시절에도 정육점은 냉장고를 갖추고 있었다. 그리고 육류는 조금만 상온에 놓아두어도 상한다고 알고 있었기에, 더욱더 가판대에서 팔고 있는 고기를 살 수 없었다. 게다가 파리까지 고기를 넘보고 있었다. 그래서 한동안 고기를 못 사먹었다. 몇 달이 지나고 서서히 베트남의 식문화에 익숙해지면서 아침 새벽에 나가서 고기를 사기 시작했다. 오후에 나가면 고기가 분명히 상했을 것 같아 찜찜했기 때문이다. 베트남이 이렇게 고기를 냉장고에 넣지 않고 파는 것은 경제적 여유가 없기 때문이라고 생각했다. 그리고 몇 년만 기다리면 위생적인 고기를 살 수 있을 거라고 기대했다. 그러나 25년이 지난 지금도 여전히 고기는 가판대에서 팔고 있다.

---

3 1,100ha의 부지는 베트남 정부가 대학 단지로 조성한 부지로서 하노이국립대학뿐만이 아니라 하노이 소재 모든 국립 단과 대학을 이곳으로 이전시킬 계획이다.

가판대 정육점

상온에 노출된 개고기

　우리 동네에는 딩톤시장이 있다. 폭은 자동차 한 대 지나가는 정도이고, 길이가 약 500m 되는데, 이곳에 가판대 정육점이 10개나 있다. 그리고 고기 공급처도 모두 다르다. 한국 같으면 축산차 한 대로 실어오면 되는 물량인데 베트남은 10곳에서 가져오고, 모두 오토바이로 한 마리 혹은 반 마리씩 실고 온다. 정육점은 냉장고가 없음으로 그날 받은 고기를 그날 다 팔아야 한다. 또한 냉장고가 없음으로 아침에 가져온 고기를 오후까지 보관을 할 수 없으니, 오전에 여는 정육점이 있고, 오후에 여는 정육점이 있다. 오전은 새벽 6시에 열고, 오후는 5시에 연다. 큰 유통 체계가 없이 한 축산 가정과 한 정육점이 연결되어 있다. 그러니까 10개의 조그마한 가판대 정육점이 배달처가 전부 다른 것이다. 90년대 중반에 타이하라는 거리에 살 때였는데 어느 날 새벽에 돼지 잡는 소리에 잠을 깨고는 얼마나 충격을 받았던지 지금도 기억이 생생하다. 어떻게 주택이 밀집되어 있는 동네에서 돼지를 키울 수 있으며 게다가 도살까지 주택가에서 하는 것은 도무지 이해가 안 되었다. 이렇게 베트남은 가정집에서 돼지를 키우다가 때가 되면 시장에 공급을 하는 소상이 잘 발달되어 있다.

야채 행상   자전거 과일 판매

그 후 10여 년이 흘러 사단법인 한베문화교류센터를 세우고 하노이에 사는 도시 빈민 초등학생들을 한국 사람과 결연시켜서 매달 장학금을 전달하는 사업을 시작했다. 어느 날 델라타잉Đê La Thành 거리에 사는 어린이집을 방문했다. 그 동네는 도로보다 지면이 낮아서 비가 오면 침수가 자주 되는 지역이다. 꼬불꼬불한 좁은 골목으로 들어가면 낮은 천장에 어두컴컴한 집들이 옹기종기 모여 있는 그런 동네이다. 부모님이 모두 마약 사범으로 감옥에 들어가서 할머니가 두 손자를 키우고 있었다. 한참 대화를 하고 있는데 갑자기 꿀꿀꿀 하며 돼지 소리가 들리는 것이었다. 깜짝 놀라 "이게 뭐예요?" 하니까 할머니는 어두컴컴한 부엌 한구석에 있는 돼지를 보여 주는 것이었다. 세월이 흘러도 여전히 변하지 않는 소상의 실상, 이렇게 도시 가정집의 부엌에서 돼지를 키워서 생계를 이어 가고 있다.

과일, 야채 모두 소상이다. 서민들이 주로 이용하는 식당도 아침 식사만 팔고 문을 닫고, 점심 식사만 팔고 문을 닫는다. 주로 쌀국수 퍼phở는 아침에만 열고, 분짜Bún chả는 점심에만 연다. 처음에 베트남에 오니 도시락이라는 단어가 없었다. 베트남 사람들은 도시락을 싸 가지고 일하러 다

한 광주리의 쏘이(찹쌀밥)　　　　　　이동식 꽃 판매

니지 않았기 때문이다. 점심시간이 되면 집에 와서 밥 먹고, 한잠 자고 다시 일하러 나가는 문화이다 보니 도시락이라는 단어가 생성되지 않았다. 그러다가 개방이 되고 회사들이 들어오면서 집에 가서 밥을 먹을 시간이 없음으로 도시락이 필요했고, 이 도시락이라는 단어를 '껌 반퐁Cơm văn phòng'이라 명명했는데 '껌Cơm'은 밥이고 '반퐁văn phòng'은 사무실이라는 뜻이다. 그러므로 도시락은 '사무실 밥'인 것이다.

　경제가 성장하면 곧 바뀌게 될 거라고 생각했던 것들이 아직도 안 바뀌고 있는 것은 바로 소농, 소상의 체계 때문이다. 50~60대 한국인이면 기억을 할 것이다. 한국의 시장에 국수를 만드는 집이 있었다. 직접 기계에서 국수를 빼서 말려서 팔았다. 그러나 지금 국수나 우동은 전부 대형 식품 회사들이 슈퍼에서 팔고 있다. 하지만 베트남은 아직도 한 개인이 쌀국수를 한 소쿠리씩 만들어서 시장에 나와서 판다. 한국의 과일 장사들은 1t 트럭에 과일과 야채를 싣고 다니면서 팔지만, 베트남은 한 줄 막대기로 된 돈 가잉이라는 지게에 과일과 야채를 조금씩 싣고 나와서 판매를 한다. 이런 소상의 모습은 25년 전이나 지금이나 여전하다. 한국의 화장품이 베트남에서 인기인데 대형 화장품 회사들이 별로 재미를 못 보는 것은 보따리 장사들 때문이다. 개인들이 페이스북을 통해서 화장품을 팔고 있고, 한국으로 시집간 베트남 여성들도 자신의 페이스북을 통하여 화장품 장사를 한다. 심지어 대학가의 허술한 분식집에도 한국 화장품을 판다는 광고가 붙어있다. 한국처럼 인테리어가 잘되어 있는 화장품 가게가 아닌 개인과 개인을 통한 소상, 사업자 등록증이 필요 없는 소매업이 잘 발달되어 있다.

당신이 아프면 온 동네가 아파요 – 공동성

베트남 사람과 함께 일하는 외국인에게 가장 힘든 점을 말하라고 한다면 그것은 베트남인의 공동 결속성이다. 자기끼리의 결속력이 너무 강해서 외국인이 그 속에 들어가기가 쉽지 않다. 혹 다국적 공동체에서 베트남인이 잘못을 했을지라도 '베트남인 vs 외국인'의 구도로 전환시켜 사건의 진실은 사라지고 시비도 가릴 수 없게 된다.

2017년 9월 북베트남의 타잉 화Thanh Hóa성의 한 봉제 회사에서 점심시간에 베트남 근로자들이 원단 위에서 낮잠을 자는 것을 보고 한국인 책임자가 원단을 회수했다. 이에 베트남 근로자들이 거세게 항의하며 순식간에 6,000여 명이 단결하여 파업을 일으켰고 베트남 신문에까지 기사화가 되었다. 베트남에는 점심 식사 후 낮잠을 자는 오침 문화가 있다. 25년 전에 베트남에 왔을 때, 점심시간에 하노이시의 거리는 개미 새끼 한 마리도 안 보일 정도로 한산했다. 이때는 점심시간에 타인에게 전화를 하면 실례가 되었다. 이런 전통적인 습관으로 베트남 근로자들이 점심을 먹고 잠을 자는 것은 당연한 일이다. 그러나 원단 위에서 잠을 자면 안 된다. 그 원단에 땀 등 이물질이 배이고 구겨지고 더러워지면 어떻게 옷을 만들어서 수출할 수 있겠는가? 책임자로서는 당연히 원단을 회수할 수밖에 없는 일이다. 그럼에도 불구하고 베트남 노동자들은 이것을 '베트남인 vs 외국인'의 구도를 만들어 결속함으로써 자신들의 잘못은 온데간데 없어지고 한국 회사만 곤경에 빠지게 된 것이다.

이 사건으로 베트남 근로자들이 처우 개선을 요구하며 내놓은 제안도 매우 원시적이다. 병가나 경조 휴가 때 3일 전에 미리 회사에 통보해야 하는 규정을 불합리한 규정이라며 개선해 달라고 했다는 것이다. 뒤에서 언급하겠지만 베트남인은 계획을 미리 세워서 행동을 하는 데 익숙해 있지 않고 무계획적이고 상황적이어서 이런 요구를 한 것이다. 직장인이라면 이런 규정은 정당한 규정이라는 것을 알 수 있다. 10명 안팎의 직원을 가진 우리 센터도 3일 전에 휴가를 신청해야 하는데 하물며 6,000명의 근로자들이 일하고 있는 규모의 회사에서는 더욱더 규정이 엄격하게 지켜져야 한다. 그래야 조직이 운영될 수 있기 때문이다.

이와 같은 베트남인의 대결 구도의 공동성이 어디에서 비롯된 것일까? 베트남은 고대로부터 촌락이 형성될 때 자연 촌락으로 형성되지 않고 대부분 여러 성씨의 종족과 이웃이 함께 만든 인위적인 집단 촌락으로 형성되었다. 그래서 베트남인은 항상 이웃과 밀접하게 연결하면서 생활해 왔다. 또한 베트남은 역사적으로 수많은 천재지변이 발생해 왔기 때문에 유기적 연대 없이 자신의 촌락의 안전만으로는 생존할 수가 없었다. 전쟁이나 홍수 같은 천재지변의 위기 시에는 촌락 간의 연대 수준이 매우 높다. 따라서 옛부터 이웃 간 규범이나 율례가 비교적 잘 발달되어 왔다. 촌락 내에 연대 의식을 형성시키는 다양한 조직을 갖고 있다. 그 가운데 동갑끼리 연대하는 동갑회同甲會도 있고, 직종職種 간 결속을 요구하는 공동친목 조직으로 '프엉 호이phường hội'와 같은 경제적 연대 조직도 있다. '프엉 호이'에 대한 성어 속에서도 강한 연대 의식을 찾아볼 수 있다. "장사를 하려면 프엉 호이가 있어야 한다(buôn có bạn, bán có phường)."라는 이 성어는 동업 조직이 없으면 장사를 하지 못한다는 뜻이다.

이 외에도 베트남에는 공동의 연대와 결속성을 유지하기 위해 높은 기준을 요구하는 고사성어들이 많이 있다. "한 사람이 아프면 그 부족 전체가 아무것도 먹지 않는다(một con ngựa đau, cả tàu bỏ cỏ)." 이 얼마나 인류애적인가? 마치 성경의 한 구절을 읽는 것 같다.

또 "버우bầu와 비bí는 과일 종류가 다르지만 같이 있기 때문에 서로 사랑해야 한다(bầu ơi thương lấy bí cùng, tuy rằng khác giống nhưng chung một giàn)." 이 고사성어 또한 수준 높은 삶의 기준이다. 과일 종류가 달라도 같이 있으니까 사랑해야 된다는 것은 오늘날 우리 한국의 다문화 사회에 반드시 적용해야 하는 성어이다.

심지어 개인 집을 짓는 일에 있어서도 결코 한 집의 일이 아니며, 그것은 종족의 일이며, 이웃의 일이며, 나아가서 촌락 전체의 일이라는 관념을 가지고 있다. 이처럼 베트남인은 전통적으로 공동의 결속과 연대성이 매우 높은 민족이다. 베트남의 고사성어에 "먼 친척을 팔아 가까운 이웃을 산다(bán anh em xa, mua láng giềng gần)."라는 말이 있다. 그만큼 이웃 간의 관계가 가깝지 않으면 생존하기가 어려웠다.

베트남인의 이런 공동성은 폐쇄성으로부터 비롯되었다. 폐쇄된 공동 사회에서 뭉쳐 살다 보니 외부로부터 어려운 일이 닥치면 이 폐쇄성은 고도의 공동 결속성으로 집결되어 전쟁과 같은 어려운 난관을 헤쳐 나가는 강점이 되는 것이다. 그러나 공업화의 과정에서는 약점이 되기도 한다. 위에서 언급한 원단 사건같이 불합리한 사건에 공동 결속성이 발휘되기 때문이다. 그리고 회사에서는 베트남의 오침 문화에 대하여 이해를 하고 돗자리를 먼저 제공한 후에 원단을 회수했다면 이런 일이 발생하지 않았을 텐데, 그 부분이 좀 아쉽다.

KOTRA 통계에 의하면 2017년 현재 베트남에 진출한 우리 기업의 수가 5,600개가 넘는다고 하는데, 만약 한 기업에 문제가 발생하면 그것은 그 한 기업의 문제가 아니라 베트남에 진출한 5,600개 모든 기업에 영향을 미친다. "한 사람이 아프면 그 부족 전체가 아무 것도 먹지 않는다."라는 속담에서도 알 수 있듯이 베트남인의 강한 공동 연대 의식은 오랜 역사 속에서 형성된 것으로 매우 뿌리가 깊고 응집력이 강해 순간적으로 전국적인 규모로 결집할 수 있다.

오두막 촌락과 명품 거실

베트남 농촌 지역 개발 사업을 위해 지방의 기관들을 방문하면 화려한 접견실에 놀라지 않을 수 없다. 장미목 의자에 자단紫檀목 테이블에, 페르시아 양탄자에, 상아 장식품에, 어느 한국 대기업의 접견실 뺨칠 정도로 잘 꾸며져 있다. 그래서 주객이 전도된 느낌이다. 도와주러 간 우리가 이들로부터 도움을 받아야 하는 것 아닌가 생각된다. 우리 센터는 손님 접견실이 따로 없다. 사무실 공간에 소파 놓고, 손님이 오시면 거기서 접견하고, 점심에는 직원들 식사도 하고, 직원회의도 하는 다용도실이다. 그러나 베트남의 기관은 군청 소재지급의 사무소는 물론이고 면·리 소재지급의 사무소도 접견실을 잘 꾸며 놓았다. 그래서 지방성에 내려갈 때마다 접견실로 인하여 회의에 빠진다. 과연 이들은 우리의 도움이 필요한가? 지방 정부가 돈이 있는데 우리가 공연히 도와주는 것 아닌가? 이렇게 사무소를 잘 꾸밀 돈으로 쓰러져 가는 유치원을 하나 짓지 왜 우리보고 도와 달라고 하나?

얼마 전에는 고엽제 피해자들을 위한 프렌드십friendship 빌리지(고엽제 마을)를 방문했다. 화려하게 조각이 된 비싼 장미목 나무 의자가 10평 남짓한 접견실에 삥 둘러 놓여 있었다. 만약 우리나라에서 어떤 고아원을 방문했는데 접견실이 최고급 나무로 된 가구들로 되어 있다면 누가 후원을 하겠는가? 프렌드십 빌리지는 고엽제 피해 아이들을 돌보는 곳이다. 아이들의 외모만 보더라도 측은하기가 이를 데 없다. 그런데 접견실은 한국 정부 기관의 접견실보다 더 고급스럽다. 왜 베트남의 접견실은 국민의 경제 수준과 이렇게 차이가 날까?

베트남의 접견실은 마치 초라한 오두막집에서 명품 옷을 입고 나오는 아가씨 같은 느낌이랄까? 그러나 이유가 있다. 앞에서도 말했듯이 베트남은 한 마을이 하나의 국가와 같다. 그래서 작은 마을의 촌장이라도 그 마을의 대통령인 것이다. 그러므로 대통령의 의전을 갖추어야 한다. 그러니 접견실이 중요할 수밖에 없다. 우리가 프렌드십 빌리지에 봉사 활동을 하러 갔을 때도, 우리는 그냥 밖에 "봉사하러 왔습니다."라고 신고하고 각각 교실로 들어가서 봉사 활동을 하고 싶었지만, 그쪽 책임자는 20여 명의 우리 일행을 접견실로 데리고 들어와 장황한 환영 인사를 하고, 우리 쪽에도 답례 인사를 요청했다.

이렇게 외부 인사가 오면 반드시 신고의 의전을 갖추어야 한다. 그러므로 기관에 돈이 생기면 제일 먼저 수리를 하는 곳이 접견실이다. 그러나 한국의 의전과는 많이 다르다. 베트남의 의전은 입국 신고 같은 의전이므로 동 단위의 가장 작은 마을을 들어가더라도 반드시 인민위원회에 들러서 인사를 해야 한다. "○○○이 왔습니다. 신고합니다." 이렇게 신고하고 난 다음에는 무척 자유스럽다. 베트남어로 토아이 마이thoải mái(편안한)하다. 그러나 한국의 의전은 세분화되어 있다. 앉는 자리부터, 식사 나오는 순서가 다 정해져 있고, 높은 사람이 오면 나가서 기다려야 하고, 차에 앉을 때도 의전이 있고, 자신보다 높은 사람이면 차문을 열어 주어야 하고, 차가 떠날 때까지 서 있어야 한다. 베트남 기자가 한국의 의전에 대하여 쓴 기사를 보면, "한국 사람은 한 사람이 떠나는데 20여 명이 비행장에 배웅 나왔다. 얼마나 인력의 낭비인가? 도저히 이해할 수 없다."라고 했다. 아마도 대기업 회장이 왔다 갈 때 이런 모습을 본 것 같다.

제2장

베트남인의
정情과 이理

2007년에 베트남 중부 지방 꽝 응아이Quảng Ngãi에 있는 두산중공업에 베트남 문화 특강을 하러 갔었다. 이 회사는 그 당시만 해도 한국 회사 중에서는 가장 큰 규모의 생산 공장을 세운 회사였다. 수천 명의 베트남 직원들을 채용했는데 관리에 어려움이 있어서 베트남 문화를 알고자 나를 초청한 것이다. 회사 관계자의 말에 의하면 초기 공장을 세울 때, 아직 사내 식당이 세워지지 않아서 점심시간에 직원들이 오토바이를 타고 집에 가서 식사를 한 후, 낮잠을 자고 다시 회사로 와서 오후 근무를 하게 되어 있었는데, 몇몇 직원들이 연락도 없이 오질 않는다는 것이었다. 회사에서 전화를 하면 그때야 집에 무슨 일이 있어서 못 간다고 하니, 회사로서는 어려움이 이만저만이 아니라는 것이다. 한국은 이런 경우 반드시 회사에 통보를 해야 하지만 베트남은 전화가 안 오면 '무슨 일이 있나 보다.' 하고 그냥 넘어가는 문화이다. 이처럼 베트남인과 일을 할 때 흔히 목격할 수 있는 것은 베트남인은 원칙과 규정이 있어도 통상 자신의 형편에 따라 편리한 대로 일을 한다는 것이다. 이것 때문에 외국과의 교류와 합작을 진행할 때 많은 장애를 일으킨다.

베트남인의 행동 양식은 정情이 먼저이고 그다음이 이理이다. 다시 말하자면 정情을 취해서 기준으로 삼고, 이理를 가지고 조절하는 식이다. 이것은 외국인들에게는 대단히 이해하기 힘든 개념이다. 특히 정확한 생산을 요하는 공업화 시대에 있어서는 큰 장애 요소가 아닐 수 없다. 그러나 베트남인은 오랫동안 이런 방식으로 살아왔다. 자급자족의 소농과 소상으로 인하여 농부와 상인의 임의성, 자의성에 따라 시간을 편리한 대로 사용하는 습관으로 형성된 문화이다. 2009년에 띠엔 퐁Tiên Phong 신문사가 출판한 『베트남 사람들의 나쁜 습관(Người Việt-phẩm chất và thói hư tật xấu)』에서 찡 투언 득Trịnh thuận Đức은 "베트남 사람은 오늘 논을 갈고 씨를 뿌려야 하지만 누가 잔치에 초대하면 모든 일을 버리고 거기에 간다."라고 비판하고 있다. 이렇게 농사를 짓다가도 내팽개치고 잔칫집에 가고, 장사를 하다가도 볼일이 있으면 문을 닫고 가 버리는 자의성으로 인하여 '사회적 약속'의 개념이 희박하게 되었다. 소비자와의 약속으로 제품 생산에 대한 계획을 세운다는 것은 북베트남인들에게는 매우 힘든 일이다.

1915년에 『베트남의 풍속』을 쓴 유명한 작가 판 께 빙Phan Kế Bính은 그의 책에서 "베트남 사람은 의지가 약하고 큰 무역은 안 하고 작은 장사만 한다."라고 말한다. 이렇게 베트남의 소농과 소상은 이理보다는 정情 쪽으로 치우치는 문화가 형성되는 데 많은 영향을 미쳤다고 볼 수 있다.

베트남 사람이 즐겨 사용하는 말 중에 "끈을 너무 심하게 잡아당겨 묶으면 오히려 끈이 끊어진다(Gia néo đứt dây)."라는 말이 있다. 이것이 베트남인이 가지고 있는 이理에 대한 생각이다. 너무 원칙적으로 하면 안 된다는 것이다. 우리나라도 지금은 공업화로 인하여 많이 바뀌었지만, 예전에는 이理보다는 정情이 많이 통했던 문화였다. 그래서 한국도 공업화 초기에 서양인들이 많이 힘들어했다.

서양은 완전 이理의 나라이다. 1990년 우리 식구가 미국 하와이의 한 조그만 대학 캠퍼스에서 살고 있을 때였다. 초등 1학년의 개구쟁이 작은 아들이 캠퍼스의 규칙을 어겼다고 기숙사를 퇴실하라는 통보를 받았다. 그 규칙이란 캠퍼스 밖으로 나가지 말라는 것이었다. 그러나 캠퍼스와 도로의 경계는 '캠퍼스는 잔디고, 도로는 시멘트' 그뿐이다. 울타리도 없다. 그냥 육안으로 보고 잔디는 캠퍼스, 도로는 시멘트로 인지하고 나가지 말라는 것이다. 한국의 초등 1학년 학생이 그 규칙을 지키기는 참 어려웠다. 그런데 미국의 초등 1학년 학생은 너무나 이 규칙을 잘 지키고 있는 것이다. 가령 공차기를 하다가 이 공이 도로 쪽으로 굴러가면 미국 초등학교 1학년 학생은 그 공을 주우러 가지 않는데 우리 초등학교 1학년 아들은 쫓아가서 그 공을 주워 오는 것이다. 이것이 규칙을 위반했다는 것이다. 이것을 어겼다고 기숙사 퇴실 통보를 받았고, 우리는 졸지에 홈리스 homeless가 되어 길바닥에서 하룻밤을 자야 했다. 이 학교는 크리스천 학교였는데, 법과 원칙에 있어서는 한 치의 양보도 없었다. 바로 이것이 서구 문화이다. 1990년대 초반에 베트남에 입국한 서양인들과 작은 프로젝트를 함께한 적이 있는데 이들이 만나기만 하면 베트남인에 대한 어려움을 털어놓았다. 우리는 그래도 이理보다는 정情 쪽에 기울어져 있어서 그런지 서양인들처럼 그렇게 힘들지는 않았다. 결국 한 서양 친구는 베트남 문화에 적응을 하지 못하고 본국으로 돌아갔다.

한국과 베트남 모두 이理보다는 정情에 치우친 문화이지만, 베트남의 이理는 한국보다도 훨씬 약하다. 한국은 그래도 큰 원칙은 이理를 통해 지켜졌다. 그러나 베트남은 큰 원칙도 바꿀 수 있다. 베트남의 대입 시험 때의 일이다. 2004년경, 하노이외국어대학교 한국어과에 실력이 좋은 학생들이 대거 응시를 해서 영어과보다 커트라인이 높았다. 대학 측에서는 이 학생들을 떨어뜨리기 아까워서 정원 초과로 한 반을 더 뽑았다. 그해의 입학 정원이 정해진 상태에서도 이런 융통성이 가능했던 것이다.

또 다른 경우, 2007년 국회 의원 선거 때의 일이다. 투표가 끝난 저녁에 각 촌락의 반장이 그날 나이 든 사람이나 병이 들어 투표소에 나오지 못한 사람들을 위해 직접 투표함을 들고 그 집을 방문하여 투표를 하게 하는 장면이 TV 저녁 뉴스에 나왔다. 깜짝 놀랐다. 선거는 법에 의해 규정된 하나의 사회적 행위이다. 그런데도 베트남에서만은 이런 규정이 융통성에 의해 인도적으로 발휘되고 있는 것이다.

여조黎朝 시대의 『여조형률黎朝刑律』[1]을 살펴보면 "반역죄나 살인죄를 지은 80세 이상의 노인들과 10세 이하의 아이들, 그리고 정도가 심한 불구자들은 왕에게 보고해야 하며"라고 되어 있다. 비록 사형죄에 해당하더라도 경우에 따라 형이 주어지지 않는다는 것이다. 이와 같이 엄격한 법 규정들에 대해서도 베트남인은 여전히 탄력성을 가지고 운영한다.

---

1 15세기 여조 시대에 반포된 베트남에서 가장 큰 정통성을 갖는 법전 중의 하나이다.

베트남의 속담에 "국가는 관작官爵을 중요시하나 촌락은 치작齒爵을 중요시한다."라는 말이 있다. 관작은 사회적 지위이고 치작은 '치아齒牙의 지위'라는 뜻으로 나이에 비례하는 지위를 의미한다.[2] 이치理致상으로는 관직이 필요하지만 정감情感으로는 나이에 따른 지위가 더 중요하다는 뜻이다. 베트남은 나이가 들면 들수록 공동체 안에서의 지위가 더욱더 높아진다.

이렇듯 베트남은 정감 문화와 소농 문화로 인해 상황에 따라 무계획적으로 일을 하는데 어떻게 경제 발전을 이룰 수 있을지 의문이 가지만 나름대로 자신의 목적을 달성하며 꾸준히 6%의 경제 성장률을 보이고 있다. 만약 전쟁이나 천재지변과 같은 사건이 발생했을 때는 이 '정감에 따른 상황성'이 오히려 순발력으로 변환되어 큰 난관을 헤쳐 나가는 강점이 되기도 한다.

베트남 띵깜情感의 속살

베트남에 살려면 꼭 알아야 하는 단어가 있다. 띵깜tình cảm이라는 단어이다. 띵깜은 우리말로 정감이다. 베트남을 정감의 문화라고 한다. 이성理性보다는 정情이 앞서기 때문이다. 그래서 무슨 부탁을 했는데 들어주지 않을 때 "컴 꼬 띵깜không có tình cảm(에이, 정이 없네요)"이라고 하면 빙긋이 웃으

2　유인선(2000), 「북베트남의 촌락 구조와 黎朝 시대와의 관계(Cấu trúc của làng xã Việt Nam ở đồng bằng Bắc Bộ và mối quan hệ của nó với nhà nước thời Lê)」, 『역사연구(Nghiên cứu lịch sử)』, p. 30.
　　※ 『역사연구(Nghiên cứu lịch sử)』는 베트남에서 발행되는 권위 있는 역사 월간지이다.

면서 들어준다. 베트남 사회를 돌아가게 하는 핵, 그것이 띵깜이다. 띵깜은 관계를 윤택하게 해 준다. 마치 빽빽한 기계에 기름칠을 하는 것과 같다. 베트남에 한번 왔다 간 사람들이 또 다시 베트남에 오고 싶은 것도 아마 이 띵깜 때문일 것이다. 정을 주고받을 줄 아는 것, 이 수준도 대단한 것이다.

2000년대 초반에 잠깐 한국에 나가 있을 때, 일산의 한 교회의 외국인 노동자 쉼터에서 7개국 외국인 노동자들을 도와준 일이 있었다. 파키스탄, 이란, 태국, 베트남, 몽골, 필리핀, 중국 등의 이주 노동자들이었다. 그런데 7개국 노동자 중에 베트남 노동자들이 교회 집사님들에게 가장 인기가 많았다. 도와주면 고마움을 알고, 작은 선물이라도 꼭 가지고 와서 보답을 하기 때문이다. 아무리 봉사 정신으로 외국인 이주 노동자들을 돕는다고 해도, 상대방이 고마움을 모르면 지친다. 7개국 노동자들을 상대하면서 베트남인의 품성이 더욱더 돋보였다.

베트남은 띵깜이 넘쳐나는 나라이다. 법은 없어도 살지만 띵깜이 없으면 못 산다. 항상 정을 표현해야 하고 정을 주고받아야 한다. 어떻게 하나? 어렵지 않다. 평소에 타인에게 관심을 갖는 사람이면 누구나 다 할 수 있다. 사랑이 많은 사람이면 저절로 되는 일이다. 우리와 비슷하다.

먼저, 선물이다. 해외 출장을 갔다 오거나 지방 출장을 갔다 오면 작은 선물이라도 꼭 해야 한다. 우리 직원들은 가까운 지방에 출장을 갔다 오더라도 그 지역의 특산물 등 작은 선물이라도 꼭 사 온다. 간혹 어떤 한국 사람은 비싼 선물을 한 번에 꽉 안기고 '내 맘 알지? 이렇게 비싼 것 선물했잖아.' 하는데, 베트남의 띵깜은 비싼 것 한 번 하고 일시 정지를 오래하는 것보다 작은 선물을 수시로 하는 것이 더 효과적이다. 왜냐하면 띵깜은 관심의 표명이기 때문이다.

두 번째, 상대방에 대해 꼬치꼬치 캐묻는 것이다. 이건 사생활 침해가 아니라 관심의 표명이다. 나이는 당연히 제일 처음 묻는 질문이다. 왜냐하면 호칭을 정해야 하기 때문이다. 나보다 언니인지, 동생인지, 삼촌뻘 되는지 큰아버지뻘 되는지 알아야 하기에 나이를 먼저 묻는다. 그다음에는 결혼을 했는지, 자녀가 몇 명인지, 집은 어딘지, 집은 얼마에 렌트를 했는지, 그리고 월급이 얼마인지 등을 시시콜콜하게 묻는다. 마치 우리 집에 숟가락이 몇 개인지까지 다 알아내려고 하는 것 같다. 그런데 이것이 베트남의 정감의 표현이다. 상대에게 관심을 가지고 있다는 뜻이다. 처음에 만났을 때는 탐정처럼 사생활에 대해 묻고, 그다음에는 수시로 안부를 묻는 것이다. 부모님 잘 계시는지, 건강은 어떤지, 어려운 일은 없는지 등을 지속적으로 물어보면 그것은 자기에 대해 관심을 가진다는 것임으로 띵깜이 생기는 것이다. 베트남 사람과 전화할 때, 먼저 안부를 꼭 물어야 한다. "건강하시지요(anh có khỏe không)?"라고 그러면, 항상 깜언 cám ơn(감사합니다)이라고 먼저 말하고 나서 자신은 잘 있다고 답한다. 우리 한국은 어떤가? "네, 덕분에 잘 있습니다."라고 한다. 그러나 베트남은 안부를 물으면 꼭 깜언(감사합니다)이라고 답한다.

세 번째, 함께 있어 주는 것이다. 우리 센터에서는 한국어과 대학생들을 위한 KOVI Friends(번역클럽 & 봉사클럽) 동아리를 운영하고 있다. 수업이 끝나면 조별로 설거지를 하고 가는데, 당번인 조가 설거지를 하는 동안 모든 조가 기다렸다가 같이 간다. 밤도 늦었는데 먼저 가라고 해도 안 간다. 문밖으로 나가면 바로 오토바이를 타고 뿔뿔이 흩어져서 가는데도 꼭 기다렸다가 같이 간다. 밥을 먹을 때도 마찬가지이다. 먼저 온 사람은 먼저 먹으라고 해도 기다렸다가 모두 왔을 때 같이 먹는다.

네 번째, 경조사를 꼭 챙겨야 한다. 우리 센터는 직원들 생일 때마다 케이크를 사서 온 직원이 함께 생일 축하 노래를 부르고 사진 찍고 한바탕 웃고 떠들고 나서 생일 케이크를 먹는다. 그리고 장례식에는 꼭 가야 한다. 베트남에서는 결혼식보다 더 중요한 것이 장례식이다.

다섯 번째, 띵깜이 제일 높게 표현되는 것은 집을 방문하는 것이다. 선물을 사 가지고 집을 방문하여 그 집 식구들과 인사를 나누는 것은 띵깜의 절정이다.

이렇게 정을 주고받을 수 있는 사람들과 함께 살고 있다는 것이 우리 교민들에게는 얼마나 다행인지 모른다.

그런데 베트남의 띵깜은 우리의 정감과 약간 다른 면이 있다. 베트남의 띵깜은 잔정이라는 것을 알아야 한다. 깊은 의리를 동반한 우정이 아닌, 그냥 같이 있는 동안에 서로 사랑하면서 정을 주고받는 것이다. 그러니 우리 식으로 내가 큰 정을 주었으니 기억해 달라고 해서는 곤란하다. 그

걸 모르는 우리 한국 사람들이 정신없이 정을 쏟아 붓는다. 그러다가 어느 날 "내가 자기에게 해 준 게 얼마인데 어떻게 이럴 수가 있는가?" 하며 깊은 상실감에 빠진다. 우리는 이것을 배신이라고 하나, 베트남인의 입장에서는 상황성이다. 베트남인은 멀리 내다보는 안목이 우리보다는 짧다. 주지하다시피 자급자족의 소농은 그날 벌어들인 소득으로 그날 먹으면 되는 것이다. 그래서 실증적인 사고가 발달되었다. 눈에 보이지 않는 미래를 위해 뭔가를 기약하는 것은 오히려 어리석은 일인 것이다.

나의 지인 중에 한 사람이 죽음의 절망 가운데 있는 베트남 아가씨 하나를 데려다가 딸처럼 돌보아 주었다. 같이 데리고 살면서 야간 대학도 보내 주고, 낮에는 사무실에서 업무도 보게 하면서 유학까지 보내 주려는 장기 계획을 세우고 있었다. 1년이 되어 월급 인상 기간에 그 아가씨는 회사에서 정한 규정보다 더 많이 올려 줄 것을 요구하며 만약 자신의 요구대로 안 되면 다른 곳으로 옮길 수도 있다는 말을 다른 직원을 통해서 했다. 이 지인은 정말 서운해서 잠을 잘 수가 없었다고 한다. 수렁에 빠진 것을 건져 주었더니 어떻게 이렇게 보답하는가? 한국 사람에게는 충격이나, 베트남 사람에게는 당연한 일이다. 과거는 과거이고, 현재는 현재이다. 현재 자신의 실력이 월급을 더 받을 수 있는데 과거의 관계를 생각해서 그냥 참고 일하지 않는다는 것이다. 그래서 베트남의 유능한 직원을 놓치지 않으려면 두 가지를 잘해야 한다. 실력이 향상되면 월급도 올려 주어야 하고, 땡깜도 주고받아야 한다.

2011년에 한 한국 기업인으로부터 전화를 받았다. 나의 칼럼을 읽고 너무 동의가 된다면서 동병상련의 마음이 되어 전화를 했다는 것이다. 이 기업인의 말에 의하면 자신의 회사를 설립할 때부터 함께한 직원에게 정말 피붙이처럼 잘해 주었다고 한다. 한국도 보내 주고, 결혼할 때 가전제품 일체를 다 해 주고 말이다. 그런데 어느 날 갑자기 그만두겠다고 했다는 것이다. 인수인계할 시간도 안 주고 당장 다른 데로 옮기겠다고 하니, 얼마나 기가 막히겠는가? 아무리 사정해도 안 된다고 해서 너무 괘씸하고 분해서 마음에서 싹 정리하고 내보냈는데, 1년 후에 전화가 와서 다시 그 회사에 가면 안 되겠냐고 했다는 것이다. 우리 한국은 한번 이직한 회사에는 다시 들어가지 않는 것이 통례이다. 더군다나 고용주와 이렇게 안 좋게 헤어진 경우에는 더더욱 다시 들어갈 수 없다.

그러나 베트남은 화동和同의 문화이기 때문에 가능하다. 화동 문화는 뒤에서 좀 더 자세하게 후술하겠지만, 갈등을 오래 지니지 않고 바로 화해하는 독특한 베트남 문화의 특성으로, 작은 촌락에서 얼굴 붉히며 살 수 없으므로 묵은 감정을 빨리 털어버리고 새로운 관계를 재빨리 형성하며 살아가는 베트남인의 행동 양식이다. 이러한 화동의 습관으로 그 여직원은 다시 옛 직장으로 돌아오겠다고 한 것이다.

사실 우리 한국인의 정감도 면밀히 살펴보면 상당히 조건적이다. "내가 이만큼 했으니 너도 이에 상응하는 보답을 해라." 이런 식이다. 서로에게 가장 좋은 관계는 대가를 바라지 말고 그냥 사랑만 하는 것이다. 나의 작은 도움으로 한 사람이 잘되는 것에 만족하면서.

남자들의 띵깜 - 호기심

예전의 한국은 남녀가 내외를 하는 문화였기에 한 동네에서 오래 살아서 누가 누군지 다 알아도 남녀 간에는 인사를 하지 않는 것이 예의였다. 지금도 마찬가지이다. 남녀 간에는 한 아파트에서 오래 살아서 얼굴을 알아도 관계가 형성되지 않으면 인사하지 않고 지낸다. 그러나 베트남은 다르다. 처음 내가 살았던 곳은 하노이시의 타이 하Thai Ha 거리였다. 골목 안으로 꽤 깊이 들어간 집이었는데, 내가 떴다 하면 온 동네 남자들이 나만 쳐다보는 것이었다. 내 이름을 어떻게 알았는지, 여기저기서 찌김chi kim(Mrs. 김) 하고 부르기까지 한다. 별 할 말도 없으면서 그냥 불러 보는 것이다. 참 민망하기도 하고, 불쾌하기도 하여 경직된 표정으로 이들의 시선을 따돌리려고 했지만 허사였다. 나중에는 그 긴 골목을 빠져나오는 동안 나를 쳐다보며 싱글거리는 베트남 남자들에게 짜오 아잉chao anh(Hello, Mr.) 하며 상냥하게 인사를 하는 가벼운(?) 여자가 되었다.

그리고 몇 년 후 타이 하의 뭇 남성들의 시선을 뒤로하고 쭝화 아파트 단지로 이사를 했다. 아파트는 골목이 없으므로 더 이상 타이 하 골목에서와 같은 민망한 상황이 없을 것이라고 생각했다. 그런데 웬걸, 엘리베이터 안에서는 골목보다 더한 민망함이 기다리고 있었다. 골목은 쳐다보는 시선이 멀기나 하지, 엘리베이터에서는 바로 코앞에서 나를 뚫어지게 쳐다보는 것이 아닌가? 처음에는 내 얼굴에 뭐가 묻어서 그러는가 해서 집에 와서 얼른 거울을 보기도 하고, 혹시 내 옷이 어디가 터지기라도 했나 싶어서 옷을 찬찬히 들여다보아도 둘 다 아니었다. 이 늙은 여자를 왜 그리 쳐다보는지 도무지 이해가 되지 않았다. 내가 젊기라도 하면 끌리는 구석이 있어서 그런가 착각이라도 하겠는데 그것도 아니고 말이다.

왜 베트남 남자들은 한국 여자를 뚫어지게 쳐다보는가? 여러 사람에게 물어보았다. 그것은 바로 떵깜에서 파생된 '호기심 떵깜'이라는 것이었다. 베트남은 정말로 호기심이 많은 나라이다. 처음에 만나면 시시콜콜 이것저것 물어보는 것이 참 많다. 대답하기가 귀찮을 정도로 물어본다. 베트남의 호기심은 '버스의 사랑(chuyện tình xe buýt)'이라는 신조어를 만들어 냈다. 베트남 사람들은 버스에서 옆자리에 앉은 사람이 남자든 여자든 전혀 어색해하지 않고 말을 붙인다. 그렇게 만나서 사귀다가 결혼에 골인하는 커플이 많다 보니 '버스의 사랑'이라는 신조어가 생겨난 것이다.

우리는 모르는 사람에게 말을 건네는 것이 힘든, 특히 성별이 다를 경우는 더더욱 말을 거는 것이 힘든 경직된 문화이지만 베트남은 남녀 구분 없이 매우 쉽게 이웃과 말을 주고받는 정감의 문화이다. 언젠가 호찌민시에서 하노이로 가는 비행기를 탔을 때, 누군가가 나의 어깨를 거칠게 탁 치기에 깜짝 놀라 뒤돌아보니 웬 낯선 베트남 남자가 어디 사는지 묻는 것이다. 좀 당황스러웠지만 쭝화에 산다고 정중하게 대답을 하고 고개를 돌렸는데 조금 있다가 다시 어깨를 치면서 또 뭐라고 물어보는 것이었다. 순간 나는 '이 사람이 왜 이러나? 혹 나에게 딴생각을 품은 건가?'라고 오해를 하고 대꾸를 하지 않았다. 그러나 이 아저씨는 외국인에 대한 호기심과 정감으로 말을 건 것이었는데, 내가 베트남 문화를 몰라서 실례를 범한 것이었다.

베트남의 호기심은 서양의 사교성과는 확연히 다르다. 서양인들은 처음 만나는 사람끼리도 스스럼없이 인사를 하고 대화를 잘 나누지만 분명한 경계가 있어서 안으로 깊이 들어갈 수가 없다. 더군다나 사생활에 관한 질문을 할 수 없다. 그러나 베트남의 호기심은 경계가 없다. 상대의 모든 것을 다 캐내고 만다. 호기심에는 양면성이 있다. 다른 사람의 프라이버시를 침해할 소지도 있지만 그만큼 다른 사람에 대한 관심이 살아 있다는 증거이다. 베트남은 아직 이웃에 대한 관심이 살아 있는 공동체이다.

베트남인과 관계 맺기

음식으로 관계 맺기 – 베트남인의 마음을 사로잡은 카스트로

어느 나라나 외국인이 먹기 힘든 특별한 음식이 있다. 한국에는 청국장이 있고, 태국에는 똠양꿍이, 서양에는 프랑스 치즈인 블레트 다벤느가 있다. 그리고 베트남에는 느억 맘nước mắm이 있다. 느억 맘은 우리나라의 멸치 액젓 같은 것으로 영어로는 'fish sauce'라고 하는데 매우 독특한 냄새가 나는 것으로 약방의 감초같이 안 들어가는 음식이 거의 없다. 주로 자우 무엉rau muống이라는 삶은 야채를 찍어 먹는데 우리나라의 시금치와 비슷한 자우 무엉은 베트남 사람들의 식탁에 거의 매일 올라오는 반찬이다. 각종 젓갈류에 길들여진 우리 입은 느억 맘을 먹는 것이 결코 힘들지 않다. 그러나 이런 퀘퀘한 냄새가 나는 음식에 길들여지지 않은 대개의 서양 사람들은 냄새만 맡아도 인상을 찌푸리며 도망을 간다. 청국장이 우리만의 기호 식품이듯이 느억 맘도 베트남만의 기호 식품으로 외국인들이 먹기 힘든 음식이다.

그런데 만약 외국인이 느억 맘을 즐겨 먹는다면 베트남 사람들이 어떤 반응을 보일까? 베트남에서 카스트로의 일화는 아주 유명하다. 쿠바의 카스트로 대통령이 베트남을 방문하고 돌아갈 때, 귀국 선물로 느억 맘 한 통을 갖고 가는 모습이 베트남 언론에 소개되면서 그는 일순간에 베트남 인민들의 마음을 사로잡아 버렸다. 그래서 오늘날까지도 '카스트로' 하면 바로 느억 맘을 떠올릴 정도이다.

그리고 베트남에는 이 느억 맘보다 더 지독한 소스가 있다. 맘똠mắm tôm이라는 것인데 이 소스는 베트남 사람들도 못 먹는 사람이 있을 정도로 정말로 지독한 냄새가 나는 소스이다. 맘mắm이라는 단어 자체가 '퀘퀘한'이라는 뜻이고, 똠tôm은 '새우'라는 뜻이다. 단어의 뜻에서도 알 수 있듯이 이 맘똠은 지독하게 베트남적인 음식이다. 그래서 맘똠을 먹는 외국인은 극히 드물다. 맘똠 때문에 직장에서 짤린 사람도 있다. 서양인이 운영하는 퀼트 가게에서 일하던 베트남 여직원이 점심시간에 맘똠을 먹었다. 그런데 밖에서 점심을 먹고 들어온 서양인 사장이 가게 문을 열자 이상한 냄새가 가게를 진동했다. 너무나 놀란 서양인이 이게 무슨 냄새인지 물었고 직원은 베트남의 전통 소스인 맘똠이라고 했지만 이 서양인에게는 도저히 용납할 수 없는 일이었다. 그 서양인은 결국 맘똠을 먹은 직원을 해고시키고 말았다. 서양에는 젓갈이 없기 때문에 이런 곰삭은 퀘퀘한 냄새를 표현할 단어가 없어 그 서양인은 베트남의 전통 음식인 맘똠을 '대변 냄새 음식'이라고 했다. 이렇게 지독한 냄새를 풍기는 음식을 외국인이 즐겨 찾는다면 베트남 사람들이 얼마나 친근감을 느끼겠는가?

2001년 9월에 심상준은 하노이국립대학교 인문사회대 역사학부 인류학과 4학년 학생들에게 처음으로 강의를 하게 되었다. 그해 7월에 동 대학에서 박사학위를 받고 외국인으로서는 처음으로 '베트남의 사회와 문화'라는 주제로 강의를 하게 된 것이다. 그런데 학생들이 마음 문을 열지 않아 경직된 분위기가 계속되고 있었다. 나중에 안 일이지만 미국인 베트남 역사학자가 이 대학을 방문해서 베트남 역사를 강의하려고 했지만 대학 측에서 허락하지 않아 할 수 없이 미국 역사만 강의하고 돌아갔다고 한다. 이것이 의미하는 바는 우리 역사를 감히 외국인이 가르칠 수 없다는 것이다. 이런 폐쇄적인 분위기를 모르고 강의를 하게 된 나로서는 왜 학생들이 나를 거부하고 있는지 알 수가 없었다. 나는 어떻게 해서든지 이 딱딱한 분위기를 깨야만 했다. 그때 생각난 것이 카스트로의 일화였다. 나는 나의 베트남 생활에 대해 이야기하기 시작했다. 그러면서 "내가 베트남에서 가장 좋아하는 음식이 무엇인지 아세요?"라고 하면서 맘똠이라고 하자 학생들이 갑자기 모두 배꼽을 잡고 웃는 바람에 경직된 분위기는 일순간에 사라졌다.

2002년 재하노이 한국 유학생회가 대우호텔 그랜드볼룸에서 기업인들을 대상으로 '베트남 문화 강좌'를 개최할 때 강사로 초빙을 받아 '느억 맘'과 '맘똠'의 일화를 들려준 적이 있었다. 그때 내 강의를 듣고 진짜 실천에 옮긴 어떤 기업인의 후일담이다. 그가 베트남 파트너와 식사를 하면서 맘똠을 시키자 베트남 파트너가 눈을 휘둥그레 뜨면서 반긴 것이다. 그 바람에 신이 나서 맘똠을 너무 많이 먹어 밤새도록 화장실을 들락날락했다고 한다.

A 사장, 그는 참 착한 사람이다. 그의 얼굴이 그렇게 말하고 있다. 3년 전에 베트남에 작은 회사를 하나 세웠다. 작게 시작해서 베트남을 익힌 다음에 본격적으로 진출할 계획이었다. 그리고 운전수를 고용했다. 이 운전수는 보통 운전수와 달랐다. 작은 렌트카 회사도 운영하면서 자기 차를 이 회사에 렌트해 주고 자신이 직접 운전을 한다. 똑똑하다. 회사가 돌아가는 상황을 전체적으로 볼 줄 아는 사람이다.

그런데 문제가 발생했다. 이 아저씨가 너무 똑똑해서 그런 건지 아니면 여직원이 개념이 없어서 그런 건지 두 사람 사이에 갈등이 발생했고 운전수 아저씨가 여직원의 뺨을 때렸다. 한국 같으면 난리가 났을 문제였다.

A 사장은 한국에서 이 소식을 듣고 당장 비행기를 타고 베트남으로 날아왔다. 그리고 정성껏 준비한 선물을 가지고 그 여직원의 집에 찾아가서 부모님을 만나 정중하게 사과를 드렸다. 자기가 직원 관리를 잘못해서 그런 것이라고, 죄송하다고. 그리고 이 운전수에게 아무 말도 하지 않았다. 왜 그랬느냐고 힐문하는 말도 일절 하지 않고 다시 한국으로 갔다. 이 광경을 목격한 운전수는 감동을 받아 A 사장과 회사에 대해 충성을 다하고 있다.

A 사장은 모든 직원을 가족으로 여긴다. 경조사를 꼭 챙기고 직원의 형편이 어려울 때는 돌보아 주고, 직원의 미래를 위해 공부할 수 있는 환경도 만들어 주어 자격증도 따도록 도와주고. 이렇게 도와주지만 조건이 없다. 자격증을 딴

직원이 다른 직장으로 이직을 해도 펄펄 뛰지 않는다. 그냥 사랑을 나누는 것이다. 베트남에서 행복하게 살려면 조건 없이 사랑을 주면 된다. 내가 준 사랑이 되돌아오기를 기대하면 그건 사랑이 아니고 투자이다. 나를 포함하여 보통의 한국 사람들은 투자는 하는데 사랑을 못한다. A 사장을 보면서 깨달은 바가 많다.

제3장

귀신처럼 빠른 변통성
vs 엄청나게 소극적인 수동성

이사하는 날이었다. 정신없이 이삿짐을 풀고 가구를 먼저 배치하는데 1m 남짓한 서랍장이 안 보인다. 작은 물건이 아니라 빠뜨렸을 리가 없어 뺑뺑 돌며 찾고 있는데 베란다에서 일꾼들이 내 서랍장에 신발을 신고 올라가서 에어컨을 설치하고 있는 것이었다. 순간 "아잉 어이Anh ơi 미쳤어요?"라고 소리를 질렀다. "아잉Anh(Mr.)은 사다리도 안 들고 다녀요? 남의 서랍장을 사다리로 사용을 하다니, 그러고도 이삿짐센터라고 할 수 있어요?"

그리고 냉큼 달려가 걸레로 서랍장 표면을 닦아 보니 벌써 구둣발로 여기저기 긁혀 있었다. "이걸 어떡해? 멀쩡한 가구에 이렇게 상처를 내 놓다니?"라고 했더니 그 일꾼들이 쓱쓱 손으로 서랍장 위를 문지르면서 컴사오Không sao(괜찮아요)라고 말하는 것이 아닌가? 이 말에 이성적으로 겨우 눌러 놓았던 마지막 열이 터져 나오며, "뭐가 컴사오Không sao예요? 내가 가구 주인이지 당신이 가구 주인입니까? 가구 주인이 괜찮지 않은데 왜 아잉Anh이 괜찮다고 하는 거예요?" 하며 한 옥타브의 고성이 튀어나왔다.

영靈의 활동

베트남 사람들은 위와 같이 용도 변경의 귀재들이다 보니, 용도의 경계가 불분명한 것이 많다. 외출복과 잠옷의 구분도 희미하고, 걸레와 행주의 구분도 애매하다. 베트남 사람들이 자주 사용하는 단어 중에 링 횟靈活, linh hoạt이라는 단어가 있다. '링linh'은 한자로 신령 '영靈'이고 '횟hoạt'은 활동 '활活'이다. 이 단어는 탄력성 있게 일을 처리하려고 할 때 사용한다. 탄력성 있게 일을 처리하는데 영靈이 활동하는 것처럼 그렇게 빨리 상황에 대처하라는 것이다. 이런 단어가 다른 나라에도 있을까 싶다. 링 횟linh hoạt에 해당하는 우리말은 변통성變通性이다. 이 변통성으로도 부족하여 임시 변통성이라고 하면 그나마 좀 더 베트남어에 가깝다. 그러할지라도 링 횟linh hoạt, 즉 영의 활동에는 미치지 못한다. 베트남에서는 원리 원칙보다는 항상 상황이 먼저이다. 상황에 따라 원리 원칙이 변해야 하는 것이다.[1]

왜 이런 변통성의 문화가 나왔을까? 이것 또한 베트남인의 생계 방식에서 나온 것이다. 자급자족적인 소농과 소상은 정확한 시간에 맞추어서 일을 할 필요가 없고, 생산성을 향상시킬 필요도 없다. 자신들의 가족만 먹고살면 되기 때문이다. 그리고 외부인이 함부로 들어갈 수 없는 폐쇄된 공동체이기 때문에 전국적인 유통망을 가지고 이 마을 저 마을로 물건을 팔러 다니는 대상大商이 나올수 없다. 그래서 한국이나 중국같이 대상이 발달하지 못했다. 바로 이러한 자급

---

1   심상준(2001), 「베트남인의 상황적인 대처 방법(về ứng xử mang tính tình huống của người)」 Việt, 「문화예술월간지(tạp chí văn hoá nghệ thuật)」 1월호, 문화예술원(Vien van hoa nghe thuat), p. 42~44.

자족적 소농의 생계 방식이 무계획성과 변통성의 습관을 만든 것이다.

북베트남 홍하 유역에는 크기가 약 20~30m²밖에 되지 않는, 마치 누더기처럼 기워 놓은 것 같은 전답도 있다. 이 실상을 좀 더 깊이 연구하는 과정에서 비로소 북부 베트남의 소농을 이해하게 되었다. 『여조형률黎朝刑律』의 법전에 다음과 같이 기록되어 있다. "다른 사람의 땅을 사용하는 자는 그 사람의 지위가 세 단계 이하로 강등된다.", "다른 사람의 전답田畓의 경계를 침범하는 자는 그 지위가 두 단계 이하로 강등된다.", "다른 사람의 묘지를 침범하는 자는 그 징벌이 동일하며 동시에 보상해야 한다." 토계土界, 전계田界, 지장계地葬界는 단지 민간적인 차원에서뿐만 아니라 베트남의 법리적인 방면에서도 불가침범의 강령들이라고 말할 수 있다.[2]

전답의 규모가 이렇게 작은 것은 베트남의 거주 지역의 특징과 관계가 깊다. 베트남의 촌락은 여러 성씨들이 함께 만든 다성촌多性村이 대부분이다. 이 촌락의 특징은 집단 공동체 마을이라 전답의 소유가 개인의 소유가 아닌 원래부터 촌락 공동의 소유였다. 촌락에서 가족호별로 전답을 분배해 주는 것이다. 만약에 호구戶口 중에 누가 사망하면 그 땅은 다시 촌락으로 귀속되어 촌락에서 다시 재분배를 한다. 베트남에 사유 재산 제도가 없는 것이 공산주의나 사회주의로 인한 것이 아니다. 전통적으로 내려온 제도이다. 이렇게 소농적 생계 방식은 이치보다는 감정에 따라 일하는 무계획성과 그때그때 상황에 따라 대처하는 변

2   Phan Huy Chú, 『Lịch triều hiến chương loại chí(역조헌장유지)』 3, 「hình luật chí(형률지)」 111, nxb. sử học, p. 126.

통성을 생산했다.

무계획성

변통성 옆에서 짝처럼 나란히 함께 가는 또 다른 소농적인 사고방식은 무계획성이다. 이 무계획성이 변통성을 만들어 낸 것이다. 계획이 없다 보니 임시변통으로, 융통성 있게 상황에 따라 일을 처리하는 것이다. 또한 무계획적일 수밖에 없는 것은 유통을 목적으로 하는 대규모의 생산 계획을 세우는 일이 없었기 때문이다. 개방 이후에야 비로소 베트남인들은 장기적인 계획들을 세우기 시작했다. 그러므로 계획을 이행하는 데 있어서 많은 어려움을 겪고 있다.

특히 비행기 스케줄은 너무할 정도로 엉망진창이다. 국제 항공은 베트남이 운행하는 것이 아니므로 비행시간이 잘 지켜지나 하노이와 호찌민을 오가는 국내선은 그야말로 자기 멋대로 늘렸다 줄였다 하는 고무줄이다. 어떤 날은 반나절을 비행장 안에서 보내는 날도 있다. 그런데 놀라운 것은 항공사측에서 죄송하다는 통보의 말도 없다. 더 놀라운 것은 그 어느 누구도 불평하거나 항의하는 베트남 사람이 없다는 사실이다. 그냥 그것을 당연히 받아드린다.

2006년에 베트남법률가협회와 서울지방변호사회가 '제2회 한-베트남 법률 세미나'를 할 때였다. 그런데 2주일을 앞두고 베트남법률가협회 회장이 못 한다고 연락이 온 것이다. 이 세미나는 거의 1년 전부터 준비를 한 세미나였다. 한국의 검사와 변호사들은 여기에 참석하기 위해서 변론 기일도 모두 미루고 준비를 했는데 2주일을 앞두고 못 하겠다고 하니, 이런 낭패가 어디 있겠는가? 호스트 기관이었던 우리 한베문화교류센터의 입장이 정말 난처했다. 한국 측은 도저히 이해할 수 없다는 입장이었다. 우리가 아무리 베트남 문화가 무계획적이라서 그렇다고 해도 한국 법조인들은 있을 수 없는 일이라며 펄펄 뛰었다. 우리 센터가 일을 잘못해서 이렇게 된 것으로 오해를 했다. 우리는 베트남법률가협회를 찾아가서 이렇게 취소를 하는 것은 한국적 상황에서는 대단한 결례이며 얼마나 큰 손실이 있는지를 설명을 했다. 그리고 일주일 후에 다시 할 수 있다는 연락을 받았다. 이런 일은 베트남에서 정말 비일비재하다. 25년을 살면서 베트남인의 무계획성 때문에 얼마나 애를 태웠는지 모른다. 문제는 약속을 어겼을 때 상대가 입게 될 피해가 어떠한지 생각하지를 못한다는 것이다. 그래서 우리가 자주 사용하는 단어가 짝 짠chắc chắn이다. "확실하지요?" 10번을 짝 짠chắc chắn으로 확인을 하고 또 하고 그래도 내일 행사인데 오늘 못 한다고 취소하는 일이 종종 발생한다.

수동성

변통성은 상황에 따라 능동적으로 대처하는 베트남인의 순발력이라면 수동성은 변통성과 정반대이다. 그런데 베트남 사람은 변통성과 수동성을 동시에 가지고 있다. 어떻게 그럴 수 있을까 의아하겠지만 수동성이 결국 변통성을 만들어 내는 것이다. 그들이 자신에게 맡겨진 일을 수행하는 방식은 매우 수동적이다. 예컨대 무엇을 하라고 지시하면 딱 그것만 한다. 그 일이 전체 속에서 어떤 관계를 가지고 있는지 파악하는 힘이 약하다. 우리나라 속담에 "하나를 깨우치면 열을 안다."라는 말이 있다. 한국 사람은 이렇게 살아야 인정을 받는다. 그런데 대부분의 베트남인은 이것이 잘되지 않는다. 그래서 매번 자세히 설명을 해야 하고, 그러다 보니 잔소리가 많아졌다.

왜 베트남 사람들은 어떨 때는 능동적이고 어떨 때는 수동적일까?

베트남 사람은 위기 상황이 닥쳐야 머리가 활발하게 돌아가면서 능동적이 된다. 평상시에는 천천히 걷고 천천히 생각하고 천천히 일하고, 뭐든지 천천히 하다가 상황이 급해지면 놀라운 능력이 나온다. 어느 날, 밤 12시쯤에 베트남 여직원한테 전화가 왔다. 센터 숙소의 열쇠를 방에다 놓고 모르고 문을 잠갔다는 것이다. 그러나 나는 걱정을 하지 않았다. 무슨 수를 써서라도 분명히 해낼 줄 알고 있었기 때문이다. 평소에 여분의 열쇠를 만들어 놓으라고 할 때는, 열쇠공이 어디에 있는지 모른다, 전화번호도 모른다 하면서 미동도 하지 않았다. 한 발자국만 나가면 시장이고, 시장에서 물어보면 열쇠공이 어디 있는지 금방 알 수 있는데도 미리미리 준비하는 것을 잘 하지 않는 문화이다 보니, 그저 미루기만 하다가 일이 터지면 그때서야 번개처럼 한다. 특히 자기에게 닥친 일은 어떻게 해서라도 해결해 낸다.

여직원은 결국 밤 1시에 시장을 샅샅이 뒤져서 잠자는 열쇠 수리공을 찾아내어 문을 열고 들어갔다. 베트남은 아침을 일찍 시작하고 밤에는 일찍 자는 문화인데 그 늦은 시간에 시장도 다 문을 닫았는데 어디서 찾아왔는지 하여튼 열쇠 수리공을 찾아왔다. 이것이 베트남인의 감추어진 능력이다. 평소에는 수동적으로 사고하고 수동적으로 일하다가 위기가 닥치면 초능력이 흘러나와 일순간에 문제를 해결한다. 한국 같으면 그 늦은 시간에 미안해서 어떻게 열쇠집의 문을 두드리겠는가? 그러나 베트남은 전全 사회가 이렇게 돌아가다 보니 서로서로 이해를 하고 열쇠공도 짜증 내지 않고 달려와 주는 것이다. 위기에 강한 나라, 이것이 베트남이다.

심상준 박사가 베트남 지방성의 한 신설新設 대학에 부총장으로 취임할 때의 일이다. 화요일에 한국 대사를 비롯한 귀빈들을 모시고 취임식을 하기로 되어 있었고, 일요일에 사전 점검차 내려갔는데 당황하지 않을 수 없었다. 취임식 장소로 100여 명 정도밖에 들어가지 못하는 소강당을 보여 주는 것이 아닌가? 대강당은 에어컨도 없고 아직 시설이 갖추어져 있지 않다는 것이다. 부랴부랴 다시 하노이로 올라와서 긴급회의를 하고는 취임식을 하루 앞둔 월요일에 베트남 대학 측과 취임식 전반을 모두 수정했다. 장소 변경, 귀빈 초대, 학생 동원 문제 등등. 그런데 놀랍게도 하루 만에 모든 것이 다 해결이 되어서 성대한 취임식을 하게 된 것이다. 더욱더 놀라운 것은 원래는 학생들을 20명 정도만 부르겠다고 한 것을 우리가 한국의 총장 취임식 동영상을 보여 주면서 부총장이 취임을 하는데 학생들이 20명만 오면 너무나 초라한 취임식이라고 하자 200명을 부른 것이다. 그것도 하루 만에. 그리고 취임식 장소도 4성 호텔로 변경을 했는데 어떻게 하루 만에 호텔을 급조할 수 있었으며, 오신 손님들의 식사도 준비할 수 있었는지 대단한 능력이 아닐 수 없다. 하여튼 베트남 사람은 평상시에는 수동적이고 일이 진척이 안되는 것 같아도 급한 상황이 되면 놀라운 변통성으로 단숨에 해결해 내는 무서운 사람들이다.

창의적인 변통성의 사례들

베트남인의 변통성은 매우 창의적이어서 외국인들을 당혹스럽게 만들고, 놀라게 만들고, 때로는 감탄하게 만든다. 이 변통성은 규칙과 규정에 익숙지 않은 베트남 사람들이 자의恣意적으로 대처하는 생활 방식이다.

세숫대야를 음식 그릇으로

콩나물 장사 프엉으로부터 초대를 받았다. 프엉은 내가 베트남에 입국하여 처음으로 물고기 잡는 법을 가르쳐 주어 자립하게 된 여성이다. 내가 가르쳐 준 물고기 잡는 법은 콩나물 장사이다. 한국 사람은 콩나물을 먹지만 베트남 사람은 숙주나물을 먹는다. 숙주를 기를 수 있으면 콩나물도 당연히 기를 수 있겠다 싶어 프엉에게 콩나물을 길러서 한국 사람을 상대로 판매를 하도록 했다. 그리하여 딸 하나를 데리고 과부로 살고 있는 프엉이 콩나물 장사로 어느 정도 먹고살 수 있게 되었고 이 일로 나는 프엉네 집안으로부터 VIP 대접을 받게 되었다.

이날은 설날이었다. 귀한 손님이라고 설날에 초대해 주어서 남편과 함께 명절 선물을 사 가지고 갔다. 부엌을 지나 현관으로 가는데, 프엉의 동생, 쯔엉이 무생채를 만들고 있었다. 근데 무생채를 묻히는 용기가 꼭 우리나라 양은 세숫대야 같았다. 그것도 아주 더러운 세숫대야. 사용한 지 오래되어 우글쭈글한 부분에 때가 새까맣게 끼어 있는 그런 세숫대야였다. 그래도 설마 세숫대야를 음식 용기로 사용할까 싶어서 반신반의했다.

2층에 올라가니 방바닥에 설음식이 한 상 차려져 있었다. 그중에는 잡채, 갈비찜, 전 같은 한국 음식도 꽤 있었다. 마지막으로 쯔엉이 무생채를 들고 들어왔다. 나는 "쭉뭉남머이(새해 복 많이 받으세요)", "안캉팅브엉(올해도 번창하시길)", "반스느이(올해도 모든 것이 뜻하신 대로 되기를)" 등등 그동안 배운 베트남의 새해 덕담을 연습도 해 볼 겸 해서 모두 프엉네 식구들에게 말해 보았다. 그러자 프엉네 식구들은 "젓 조이(매우 잘하네요)" 하며 손뼉을 쳐 주었다. 그리고 밥을 먹기 시작했다. 무생채는 저만치 있었다. 무생채로 젓가락이 가려고 하면 자꾸 시커먼 세숫대야가 떠올랐다.

좀 망설이다가 쯔엉에게 물어보았다. "쯔엉아, 너 혹시 아까 무생채 무치던 그릇 세숫대야 아니지?" 하니까 쯔엉은 아무렇지도 않게 "세숫대야요."라고 대답하는 것이 아닌가? "뭐라고?" 내가 깜짝 놀란 표정을 하자, 쯔엉은 나를 이상하다는 듯이 바라보며 뭐가 잘못되었냐는 표정이다.

"너의 식구들 그 그릇으로 세수한단 말이야?"

"네"

"발도 씻어?"

"떳 니엔(당연하지요)"

"아이고 미치겠다. 어떻게 손 씻고 발 씻는 세숫대야에다 무생채를 무치니?"

"뭐 어때요. 깨끗이 씻었는데요."

"아무리 깨끗이 씻었어도 그렇지. 비누 찌꺼기가 그릇에 남아 있어. 우리 눈에는 안 보여도 때도 있고 세균도 있고."

"그럼 어떡해요. 큰 그릇이 없는데. 베트남 사람들은 다 그래요."

'휴, 내가 무생채를 안 먹길 잘했지.'라고 안도의 숨을 쉬는데 나의 남편이 젓가락으로 무생채를 한가득 집어 입에다 넣고는 우적우적 씹고 있다.

오토바이, 그 다양한 변통

90년대 후반, 하노이의 이른 아침, 나는 세옴(오토바이 택시)을 타고 학교에 가는 길이었다. 그리고 앞 오토바이에 실린 물체를 보고 내 눈을 의심하지 않을 수 없었다. 배를 갈라 축 늘어진 흰 돼지를 싣고 가는 것이었다. 어찌 이럴 수가 있을까? 아무리 인간이 돼지고기를 먹어도 이런 모습은 혐오스러운 것이다. 한국에서는 한 번도 본 적이 없는 모습이어서 그 충격이 오래갔다. 한국에서는 모든 육고기는 보이지 않게 냉장차에 싣고 다니기 때문이다. 베트남에서는 오토바이로 못하는 게 없다. 용달차로 변통

오토바이 축산차(위)와 오토바이 자가용(아래)

오토바이 과일 가게

오토바이 변통의 극치인 데이트 벤치

하여, 장롱도 나르고 냉장고 세탁기 같은 대형 가전제품도 나른다. 오토바이를 개조해서 우리나라의 1.5t급이 날라야 하는 건축 자재도 나른다. 그러나 뭐니 뭐니 해도 오토바이의 변통의 극치는 벤치이다. 오토바이를 호떠이 호숫가에 세워 놓고 젊은 남녀들이 몸을 포개고 앉아 진한 스킨십을 하는 장면은 자전거 시대에는 없었던 장면이다. 그런데 이 오토바이 벤치가 동네 주택가로 들어왔다. 아무 데나 세워 놓고 젊은 남녀들이 사랑의 행각을 벌인다. 어린 자녀들을 둔 한국 부모는 걱정이 태산이다.

길거리를 에어로빅 교실로

2005년 여름, 이른 새벽의 고요한 정적을 가르며 요란한 음악이 들려왔다. 이렇게 많은 아파트가 들어선 곳, 몇 천 세대가 살고 있는 동네에서 이른 새벽에 이런 굉음으로 온 동네를 진동시킨다는 건 있을 수 없는 일이었다. 몇 날 며칠을 새벽잠을 설치다가 소리의 진원지를 찾아 나섰다. 그리고 정말 놀라운 광경을 목격했다. 동네 공원에서 약 20여 명의 여자들이 스피커로 음악을 크게 틀어 놓고 에어로빅을 하고 있는 것이다. 게다가 인도자 여성은 음악 중간중간에 못하이 바một hai ba(하나, 둘, 셋)의 추임새를 힘차게 넣어 가며 팀을 지도하고 있었다. 나는 끝나기를 기다렸다가 그 인도자 여성에게 너무 시끄러우니 음악을 좀 줄여 달라고 했다. 그러나 나의 제안은 받아들여지지 않았다.

그 이후, 길거리 체조가 여기저기서 생겨나기 시작했다. 새벽과 저녁 아파트의 앞 대로변은 수영복 수준의 옷을 입은 여성들이 점령하고 몸을 흔들고 있다. 나의 정서는 민망함이다. 베트남의 아파트 단지는 우리와 달라 큰 대로변에 있다. 많은 사람들과 차들이 지나다니는 열린 공간에서 여성들이 이런 복장으로 몸을 흔든다는 것이 우리의 정서와 맞지 않기 때문이다. 왜 에어로빅 센터로 가지 않느냐고 물으니 비싸다는 것이다. 길에서 하면 5만 동(2,500원), 에어로빅 센터에 가서 하면 50만 동(25,000원), 10배나 싼 데다가 동네에서 하니까 교통도 편하기 때문이라고 한다.

쭝화 아파트 단지의 34T 앞은 쩐 주이 흥Tran Duy Huong 길과 레 반 르엉Le Van Luong 길을 연결하는 4차선의 도로이다. 이 대로와 붙어 있는 3,000m² 광장은 저녁이 되면 공연장으로 변한다. 수영복 수준의 옷을 입은 여성들이 몸을 흔들어 대고 떠나면, 노인 그룹이 등장해서 태극권 체조를 하고, 다음은 요가 체조가 등장한다. 짧은 바지를 입은 여자가 양 다리를 쫙 벌리고 길바닥에 앉아서 요가를 한다. 한쪽 편에서는 중년의 남녀들이 스텝에 맞추어 껴안고 빙빙 도는 댄스를 배운다. 마치 세계의 춤 풍물을 보는 듯하다. 이런 모습은 우리에게는 당혹스럽게 느껴지지만 베트남인에게는 아무렇지 않은 것이다.

잠옷 입고 장을 보는 여성(위)과
속옷 입고 운동하는 아저씨(아래)

"글씨유~ 우리 며늘아기가유~ 잠옷 입고 읍내에 갔시유~" 몇 년 전 KBS '러브 인 아시아'에 나온 시아버지의 하소연이다. 나는 박장대소하지 않을 수 없었다. 늘 베트남에서 보던 장면이기 때문이다. 그리고 그 시아버지가 받았을 충격이 짐작이 갔다. '우리 며늘아기가 미쳤나, 어쩌자고 잠옷을 입고 읍내를 갔단 말인가?' 하며 얼마나 놀랐을까? 그러나 베트남에서는 흔히 보는 광경이다. 하노이의 대형 마트에 가면 잠옷을 입고 쇼핑하는 베트남 여성들을 쉽게 발견한다. 처음 이런 패션을 보는 한국인들은 어리둥절하지 않을 수 없다. 잠옷 같기는 한데 설마 잠옷을 입고 쇼핑을 나왔을까 싶어서 '베트남의 새로운 패션인가 보다.'라고 생각한다. 90년대 초반에는 이런 잠옷 패션이 없었다. 도시는 전부 국방색과 블랙 계열의 옷이었다. 그러다가 갑자기 꽃무늬가 박힌 화사한 빛깔의 잠옷이 거리에 등장했다. 잠옷을 입고 대로를 활보하고, 잠옷을 입고 오토바이를 타고, 잠옷을 입고 시장과 백화점을 간다.

혹시 이들이 이 옷이 잠옷인지 몰라서 그런가 싶어서 물어보았더니 잠옷이라고 한다. 그러면 잠옷은 잠잘 때 입어야지 왜 잠옷을 입고 외출을 하느냐고 물으니, 편해서 그런다고 대답한다. 여성뿐만 아니라 남성들도 마찬가지이다. 한때 우리 집은 하노이 신도시 쭝화 지역에 있었는데 가장 민망스러울 때가 엘리베이터 안에서 만나는 파자마 바람의 아저씨들이다. 여름이 되면 더하다. 런닝도 안 입고 트렁크 팬티만 입고 엘리베이터를 타시는 할아버지들도 종종 만난다.

베란다를 닭 사육장으로

어느 날 새벽에 닭 울음소리에 잠을 깼다. 이상하다. 어디서 닭이 울까? 농촌도 아닌데 어디에 닭이 산다는 건가? 아무리 보아도 쭝화에서는 닭을 키울 만한 곳이 없다. 쭝화는 하노이에 새로 생긴 대형 아파트촌이다. 며칠 닭 울음소리에 잠을 깨고 나서 또다시 진원지를 찾아 나섰다. 나의 베트남 생활은 늘 이런 진원지를 찾아 나서는 탐험의 연속이다. 찾았다. 닭 울음소리는 우리 아파트 앞 동의 11층 어떤 집의 베란다에서 나는 소리였다. 세상에 아파트 베란다에서 닭을 키우다니!

담벼락을 화장실로

베트남에서 제일 민망할 때가 남자들의 노상 방뇨를 목격할 때이다. 내 나이의 사람이라면 우리 한국도 60~70년대에 노상 방뇨가 있었기에 큰 충격은 아니다. 그래서 좀 기다렸다. 이 나라도 경제가 발전이 되면 노상 방뇨는 하지 않겠지. 그런데 아파트가 들어서고 자동차가 많이 생겨도 노상 방뇨가 여전하고,

그 양상이 너무 심해서 민망하기가 그지없다.

호찌민에 출장을 갔을 때이다. 택시를 잠깐 세워 두고 복사를 하고 나왔는데 운전수가 안 보이는 것이었다. 시간이 급한데 어디 갔나, 담배 피러 갔나 싶어서 아잉 어이anh ơi 하고 부르는데 어이ơi 하고 답하는 소리 쪽을 보니 자기 차 뒤 범퍼에서 소변을 보고 있는 것이었다. 그 번화한 호찌민 시내 한가운데서 차를 세워 놓고 차 뒤에다 소변을 본다는 것을 우리는 상상이나 할 수 있을까?

우리나라 속담에 "아이들 앞에서는 냉수도 못 마신다."라는 말이 있다. 아이들은 어른들의 행동을 그대로 따라 하기 때문이다. 그래서 아이들은 문화 적응이 참 빠르다. 우리 식구가 베트남에 오기 전에 하와이에서 살았었다. 그곳은 한국보다 매너가 더 철저하다. 남에게 결코 피해 주는 일을 하면 안 되는 문화이고 공중도덕이 철저한 문화이다. 우리 식구는 이런 곳에서 3년 동안 국제 매너를 잘 배우고 베트남에 왔는데 어느 날 초등학교 4학년의 작은 아들이 길 가다가 노상 방뇨를 하는 것이었다. 깜짝 놀라서 "너 뭐하는 짓이야?" 하고 야단을 쳤더니, "엄마, 로마에 가면 로마의 법을 따라야지요." 하는 것이 아닌가?

구분이 없는 횡단보도와 차도

내가 베트남에 살면서 가장 무서운 것은 길을 건널 때이다. 횡단보도를 건너는 일은 내 목숨이 왔다 갔다 하는 정말로 무서운 일 중에 무서운 일이 아닐 수 없다. 25년을 살았지만 지금도 횡단보도를 건널 때마다 십년감수를 하곤 한다.

몇 달 전에 한국에 입국한 지 얼마 되지 않은 베트남 여성의 남편으로부터 전화를 한 통 받았다. 이 남편이 대뜸 하는 말이 "제 아내가 신호등을 안 지켜요. 빨간 불인데도 막 길을 건너는데 미치겠어요."라고 하는데 나는 그만 웃음이 터져 나오고 말았다. 나도 한국에 가면 똑같이 그러고 다니기 때문이다.

내가 베트남 하노이에 처음 입국했을 때는 신호등이라는 것이 없었다. 횡단보도도 없었다. 그냥 아무 데서나 내가 건너고 싶은 곳에서 건너면 되었다. 그리고 수년이 지나 신호등이 하나둘씩 생기고 횡단보도도 생기기 시작했는데 이 신호등을 믿고 길을 건너다가 죽을 뻔한 일이 한두 번이 아니다. 나는 분명히 초록색 불이어서 길을 건넜는데 좌우에서 자동차와 오토바이가 떼거리로 달려오는 것이 아닌가? 이런 경험을 몇 번 하고 난 후부터는 신호등을 보지 않고 좌우의 교통량을 보다가 차들이 적게 올 때 재빨리 건너게 되었다.

이런 습관이 몸에 배어 있어서 한국에 가서도 신호등을 무시하고 차가 안 오면 무조건 재빨리 뛰어서 길을 건너는 반문화적인 행동을 아주 자연스럽게 하고 다닌다. 여의도에서 이렇게 하다가 정말 죽을 뻔했다. 8차선쯤 되는 넓은 도로에서 길을 건너야 하는데 아무리 살펴보아도 횡단보도도 없고, 지하도 없었다. 내가 가야 할 빌딩은 바로 길 건너 코앞에 있었다. 그래서 좌우를 살펴보니 차가 한 대도 오지 않기에 막 뛰는데 어디서 나타났는지 수많은 자동차가 빠른 속도로 쌩쌩 달려오는데 정말이지 여기서 죽는 것 아닌가 싶었다. 베트남의 자동차는 시속 30~40km로 달려오는데, 한국은 80km로 달려오니 그야말로 눈 깜짝할 사이에 나는 자동차의 질주 속에 끼어서 옴짝달싹 못 하고, 제발 자동차들이 나를 발견하고 피해 가기를 바랄 뿐이었다.

한국에서 30년 이상을 살다가 베트남에 온 나도 이런데, 베트남에서 태어나서 쭉 살다가 한국에 간 베트남 여성들이 신호등을 지킬 리가 있겠는가? 그래서 우리 '베트남 결혼이주여성 사전교육교실'에서는 한국에 가면 꼭 신호등을 지켜야 한다는 것을 거듭 강조해서 가르치고 있다. 한국 남편들은 베트남 아내가 신호등을 안 지키는 것이 이상하다 못해 한심스럽게 보일 것이다. 그 마음이 충분히 이해가 간다. 나도 가끔 한국에 가면 우리 아들들이 늘 하는 잔소리가 있다. "엄마, 제발 신호등 좀 지키세요. 여기는 베트남이 아니에요." 여의도 같은 큰 대로에서도 신호등을 무시하는데, 2차선밖에 되지 않는 우리 동네의 신호등은 나에게는 안중에도 없다. 두리번두리번 살피다가 차가 안 오면 팔짝 뛰면서 건넌다. 평소의 품위와 교양은 온데간데없다.

고양이띠로 둔갑한 토끼띠

지나간 2011년은 신묘년辛卯年이었다. 그런데 베트남은 신묘년의 토끼 해를 우리와 달리 고양이 해라고 한다. 같은 중화 세계에 속한 한자 문화권인데 토끼가 베트남에 와서는 고양이로 둔갑해 버린지라, 다들 한 번쯤은 '왜 그렇지?' 하고 의아해한다.

베트남이 토끼 대신 왜 고양이를 택했는지 이 문제를 해결하기 위해서는 먼저 그 이유를 자연환경에서 찾아야 한다. 베트남은 중국처럼 토끼가 서식할 자연환경 여건이 조성되어 있질 않다. 즉, 베트남은 초원草原 문화가 아닌 초목草木 문화이다. 초원과 초목을 혼동해서는 안 된다. 초원은 그야말로 동물들이 마음껏 뜯어 먹을 수 있는 부드러운 풀이 많은 환경이라면, 초목은 풀이 있지만 많지 않고 또 있어도 잡초 같은 것이 많은 것이 특징이다. 한마디로 베트남은 억센 풀들과 나무가 뒤엉켜 있는 초목 지역이다. 베트남이 초목이 무성한 것도 비가 많고 고온 다습하기 때문이다. 그래서 베트남에 사는 외국인들은 토끼나 말 같은 동물을 구경하기가 쉽지가 않다. 말을 대량으로 사육하려면 풀이 많은 초원 환경이 있어야 한다. 소도 마찬가지이다. 베트남에서 소가 흔하지 않은 것은 바로 넓은 초원이 부족하기 때문이다. 대신에 베트남은 강우량이 많고 비교적 땅의 기복이 심한 지형으로 넓은 웅덩이가 조성되어 물소들이 많다.

이러한 자연환경적인 요인으로 베트남은 우리 한국과 달리 중국의 십이지+二支를 수용할 때 중국 것을 그대로 수용하지 않고 자신의 환경에 맞게 변형해서 토끼 대신 고양이를 수용했을 가능성이 매우 높다. 베트남의 문화 수용의 원리를 들여다보면 흥미롭다. 우리나라처럼 중국의 것을 그대로 수용하지 않는다. 우리는 그대로 수용하되 오히려 심화시켜 독창성을 발휘하지만 베트남은 철저히 자신들에게 필요한 것만 선별해서 수용한다.

베트남이 토끼 대신 고양이를 택한 것을 베트남의 자연환경적인 요인으로 받아들인다고 해도 여전히 의문은 남는다. 그 많은 동물 중에 왜 하필 토끼 대신 고양이를 택했을까? 이것을 알기 위해서는 중국의 십이지를 살펴봐야 한다. 원래 토끼는 십이지(자·축·인·묘·진·사·오·미·신·유·술·해)의 넷째 지支이다. 베트남이 토끼 대신 고양이를 택한 이유를 추측해 볼 수 있는 근거는 중국 자전字典과 베트남 자전에서 찾아볼 수 있다. 중국 자전에 토끼 묘卯는 십이지의 넷째 지支로 되어 있고, 고양이는 십이지에 속한 동물은 아니지만 토끼와 똑같은 음을 가진 고양이 묘貓로 표기되어 있다. 무슨 말이냐 하면 중국어로 성조는 다르지만 발음이 토끼(卯)와 고양이(猫) 둘 다 'māo'라는 것이다. 그런데 흥미롭게도 베트남 자전을 보면 토끼(māo, 卯)가 고양이(māo, 卯)로 표기되어 있는 것이 아닌가? 베트남 자전에 이렇게 "māo 卯: 십이지의 넷째 지, 고양이"로 되어 있다. 베트남 자전에 토끼가 고양이로 변신해 있는 것이다.

이것이 무엇을 의미하는 것일까? 베트남이 중국과 문화의 접변接變 속에서 토끼를 그대로 수용할 수 없어(초원 문화가 아니므로) 토끼 대신 다른 동물을 택해야 하는 상황에서 기왕에 자신들에게 친숙하면서도 한자 발음이 토끼 묘卯와 똑같은 고양이 묘貓를 선택한 것으로 볼 수밖에 없다. 이것은 어떻게 보면 누이 좋고 매부 좋은 식으로 느껴진다. 문화를 전파하는 중국의 입장에서는 비록 베트남이 고양이를 택했지만 그래도 중국의 토끼 묘卯를 완전히 버리지 않았기 때문이며, 문화를 수용하는 베트남의 입장에서는 자신과 낯설지 않은 고양이를 취하면서도 중국의 문화적 문맥을 고려하는 격이 되기 때문이다. 아무튼 이렇게 토끼 묘卯를 고양이 묘卯로 살짝 바꿔치기한 것은 베트남인의 문화 수용의 변통성의 재치才致라고 말할 수 있겠다.

제4장

계급성과
비계급성

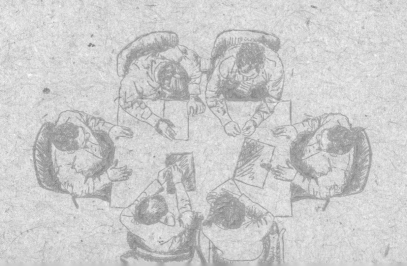

2005년에 한국의 법조계 인사들이 베트남 법조계와 한베 법률 교류를 위해 하노이를 방문했다. 베트남 측의 대표 인사로는 현재 국회 의원인 베트남법률가협회 P 회장을 비롯하여 하노이변호사협회 회장 등 굵직한 법조계 인사들이 나왔고, 한국 측도 대법원장을 비롯하여 변호사협회 회장과 검사들이 참석했다.

그런데 이런 자리에 베트남 측의 인사로 나온 사람들 중에 20대 초반의 아가씨들의 얼굴이 보이는 것이었다. 그야말로 생뚱맞았다. '누구지? 저 아가씨들도 변호사인가? 변호사 같지는 않은데, 딸인가? 딸에게 견문을 넓혀 주기 위해 데리고 나왔나?' 하고 궁금해하고 있는데 P 회장이 "우리 협회의 경리입니다."라고 하는 것이 아닌가! 아니 이 자리가 어떤 자리인데 경리를 데리고 나온단 말인가? 계속해서 소개를 하는 아가씨들은 그 협회 사무실의 말단 직원들이었다. 게다가 심지어 운전수까지 데리고 나온 것이다. 그리고 20대 초반의 여직원들은 스스럼없이 P 회장을 비롯한 법조계 인사들과 대화를 하면서 식사를 하는 것이었다.

그 이듬해, 하이즈엉성에 유치원을 지어 주게 되어서 각 현(한국의 군郡)의 인민위원회 간부들이 우리 사무실을 자주 방문했다. 그런데 참 이상한 것은 꼭 운전수를 데리고 사무실에 들어오고 회의실에도 들어와서 회의를 할 때도 항상 운전수가 배석을 했다. 또한 유치원 준공식이나 기공식을 마치고 식사를 할 때도 이 운전수 아저씨가 같은 테이블에 꼭 동석을 하는 것이었다.

한국의 운전수들이 보통 다른 테이블에서 식사를 하는 것과 판이하게 달랐다. 한국인들이 이런 문화에 익숙하지가 않아서 베트남 사람들과 종종 갈등을 빚고 있다. 얼마 전에 지인에게 한 베트남 사람을 관리급級으로 소개해 주었다. 성실하고 순한 사람이었는데 몇 달 일하다가 한국 사장에게 해고를 당했다. 이유인즉슨 이 사람이 점심시간에 사장이 식사하는 자리에 꼭 동석하려고 하고, 손님이 왔을 때도 꼭 참관하려고 해서, 몇 번 눈치도 주고 싫어하는 내색을 했는데도 계속 그러하기에 "자네는 따로 밥을 먹지."라고 했더니 기분 나쁘다며 그만두겠다고 했다는 것이다.

이렇게 베트남은 직책이 높은 사람이나 낮은 사람을 좀처럼 구분하지 않는다. 계급이나 직위의 변별도 높지 않다. 이것은 앞에서 언급한 북베트남인의 소농적 생계 방식으로 인하여 관리 체계나 조직 문화가 생성되지 않았기 때문이다. 조직이 있어야 상하계급이 생기는데 자기 식구끼리 농사지어서 먹고 사는데 무슨 계급이 필요하겠는가? 우리 한국은 농지를 가진 지주가 있고 지주의 땅을 빌려서 농사를 짓는 소작인이 있었다. 지주와 소작인의 관계는 엄격한 상하계급의 관계이다. 그러나 자급자족의 소농 사회에서는 이런 상하계급의 사회적 관계가 생길 수가 없다.

전 국민이 친척

베트남의 비계급적 문화의 또 다른 이유는 베트남의 호칭 문화이다. 베트남인의 호칭 체계는 나이에 따른다. 이를테면 자신의 부친보다 나이가 많으면 큰아버지로, 만약 자신의 아버지보다 나이가 적으면 삼촌으로, 여자의 경우는 고모로 호칭한다. 자기보다 나이가 많으면 오빠, 형, 언니, 자기보다 나이가 어리면 동생으로 부른다. 우리나라도 젊은 층들이나 결혼 전에 만난 젊은이들 사이에서 이런 언니, 오빠, 동생의 호칭을 사용한다.

그러나 우리와 다른 점은, 어른이 되어서 만나도 나이에 따라 호칭을 하는 것이다. 나의 나이가 60대 중반인데 만약 70세 사람을 만나면 초면에도 형이라고 해야 하고, 70세 사람은 나 같은 60대를 동생이라고 하대를 하는 것이다. 더욱더 힘든 것은 80대 사람을 만나면 나를 짜우cháu라고 호칭하고 상대를 쭈chú라고 호칭해야 한다. 짜우cháu는 조카 또는 손자라는 뜻이고, 쭈chú는 삼촌이라는 뜻이다. 베트남어는 영어와 같은 언어 체계여서 말할 때, 1인칭 주어를 거의 생략하지 않는다. 그래서 말할 때마다 "조카는 이렇습니다. 삼촌은 어떠십니까?" 이런 식으로 해야 하니, 한국인의 정서로 여간 어려운 것이 아니다.

회사에서도 사장님을 사장님이라고 부르지 않고 자기 나이와 비교하여

형, 삼촌, 큰아버지 이런 식으로 부른다. 이렇게 가족의 호칭과 사회의 호칭이 동일하기 때문에 비계급 사회의 분위기를 더 심화시킨 것이다.

또한 이런 호칭 문화는 사회의 모든 구성원들을 하나의 종족으로 묶어 주는 연결의 끈이 되기도 한다. 베트남 전 국민이 호찌민 주석을 주석님이라 부르지 않고 '박호bác Ho'라고 부른다. '박bác'은 큰아버지라는 뜻이다. 호찌민 주석을 '호 큰아버지'라고 부르는 것이다. 큰아버지가 "단결, 단결, 대단결, 승리, 승리, 대승리"라는 구호를 외치자 전 국민이 호 큰아버지의 뜻을 받들어 하나로 뭉쳤고 그 대단결의 정신이 결국 승리를 가져오게 된 것이다. 전쟁의 승리는 무기에 있는 것이 아니라 정신에 있다는 것은 역사가 이미 입증하고 있다.

러시아의 어떤 문화인류학자가 베트남의 복잡한 가족의 호칭에 대한 연구를 하러 왔다가 뜻을 이루지 못하고 돌아갔다는 말을 들은 적이 있다. 베트남의 호칭에 대해 연구한 전문가들이 없지 않지만 아직까지 왜 가족의 호칭이 사회로 확대되고 있는지에 대한 이유를 분명히 제시하고 있는 사람은 없는 것 같다.

가족의 호칭이 사회로 확대되는 이유는 베트남인의 촌락 구조에 있지 않을까 생각한다. 소수의 사람이 살고 있는 작은 촌락은 하나의 가족 공동체의 성격을 가지고 있다. 계급의 분화가 이루어질 수 없는 소규모 사회에서 무슨 다른 호칭이 나올 수 있었겠는가?

매우 계급적인 공식 석상

이렇게 베트남 사회를 겉으로만 보면 비계급적 사회이다. 그러나 공식적인 자리에서는 우리보다 훨씬 계급적인 일면이 드러나고 있다. 세미나, 포럼 등에서 귀빈들을 소개할 때는 매우 자세하게 소개를 해야 한다. 예를 들면, 우리 한국의 경우 "○○대학 ○○○ 교수"라고 소개한다면 베트남은 교수인지 부교수인지, 학위도 박사인지 석사인지를 밝히고, 학과장인지 부학과장인지, 총장인지 부총장인지를 모두 밝혀야 한다. 그 사람이 소속된 기관과 직함을 모두 밝혀야 한다. 그래서 베트남 귀빈을 소개할 때는 시간이 많이 걸린다. 공문서에도 자신의 이름과 함께 학위와 직책을 반드시 밝힌다. 특히 학위는 베트남 사회에서 전통적으로 매우 중요하게 취급을 받아 왔다.

베트남에서 박사학위를 받는다는 것은 과거 급제科擧及第를 한 것에 상응하는 것이다. 베트남에서 박사라는 단어는 띠엔 시tiến sĩ로서 한자로 진사進仕이다. 옛 과거 급제의 명칭을 그대로 사용한다. 베트남은 과시제도科試制度의 전통이 오늘날 대학의 박사제도로 이어져 오고 있다. 과거에 급제하려면 세 번의 과시科試, 즉 초시(향시)와 중시(회시), 종시(정시)를 통과해야 하듯이 베트남에서 박사학위도 세 번의 과정을 거쳐야 한다.

먼저 학과에서 통과해야 하고, 두 번째는 학교의 심사를, 세 번째는 교육부의 심사를 통과해야 비로소 박사학위를 받을 수 있다. 마지막 과정의 발표는 아홉 명의 논문 심사 회동 교수가 참여하고 그중에 대표 회동 교수가 사회를 보는데 논문 심사 발표를 공식적으로 알릴 때 "심상준 박사 후보생 2001년 7월 14일 인민일보에 박사학위 논문 발표를 공지했습니다."라고 공표를 한다. 박사 논문을 발표하기 전에 반드시 신문에 공고를 내야 한다.

이것은 박사학위 발표가 국가적인 수준의 일임을 말해 주는 것이다. 박사학위 논문 발표식은 매우 공식적이고 엄중한 분위기 속에서 진행된다. 나는 이때 얼마나 긴장했는지 내 앞에 놓여 있는 몇 병의 물을 다 마시고 옆 사람의 물까지 마실 정도로 목이 탔던 기억이 난다. 약 100명이 참석을 했다. 통과되면 축제 분위기로 들어간다. 꽃다발도 전달되고 잔치 분위기이다. 이런 전통은 과거 제도의 전통을 그대로 수용했기 때문이다.

과시제도가 박사학위로 계승

베트남의 문묘 국자감에 가면 82개의 진사 비석에 1,307명의 진사의 이름이 새겨져 있다. 이 진사비는 2015년 3월 10일에 유네스코 세계문화유산에 등재되었다. 세계적으로 진사비 82개가 한곳에 집중되어 있는 곳이 없기 때문이다. 한국의 경우 진사비가 성균관에 하나밖에 없는 것을 보더라도 베트남 문묘 국자감의 82개의 진사비는 과연 세계문화유산으로 손색이 없다고 말할 수 있다. 진사비 옆에 있는 진사비 정자亭子에는 다음과 같은 대귀시 한 편이 걸려 있다.

문묘 국자감의 진사 비석

科甲中來名不朽 과갑중래명불후

과시에 합격한 자들은 불후의 이름을 남긴다.

이 대귀시를 보면 국가가 진사에 합격한 자들의 명예를 기리기 위해 부단히 노력을 한 흔적을 알 수 있다. 이렇게 베트남의 과시제도가 오늘의 박사학위로 이어졌다는 것을 알게 된 이후 나는 베트남에서 받은 박사학위가 무척 자랑스러웠다. 베트남에서 교수는 이보다 더하다. 교수는 장원 급제한 자에게 책봉식을 하는 것과 같다. 교수의 직임을 받는다는 것은 전통적으로 대단한 영예이다.

내가 베트남에 처음 왔을 때 교수의 직위를 갖고 있는 베트남 사람은 전국적으로 2~3명에 불과했다. 베트남 대학 강단에 선 사람들은 거의 전임 강사 혹은 시간 강사이다. 베트남은 교수와 부교수를 엄격히 구분한다. 부교수가 되는 것도 무척 어렵고 시간이 걸린다. 이런 것을 모르고 초기에 한국에서 온 사람들이 대학에서 한국어를 가르친다고 자신을 교수라고 소개하는 사람들이 있었다. 이런 사람들에 대해 베트남 사람들이 정서적으로 무척 힘들어한다. 최근 내가 북부 타이응웬Thai Nguyen성에 있는 비엣박Viet Bac대학교의 부총장으로 임명되었지만, 내 명함에는 교수나 부교수 등의 직함을 쓸 수 없다. 부총장은 대학의 행정 직함이고 교수나 부교수는 학문의 직함이기 때문이다.

사회 전체가 가족의 호칭으로 계급이 없어 보여도 전문 분야에 들어가면 이렇게 철저하고 엄격하게 구분을 짓고 있다. 결코 허술한 나라가 아니다.

초면의 변호사에게 반말?

공무로 30대 중반의 베트남 남자 변호사를 만났다. 매우 당차 보이는 사람이었다. 나는 이 사람을 뭐라고 불러야 할지 고민에 빠졌다. 우리나라 같으면 명함에 적힌 대로 '변호사님'이라고 부르면 된다. 그러나 베트남에서는 사회적 신분으로 호칭하지 않는다. 나이로 호칭을 한다. 상대의 나이가 나의 형이나 오빠뻘이면 아잉anh이라고 하고, 누나, 언니뻘이면 찌Chi라고 한다. 삼촌뻘이면 쭈chú, 고모뻘이면 꼬cô, 큰아버지뻘이면 박bác이다. 이 외에도 30여 가지의 호칭이 있다. 사람을 부를 때 절대 사회적 신분으로 사람을 부르지 않는다는 것을 명심해야 한다. 사회적 신분은 사람을 소개할 때만 사용한다. "이 사람은 변호사입니다, 이 사람은 국회 의원입니다." 이럴 때만 사용한다. 그러므로 우리나라처럼, 계급이 승진할 때마다 호칭이 바뀌지 않으므로 승진을 한 사람이나 못한 사람이나 외부적으로는 별 차이가 없다. 한국은 동료가 먼저 승진해서 부장 호칭을 받는데 자신은 여전히 과장에 머물러 있으면 창피해서 직장 생활을 계속하기가 힘들다. 한국의 검찰청은 후배가 검찰청장이 되면 선배들이 전부 옷 벗고 나와야 한다. 이 얼마나 비효율적인가? 충분히 더 일할 수 있고, 능력이 있음에도 불구하고 후배가 상사가 되었다고 옷 벗고 나오다니. 그러나 베트남은 호칭자체가 가족관계의 호칭이기 때문에 이런 서열이 생길 리가 없다.

2012년에 하노이사범대학 총장 취임식에 참석을 하고, 깜짝 놀랐다. 총장으로 취임하는 사람은 부총장 출신이 아니었다. 부총장 직속으로 일하던 단과대

학장이 부총장을 제치고 총장이 된 것이다. 말하자면 부하 직원이 상사가 된 것이다. 나는 옆자리에 앉은 국제교류부장에게 물었다. "그럼 앞으로 어떻게 되는 건가요? 부하가 상관이 되었는데도 괜찮은가요?"라고 물었더니 상관없다는 것이다.

한국인에게 베트남의 호칭은 큰 숙제이다. 보통 공식적인 자리에서는 나를 또이Tôi라고 하고 상대방이 남자이면 아잉anh, 여자이면 찌chị로 사용한다. 이때 아잉anh과 찌chị는 그저 Mr.와 Ms.의 공식적인 호칭인 것이다. 그러나 좀 더 친밀해지려면 나이에 따라 호칭을 달리해야 한다. 호칭을 어떻게 설정하느냐에 따라 정감 있는 가족관계가 되고, 또는 건조한 공식적인 관계가 되는 것이 베트남의 호칭 문화이다.

서두로 다시 돌아가 보자. 변호사를 만났을 때, 호칭을 어떻게 해야 하나 망설이고 있는데 나와 같이 간 우리 센터의 베트남 부원장이 대뜸 그 변호사에게 동생보다 더 낮은 호칭인 짜우Cháu라고 부르는 것이 아닌가? 짜우는 조카라는 뜻도 있고, 손자라는 뜻도 있다. 그 잘생긴 변호사도 자기를 조카라고 하면서 우리 부원장을 꼬cô(고모)라고 호칭했다. 그러나 나는 선뜻 그렇게 할 수가 없었다. 베트남에서 아무리 오래 살았어도 어떻게 처음 만난 변호사를 보고 대뜸 "조카야."라고 할 수 있겠는가? 나와 변호사의 나이 차이는 약 20년 정도 되는 것 같았다. 나는 정중하게 그 변호사를 Mr.에 해당하는 호칭인 아잉anh으로 불렀고, 나에 대해서는 또이Tôi라고 할 수밖에 없었다. 이것이 한국인의 태생적 한계이다.

베트남은 가족의 호칭과 사회의 호칭이 동일하다. 미국은 그냥 이름을 부른다. 그러나 한국 사회는 직책에 따라 호칭이 다르므로 진급할 때마다 부장, 차장, 상무 순으로 호칭이 변하지만 베트남의 호칭은 한번 정해지면 변하지 않는다. 예를 들어, 어떤 사람을 처음 만났을 때, 내 동생뻘 되면 엠em, 조카뻘 되면 짜우Cháu라고 부르고, 그들은 나를 찌chị(언니), 꼬cô(고모), 박bác(큰엄마)이라고 부르는데 이렇게 한번 호칭이 정해지면 죽을 때까지 이렇게 부르는 것이다.

학교도 마찬가지이다. 총장을 교수들이 '총장님'이라고 하지 않고, 자기 나이와 대비해서 형, 삼촌, 큰아버지로 호칭한다. 그러니 교수들이 총장 앞이라고 해서 한국처럼 긴장하지 않는 것이다.

진급에 따라 호칭이 바뀌는 한국 사회의 서열 문화와, 말단 직원이 사장에게 삼촌이라고 부르면서 자연스레 동석을 하는 느슨한 베트남의 서열 문화가 이 베트남 땅에서 만나서 함께 일을 하자니 어려운 점이 많다.

제5장

화동和同
- 쌀 한 톨의 이권

베트남에서는 처음으로 쭝화 지역에 고층 아파트가 들어설 때, 한국 사람들은 아파트 값이 곧 오를 거라고 생각했다. 그러나 10년이 지난 지금 쭝화의 아파트 값은 떨어졌고, 주택 값은 계속 오르고 있다. 지금은 아파트가 한층 업그레이드가 되어 수영장이 있는 고급 아파트들이 들어서고 있다. 이런 아파트의 30평대 매매가가 2억 정도라면 주택은 10억 정도 한다. 주택이라고 해서 대저택이 아닌 대지 30평대에 건평이 한 층에 18평 정도 되고 전체 4층 건물이다. 천장이 높다 보니 계단이 많아 주거용으로 매우 불편한 구조인데도 돈 있는 베트남 사람들은 주택을 산다. 이 10억짜리 건물의 임대 시세는 한 달에 200만 원이고, 30평대 아파트의 임대 시세는 100만 원인데도 불구하고 주택을 선호한다. 그 이유는 베트남인의 개인 소유 의식이 남다르기 때문이다. 아파트는 내 땅이 없다는 것이다. 고대로부터 좁은 촌락에서 자신의 땅과 전답 심지어 묘지에까지 분명한 경계를 하고 살았던 베트남인들에게 아파트는 공중에 떠 있는 재산이어서 불안하고, 주택은 분명한 경계를 가지고 대지 위에 세워져 있는 불변의 재산인 것이다.

착한 눈동자 속에 숨겨진 소유욕

베트남 사람들의 첫인상은 거의가 순하고 착한 인상이다. 이런 인상대로라면 한국에서는 항상 남에게 당하기만 하는 사람이다. 그래서 한국 사람들이 착각을 한다. 자기방어도 못하고 빼앗기기만 하는 사람인 줄 안다. 그러나 그 반대이다. 그 순한 눈빛 뒤에 숨어 있는 강한 소유욕을 알게 되기까지 시간이 좀 걸릴 뿐이다. 베트남에 처음 입국했을 때, 시장에 가구라고는 하나도 없었다. 찬장을 사러 갔는데 닭장 같은 것이 찬장이었다. 그래서 뭐든지 주문 제작을 해서 사용했다. 어느 날 수리할 것이 있어서 아주 순박해 보이는 목수를 하루 고용했다. 눈동자가 너무 착해서 일당을 묻지도 않고 일을 시켰다. 보통의 일당이 얼마인지 알기 때문에 좀 더 주고 싶어서였다. 일 끝나고 얼마냐고 물으니 다섯 배를 더 부르는 것이었다. 너무 깜짝 놀랐다. 내가 하루 이틀 목수를 고용해 본 것도 아닌데 어떻게 이럴 수가 있는지. 저렇게 착한 눈동자를 가진 사람이 눈 하나 깜빡 안 하고 태연하게 다섯 배를 부르는 저 배짱은 어디서 나오는 걸까? 90년대 후반은 가사 도우미가 한 달에 70불을 받을 때였다. 그러니 하루 일당이 10불이면 충분했다. 원래 5불이지만 외국인에게는 좀 더 받기를 기대하는 심리가 있기 때문에 10불을 주려고 했던 것이다. 근데 이 목수가 50불을 부른 것이다.

올 봄에 우리 센터에서 정화조를 청소했는데, 한국 돈으로 환산하면 약 20만 원이 나왔다. 깜짝 놀라서 어떻게 이렇게 많이 나올 수가 있냐고 따졌지만, 이미 가격을 물어보지 않고 시킨 일이라 꼼짝없이 20만 원을 내야 했다. 정화조 아저씨의 말이 10,000L가 나왔다는데, 그 정화조 차는 꼭 차야 5,000L 되는 차이다. 정화조 아저씨의 인상은 순박하기가 이를 데 없었다. 미소를 지으며 네 배의 돈을 받아간 것이다. 베트남 사회는 적 정선의 가격대가 형성되어 있지 않고 개인들의 임의성으로 가격이 오락가 락하기에 신경을 많이 써야 한다.

그 이유는 베트남 농촌의 주거 형태에서 찾아볼 수 있다. 베트남의 농 촌은 한국의 농촌과 사뭇 다른 모습이다. 한국의 농촌 집은 토담으로 된 낮은 담장과 싸리문으로 되어 있는 대문이 정겹다. 한국의 농촌은 집안의 모습을 훤히 들여다볼 수 있어서 지나가다가 담장 너머로 사람이 보이면 인사도 하고 안부를 묻는다. 그러나 베트남의 농촌에 가 보면 집은 허술 한데 담벼락이 높아 집안을 들여다볼 수가 없다. 논으로 나가면 종족 무 덤이 있는데 이 무덤에도 경계가 분명하다. 허락 없이 아무도 들어갈 수 없다. 간혹 촌락을 연구하기 위해 베트남인의 묘지에 들어갈 때가 있는데, 지나가는 길에 논밭에 있는 무덤이라고 그냥 들어가면 안 된다. 먼저 주 인을 찾아가 허락을 요청하고 주인의 안내를 받고 들어가야 한다. 베트남 은 마을과 마을의 경계도 눈에 보이는 대나무나 바나나 나무로 되어 있 다. 반면 한국의 마을과 마을 사이의 경계는 지도상으로만 되어 있다. 베 트남의 이러한 거주 형태는 '우리의 것'과 '나의 것'을 분명하게 구분하는 경계를 가지게 했고 이것은 개인의 소유욕으로 이어지게 되었다.

베트남에 이런 고사성어가 있다. "이웃집의 나뭇가지가 우리 집 담장으 로 넘어오면 잘라도 된다." 우리나라도 이런 분쟁에 대한 일화가 있다. 조선 중기의 문신으로 임진왜란 때 병조 참판을 지낸 오성 대감(이항복)의 어린 시절의 일화이다. 이항복네 마당에 있던 감나무에 주렁주렁 달려 있는 가지 하나가 이웃집 대감네 담장을 넘어갔다. 대감이 감을 따가자 이항복이 항의했고, 대감은 "내 집으로 넘어온 것은 내 것이다."라고 주장했다. 다음날 이항복은 대감집에 가서 장지문 창호지에 주먹을 불끈 쥐고 팔을 내밀자 창호지가 찢어지고 이항복의 팔이 방 안쪽으로 들어갔다. 대감이 깜짝 놀라 웬 놈이냐고 하자, 이항복이 이 팔이 누구 것이냐고 물었고 대감은 너의 몸에 붙었으니 너의 것이 아니냐고 말하였다. 그러자 이항복은 "그럼 감나무 가지는 우리 집 감나무 몸통에 붙어 있으니 우리 것이 아닙니까?"라고 했다고 한다. 대감은 어린아이의 사리 판단에 놀라며 다시는 감을 안 따갔다는 것이다.

이 일화에서도 말해 주듯이 우리의 정서는 나무의 뿌리가 있는 쪽이 주인이다. 그러나 베트남은 가지가 넘어오면 자기 소유가 된다. 소유에 대한 구별성이 다분히 자기중심적이다. 이런 자기중심적인 소유욕은 어떤 일을 결정할 때 전체 속에 자신의 상황을 대입시키지 못하고 자신의 상황만 따로 떼어 확대하기 때문에 모든 결정 사항들이 이기적으로 기울어질 수밖에 없다.

우리 센터에서 5년 동안 일한 경리가 사표를 내면서 일주일 후에 다른 곳으로 가야 한다는 것이다. 일주일 만에 다른 경리를 구할 수도 없을 뿐만 아니라 7일 안에 인수인계가 불가능해서 안 된다고 했지만 막무가내로 울면서 가 버렸다. 아마 상대 회사의 근무 조건이 훨씬 좋았던 것 같다. 한국에서는 있을 수 없는 일이다. 한국은 최소 한 달 전에는 통보를 하고 보통은 두세 달 전에 이직을 통보한다. 그만큼 계획성을 가지고 돌아가는 사회이기 때문이다. 그러나 베트남에서는 이런 일이 비일비재하다. 계획이 없다 보니 자신에게 유익이 되면 바로 행동에 옮기는 것이다.

베트남의 작은 촌락은 첨예한 이권 다툼이 일어날 수밖에 없었다. 이러한 마찰들은 자신의 소유를 지키고자 하는 강한 의지를 발동시켰다.

싸우고 바로 일상으로

베트남의 속담에 이런 것이 있다. "쌀 한 톨 때문에 서로 싸우지만 곧 서로 밥 먹자고 초대한다(đánh nhau chia gạo-thóc, chào nhau ăn cơm)." 이 말은, 수확 후 쌀을 나눌 때, 서로 많이 가져가려고 싸우나, 후에 쌀을 많이 가져간 사람이 적게 가져간 사람을 초대하여 식사를 같이한다는 것이다. 이렇게 개인의 이권 앞에서는 적극적으로 대처하지만 다시 화해함으로써 공동성을 유지하는 것이 베트남인의 화동성和同性이다.

화동성은 정감성과 함께 베트남 문화의 본질이다. 화동和同은 화합할 화和에 같을 동同자로 화합해서 일치가 된다는 뜻이다. 베트남의 화동성은 베트남인의 거주 공동체로의 특성으로부터 나왔다. 폐쇄된 작은 공동체에서 옹기종기 모여 살다 보니 많이 부딪치게 되었고 이런 갈등을 해결하기 위하여 화동이 나온 것이다.

베트남은 고대 시대부터 홍하 유역의 물이 범람하여 치수治水가 생존의 선결적인 조건이었다. 치수를 통해 전답을 만들었고, 바람, 홍수, 맹수 등과 같은 자연의 적과 외부 침입자들로부터 자신들을 보호하기 위하여 제방을 쌓고[1] 대나무 성을 세워 인조 부락을 만들었다. 이 일은 한 종족이 감당할 수 있는 일이 아니어서 여러 성씨의 종족이 함께 모여 힘을 모아야 했기에 다성촌의 집단 촌락이 형성되었다. 이 목적을 수행하기 위해 고대 베트남인들이 세운 방침이 '화和'이다.

각 마을에서 행하는 동제洞祭. 마을마다 예술팀이 갖추어져 있다.

---

1   Hoa Bang(1957), 「Lược khoa về lịch đê qua các triều đại(各 王朝를 통한 堤防의 歷史에 대한 略考)」, Ban Ngiên cứu Văn Sử Địa, p. 3, 6~10.

대나무성 촌락의 특징 중의 하나는 다른 부락으로 쉽게 주민 등록을 옮길 수가 없다는 점이다. 왜냐하면 모든 촌락은 정치, 경제, 사회, 문화, 종교, 국방 등을 갖춘 하나의 독립된 소국가로서 외부 사람이 함부로 들어갈 수 없기 때문이다. 또한 외부의 세력에 대해서 매우 폐쇄적이므로 만약 외부 사람이 들어오면 그 촌락에서 제일 하급인 종치기부터 시작해야 한다. 한정된 공간에서 마치 바둑판 위에 양 사방으로 그어진 선처럼 구획된 규격에 따라 구분 지어 살아야 하는 베트남인들은 소유의 경계를 분명히 해야 했다. 경계가 흐릿하면 자신의 재산이 없어질 수 있기 때문이다. 이런 환경으로 인하여 개인 소유 의식이 높아졌고 또한 이것 때문에 갈등을 유발하게 되었다. 이런 갈등을 가지고 한 집단에서 살기가 어려웠으므로 화동성이 발달하게 된 것이다. 베트남의 이런 폐쇄적인 거주 공동체는 내부에서 다툼과 갈등이 일어날 때 외부로 나갈 출구가 없다. 그 안에서 해결해야 하므로 화동이 없으면 살 수가 없는 것이다.

개인 소유 의식에서 비롯되는 사회적 문제의 갈등을 화동으로 풀어 나가는 것이다. 위에서 소개한 속담인 "쌀 한 톨 때문에 서로 싸우지만 곧 서로 밥 먹자고 초대한다."에서 보는 바와 같이 한 톨의 쌀이면 얼마나 작은 것인가? 그런데 정말로 베트남 사람들은 이렇게 작은 이익에도 매우 적극적으로 매달리면서 분쟁을 일으킨다. 그리고 또 아무렇지도 않게 관계를 한다. 한국은 싸우고 나면 당분간은 서로 피한다. 그리고 시간이 지나면 화해를 할 수도 있고 죽을 때가지 원수로 지내기도 한다. 그러나 베트남은 싸우고 바로 일상으로 돌아갈 수 있다. 이것이 베트남의 화동성이다.

이렇게 상반되는 두 성질을 함께 가지고 있는 것이 베트남의 두 얼굴, 즉 양면적인 한 실상이면서, 한 실상의 두 면인 것이다. 마치 태극의 음과 양 사이의 관계처럼 양이 음이 되고 음이 양이 되는 이 두 성질은 실은 하나이다.

화동의 사례들

이혼 후에도 처갓집의 경조사에

한국은 이혼하고 나면 배우자의 가족이나 친척들과는 남남이 된다. 그러나 베트남은 그렇지 않다. 이혼 후에 변한 것은 부부 관계뿐이고, 그 외의 관계들은 그대로 유지되고 있다. 그리고 우리처럼 배우자와 배우자 가족들에 대한 분노의 감정도 크지 않고 그 수위가 한층 낮다.

나에게 처음으로 베트남어를 가르쳐 준 T 교수는 아내와 함께 한 직장에 다니다가 이혼을 했다. 부부가 한 직장에 다니는 것도 한국인에게는 어색한 일인데 하물며 이혼을 하고도 여전히 같은 직장에 다니고 있다고 하니, 이런 사실을 알게 된 우리가 더 어색했다. 하루는 T 교수가 아내의 아버지가 돌아가셨다면서 수업을 쉬자고 하는데, 아내를 '버 꾸우vợ cũ'라고 하는 것이었다. '버vợ'는 아내이고 '꾸우cũ'는 옛 고故를 뜻하는 단어인데 지금 T 교수는 '옛 아내'의 아버지(옛 장인) 장례식에 간다는 말을 한 것이다. 내가 잘못 들었나 싶어서 실례를 무릅쓰고 버 꾸우vợ cũ라면 혹시 선생님께서 이혼한 흐엉 선생님을 말하는 것이냐고 조심스럽게 묻자, 아무렇지도 않게 그렇다는 것이다. 나는 반사적으로, 이혼을 했는데 왜 가느냐고 물었더니, 이혼은 아내랑 한 것이지 장인이랑 한 것은 아니라는 것이다. 나는 다시, 아내로 인하여 맺어진 가족관계는 아내와 헤어지면 그만 아니냐고 했더니 T 교수는 발끈하며 장인, 장모도 부모인데 어떻게 부모의 관계를 아내와 이혼했다고 끊어 버릴 수 있겠느냐는 것이다. 매우 놀라지 않을 수 없었다. 뿐만 아니라 장인, 장모가 아플 때도 찾아가고 집안의 경조사가 있을 때도 찾아뵈어야 한다는 것이다. 이혼하면 대개 남남으로 살며 서로 연락하기를 꺼려 하는 한국의 문화와 비교할 때 베트남의 문화는 정말 충격이었다. 그리고 인간적인 정이 물씬 풍긴다.

이러한 베트남의 문화를 모를 때, 텀Thơm이라는 여자를 알게 되었다. 텀의 남편은 독일에 돈 벌러 갔다가 거기서 다른 베트남 여성과 결혼을 했다. 그런데도 텀은 그 남편의 부모와 함께 살면서 그들을 봉양하고 있었다. 나는 착한 텀이 시부모님의 감언이설에 넘어가서 이용당하고 있는 것 같아 틈만 나면 텀에게 독립해서 너의 살길을 준비하라며 권면을 했었다. 왜 베트남 사람들은 이혼 후에도 우리처럼 두부 모 자르듯 관계를 싹둑 자르지 않고 계속해서 관계를 유지하는 걸까? 이상해서 물어보았더니 베트남 사람들은 오히려 한국이 이상하다는 반응을 보였다. "부부가 이혼했으면 했지, 왜 주변의 관계까지 청산해야 하는가?"라며 한국 문화가 너무 비정하다는 것이다. 베트남 사람들이 한국 드라마를 보면서 심정적으로 제일 힘든 부분이, 이혼 후에 양가가 원수가 되는 것과 또 양가 어른들의 사이가 안 좋아지면 결국 신랑 신부가 헤어지게 되는 것이라고 한다.

배다른 형제끼리도 친형제처럼

베트남은 이혼 후에 자녀들이 부모를 만나는 것도 우리보다 훨씬 자유롭다.

T 교수에게 딸이 하나 있는데 이혼한 아내가 기르고 있었다. 그런데 가끔씩 이 딸이 아버지를 만나기 위해 집으로 찾아오는 것이다. T 교수의 집에는 지금의 아내가 데리고 들어온 두 딸이 있어서 마주치면 썩 좋은 감정은 아닐 것 같은데 이들은 아무렇지도 않게 자기 새아버지를 찾아온 새아버지의 친딸을 맞이한다. T 교수의 친딸의 입장에서 보자면 자기 아버지를 뺏어간 여자의 딸들이 아닌가? 미워하려면 얼마든지 미워할 수 있는 관계이다.

몇 년 전에 인기리에 방영되었던 KBS의 '웃어라 동해야'에서도 '도진'이가 자기 아버지가 자기 엄마와 결혼 전에 다른 여자와의 사이에서 낳은 아들 '동해'를 형으로 인정하기 싫어서 그렇게 미워하는 것을 보더라도(이것이 한국 문화인지, 아니면 작가가 과장을 한 건지 혼동이 되기는 하지만) 그렇다. 베트남보다 한국은 순혈주의적 경향이 짙은 사회이다.

반면 베트남은 부모 중에 한쪽의 피라도 공유하면 친형제로 인정하는 것이 어렵지 않은 것 같다. 우리 센터에 결혼한 여직원 H의 남편은 부모가 이혼한 사이이다. H가 아기를 낳자 H의 남편의 동생들이 아기를 돌보고 있는데 아버지는 같고 엄마가 다른 동생 2명이 왔다 갔다 하고, 또 엄마와 아버지 모두 같은 동생이 왔다 갔다 하면서 아무렇지도 않게 잘 지내고 있다. 내가 혼동이 되어서 가끔씩 "네가 아버지는 같고 엄마는 다른 동생이니?" 이렇게 물어봐도 전혀 문제가 되지 않는다. 그래서 한번은 직접적으로 물어본 적도 있다. 아버지가 다르고, 엄마가 달라도 형제로 생각하느냐고. 그랬더니 당연하다는 것이다. 우리는 이런 경우에 감추려고 하는데 베트남은 전혀 그렇지가 않다. 소개할 때부터 자연스럽게 밝힌다.

이혼한 부부가 딸의 결혼식에

남학생 제자가 결혼식을 한다고 해서 지방성에 내려갔다. 나의 제자는 자기 아내 될 사람과 아내의 친정 식구를 우리 부부에게 소개를 하는데 우리는 정말 당황하지 않을 수 없었다. 제자의 아내 이름은 후엔Huyền이고, 후엔의 부모라며 소개를 하는데 부모가 모두 네 명이 아닌가? 소개하는 쪽은 아무렇지도 않게 소개를 하는데, 소개를 받는 우리 부부가 민망해서 어쩔 줄을 몰라 했다.

후엔의 부모는 이혼을 해서 각자 재혼을 했다고 한다. 후엔의 아버지는 세련되고 젊고 예쁜 여성과 재혼을 했고, 후엔의 엄마는 가난한 운전수와 재혼을 했다. 그리고 두 부부는 한동네에서 같이 살고 있고, 이번에 딸의 결혼식을 위해 사위의 고향으로 올 때, 엄마의 남편이 운전하는 봉고차에 아버지와 새엄마가 같이 타고 왔다는 것이다. 나는 정말 이해가 되질 않았다. 우리 문화에서는 부닥치면 힘든 관계인데 베트남은 아무렇지도 않은 것이다. 엄마와 새아버지, 아버지와 새엄마, 이렇게 네 명이 딸의 결혼식에 참석해서 축하해 줄 수 있다는 것은 일면 좋은 일이 아닌가?

이런 휴머니즘적인 문화가 생기게 된 것은 베트남 공동체의 폐쇄적 특성 때문이다. 베트남의 마을 공동체는 한 국가이므로 다른 마을로 이사 가는 것은 곧 다른 국가로 이사를 가는 것이다. 만약 다른 마을로 이전해 버리면 자신이 갖고 있는 지위와 역할이 그만큼 축소되고 하향되기 때문에 이혼뿐만이 아니라 다른 어려움이 발생해도 고향을 떠나서 사는 것보다 여기서 해결하고 사는 것이 낫다. 그래서 현실을 초연히 받아들이며 살 수밖에 없는 문화가 생성되었다.

프엉은 8년 동안 사귄 남자 친구와 결별을 했다. 고등학교 때부터 사귄 남친이고 식구처럼 친하게 지내면서 결혼이 기정사실화되어 있었던 사이이다. 그런데 프엉이 한국에 유학을 갔고, 한국에서 다른 남자를 알게 되어 8년 사귄 남친과 헤어지게 된 것이다. 그런데 놀라운 것은 헤어지고 얼마 후에 새 남친과 함께 옛 남친을 만났다는 것이다. 옛 남친은 의대생이고 새 남친은 한국에 노동자로 왔다가 프엉을 만난 것이다. 나는 프엉과 프엉의 옛 남친을 잘 알기에 프엉을 나무랐다. "네가 한국 유학을 마치고 돌아오기만을 눈이 빠지게 기다렸던 홍을 배신하고도 모자라서 새 남친을 데리고 홍을 만났다니. 그러면 홍의 마음이 얼마나 아프겠니?"라고 하자 프엉은 나를 매우 의아한 표정으로 바라보면서 "꼬김(김 선생님) 참 이상하네요. 내가 잘못한 거 아니에요. 사랑했으니까 내가 어떤 남자와 결혼을 하는지 알려 주어야지요."라고 말하는 것이 아닌가? 이게 무슨 드라마 억지 춘향 같은 소리인가? 게다가 한 수 더 떠서 결혼을 앞두고 홍의 커플과 프엉의 커플이 함께 만나서 상견례를 했다는 것이다. 홍의 새 여자 친구는 홍이 8년 동안 그토록 사랑했던 여자를 질투심 없이 만날 수 있었을까? 이런 어색한 만남이 또 어디 있단 말인가?

이해가 되지 않아서 베트남의 여러 젊은이들에게 물어보았다. 혹시 사랑했던 사람이 다른 사람과 결혼을 하는데 결혼식에 참석할 수 있느냐고. 그랬더니 왜 한국은 안 그러냐며 오히려 반문한다. 하긴 이혼한 부부도 자연스럽게 만나는데 결혼도 안 하고 헤어진 사이는 더더욱 아무렇지도 않을 것이다.

제6장

전쟁과
화동和同

어느 나라에 가도 거리의 이름이 있다. 그런데 베트남의 거리 이름은 역사적인 인물로 가득 차 있다. 예컨대 베트남의 건국 신화에 나오는 시조 락 롱 꿴Lac Long Quyen과 어우 꺼Au Co[1]로부터 시작해서 나라를 건국한 왕 홍 브엉Hung Vuong[2]을 거쳐 현대의 영웅 보 응웬 잡Vo Nguyen Giap[3]에 이르기까지 수많은 역사적인 인물들의 이름으로 가득 채워져 있는데 이 역사적인 인물들 중에서 전쟁 영웅들의 이름이 가장 중요한 길에 배치되어 있다. 전쟁 영웅 중에는 여성도 있다. 이와 같이 거리 이름에 영웅들의 이름이 많이 나타나는 것은 나라가 형성되면서 지금까지 난세가 많았기 때문이다. 베트남은 고대와 중세, 근대, 현대까지 전쟁의 연속이었다. 그래서 베트남의 역사를 전쟁의 역사라고 일컫는다. 중세와 근대에는 송, 원, 명,

---

1   락롱 꿴과 어우 꺼는 베트남의 건국 신화에 나오는 베트남의 전설적인 조상이다. 남성인 락롱 꿴과 여성인 어우 꺼 사이에서 100개의 알이 나왔는데, 그중에서 가장 힘이 센 자가 왕이 되었고, 그가 홍브엉이다.

2   베트남 최초의 고대 국가 반랑국을 세운 인물이다.

3   호찌민과 함께 베트남의 항불·항일·항미 전쟁을 승리로 이끈 주역으로, 한 번도 전쟁에서 실패를 경험하지 않은 인물(1911~2013). 1954년 프랑스와의 디엔비엔푸 전투에서 해방군 총사령관으로 크게 승리를 이끌었다.

청을 차례로 물리치기도 했다. 베트남이 이렇게 강대국을 제압하는데 나름의 비결이 있다.

전쟁을 잘하는 이유

첫 번째는 베트남 사람들은 전면전을 피하고 거의 유격전을 펼친다. 필요시에는 수도까지 내어주기도 한다. 장기전을 펼치면서 지형지물地形地物을 이용하고 날씨를 이용하면서 적을 지치게 해서 쫓아낸다. 이 전략은 15세기에 베트남의 유명한 시인이며 유학자이며 군사 전략가인 응웬 짜이Nguyen Trai가 『평오대고平吳大誥』[4]에서 제시한 전략이다. '약弱한 것을 가지고 강强한 것을 물리치고, 적은 무리를 취해서 많은 적을 물리치는' 전략이다.

두 번째는 모든 백성이 전부 군인이 되기 때문이다. 남녀노소 할 것 없이 노인이든 청년이든 부녀자이든 심지어 소년이든 소녀이든 간에 전시에는 모두 군인으로 돌변한다. 대나무 성 안의 작은 마을은 소국가이므로 유사시에 그 안에서 자체적으로 조직이 형성된다. 그래서 전선戰線이 따로 없다. 베트남 전 지역이 전선이 되기 때문이다. 적군이 가장 두려워하는 점이 바로 이 부분이다.

---

4 1428년 중국 명나라 군사를 물리치고 레왕조의 건국공신인 응웬 짜이가 쓴 포고문이다.

2004년 미국의 스탠리 맥크리스털 장군은 오합지졸 같아 보이는 민병 집단인 AQI(이라크 알 카에다)를 만나 고전했다. 그 이유는 알 카에다 민병대는 작은 팀으로 신속하게 이동하여 공격한 후 지역 주민 속으로 사라져 버리는 분산형 네트워크 군대였기 때문이다. 맥크리스털 장군은 고도로 훈련받은 수천 명의 최정예 기동 부대와 최신 장비를 가지고 있었지만 알 카에다 민병대 앞에서는 무용지물이었다. 맥크리스털 장군은 재래식 군사 전술이 실패하고 있음을 깨달았다.[5]

베트남은 원래부터 분산형 네트워크 군대였다. 대나무 촌락 안에는 이미 작은 조직의 민병대가 있었다. 월남전에서 미국은 베트남이라는 한 국가와 전쟁을 한 것이 아니라 수천의 작은 마을 국가와 전쟁을 한 것이다. 베트남은 전시에 모든 인민이 군인이 되기에 전선이 따로 없다. 이 전략이 베트남으로 하여금 전쟁을 잘하는 나라가 되게 한 것이다. 스탠리 맥크리스털 장군은 알 카에다 민병대를 만난 후, 재빨리 거대한 조직을 작은 팀으로 개편해서 성과를 올렸다.

세 번째는 베트남은 기후나 자연환경에 대한 적응력이 뛰어나다. 북베트남은 남부와 달리 사계절이 있고, 특히 기후의 특징이 평상성平常性을 잃어버리는 기후여서 외국인이 적응하기 매우 힘들다. 또한 외국 병력이 장기간 베트남에 주둔하기 어려운 것은 날씨 외에도 식량 조달 때문이다. 그러나 베트남은 전쟁 중에도 자연 채취를 통해서 부족한 식량을 대신

---

5   스탠리 맥크리스털(2016), 『팀 오브 팀스』, 이노다임북스.

할 수 있다. 게다가 베트남은 원래 자급자족인 소농의 생계 방식으로 전쟁 중에도 식량 조달이 어렵지 않다. 이처럼 베트남은 열악한 상황과 환경 가운데서도 독특한 전략과 자연환경을 활용하여 전쟁을 잘하는 민족이 되었다.

특히 근현대사에 와서는 무려 다섯 나라와 여섯 번의 전쟁이 있었다. 프랑스, 일본, 미국, 캄보디아, 중국이다. 중월 전쟁이 마지막 전쟁이었다. 그리고 베트남은 강대국을 차례로 물리쳤다. 이길 수 없는 전쟁을 이겼다. 프랑스와의 전쟁도, 미국과의 전쟁도, 중국과의 국경 전쟁도 이길 수 없는 전쟁이었다. 베트남은 세계의 눈을 놀라게 하며 전승국이 되었다. 이렇게 베트남 사람은 전쟁을 잘하는 민족이다. 베트남의 역사가 전쟁의 역사였다는 것은 베트남의 국가國歌의 가사만 봐도 알 수 있다. 국가라기보다 군가 같은 느낌이다. 베트남의 국가는 1944년도에 반 까오 Văn Cao(1923~1995)가 작곡을 했다. 오랫동안 베트남 사람들이 애창하다가 1976년에 국가로 지정되었다.

피로 얼룩진 국가國歌

베트남 군대여 전진하라. 조국을 지키기 위해 함께 단결하라.
우리의 바쁜 행진은 높고 험준한 길로 걸어갈지니,
우리의 국기는 승리의 붉은 피, 조국의 영혼이 깃들어져 있도다.
총성이 우리의 행진곡과 함께 울려 퍼지도다.

영광스러운 길은 <u>우리의 적을 이겼도다.</u>

모든 궁핍을 극복하라. 우리는 저항의 기반을 함께 만들어 나가리.

모든 인민들의 구원을 위해 <u>투쟁하라.</u>

전장에서 서두르라, 전진하라, 모두 함께 전진하라.

우리의 베트남은 영원히 견고하도다.

우리의 애국가와 비교하면 분위기가 완전 다르다. "무궁화 삼천리 화려 강산, 하느님이 보우하사 우리나라 만세"와 "우리의 국기는 승리의 붉은 피, 조국의 영혼이 깃들어져 있도다. 총성이 우리의 행진곡과 함께 울려 퍼지도다."를 비교해 보라. 국가에 '붉은 피', '총성' 이런 단어가 나온다는 것은 그만큼 전쟁과 밀접한 삶을 살았다는 것이다. 90년대 후반까지도 북베트남은 전시 국가 같았다. TV에서 나오는 대부분의 프로그램은 전쟁 연극이었다. 미술 박물관에 가면 전부 전쟁 그림이었다. 폭탄이 떨어져서 터지는 붉은 빛깔이 큰 화폭을 전부 메우고 있었다.

퇴각하는 적군에게 선을 베풂

정말 베트남은 자타가 공인할 정도로 전쟁을 잘하는 민족이다. 그런데 특이한 점은 상대의 전세가 불리하거나 또 패배를 인정하고 퇴각할 때 베트남인은 달려가서 죽이고 약탈을 일삼는 행위를 하지 않고 오히려 그 반대로 화해하고 화친하기 위해 물과 양식을 주고 돌려보내곤 했다. 베트남이 1,000여 년 동안의 중국 지배로부터 독립을 한 이후에도(A.D. 938) 중국은 틈만 있으면 구실을 만들어 베트남을 침략했다. 그러나 베트남은 퇴각하는 적군에게 선善을 베풀었다. 10세기 때 레 환Lê Hoàn은 퇴각하는 적 송군에게 물과 양식뿐만 아니라 심지어 특산물까지 바치면서 화친을 원했는가 하면[6] 15세기 명이 다시 20년간 베트남을 지배하고 있을 때 최대의 봉기를 주도한 명주明主 레 러이Lê Lợi 역시 명이 퇴각할 때 다가가서 선박 500척과 많은 양의 식량을 제공하며 명나라 군의 철수를 도왔다.[7] 뿐만 아니라, 14세기 쩐왕조 때에는 베트남 역사에서 가장 유명한 장군으로 칭송받는 쩐 흥 다오Trần Hưng Đạo가 몽골 원군과의 세 번째 전쟁에서 대승을 거두는 전과를 세우고, 퇴각하는 원군에게 사절을 보내어 사죄를 표하며 조공까지 바쳤다.[8] 18세기에는 청군이 대패하여 수많은 적군이 죽자 꽝쭝Quang Trung 왕은 전사한 중국 병사들을 위해 대대적인 제사를 지내주기도 했다.

1954년 3월 프랑스와의 마지막 접전 디엔비엔푸 전투. 여기에서 프랑스는 패하고 인도차이나에서 물러났다.

디엔비엔푸 전투 중 식량과 무기를 운반하는 베트남인

---

6   유인선(2012), 『베트남과 그 이웃 중국』, 창비, p. 138.

7   위의 책, p. 199.

8   위의 책, p. 170.

프랑스와 일본이 베트남을 공동 지배하던 1945년 3월에 일본이 프랑스를 몰아내고 단독 지배를 시작하면서, 프랑스가 일본에 쫓겨 도망갈 때도 베트남 사람들은 프랑스 사람을 적극적으로 도와주었다. 호찌민의 독립 선언문을 읽어 보면 알 수 있다. 또한 이 독립 선언문을 통해 프랑스의 베트남에 대한 탄압의 실상도 알 수 있다.

호찌민의 독립 선언문

(상략) 그들은 학교보다 감옥을 더 많이 세웠으며, 조국과 민족을 사랑하는 우리 동포들을 냉혹하게 죽였으며, 우리의 항거를 모두 피바다에 씻었습니다. 또한 우리의 언론을 탄압하고, 우민 정책을 시행했으며,

1945년 9월 2일 호찌민 주석이 독립 선언을 한 바딩광장

아편과 알코올로 우리 국민을 쇠약하게 만들었습니다. 경제적으로 그들은 우리 국민들을 뼛속까지 착취하여 우리 민족을 가난하고 궁핍하게 했고, 우리나라를 삭막하고 황폐하게 만들었으며, 우리의 논밭, 광산, 원료를 모두 탈취해 갔고, 지폐 인쇄, 수출과 수입의 독점권을 모두 자기네 손아귀에 움켜잡았습니다.

그들은 무리한 세금을 수백 종류를 만들어 우리 민족을, 특히 우리 농부와 상인들을 빈곤하게 했으며, 우리의 자본가들을 고개 들지 못하게 했습니다. 그리고 우리의 노동자들을 매우 잔인하게 착취했습니다. 1940년 가을, 일본 파쇼정권은 동맹파의 공격할 기지를 넓히기 위해 인도차이나를 침략했을 때, 프랑스 식민 집단은 무릎을 꿇어 항복했고, 우리나라에 일본군이 발을 내딛게 했습니다. 그때부터 우리 국민들은 프랑스와 일본의 이중 탄압을 당하게 되었고, 생활은 더욱 더 곤궁하고 핍절하게 되었습니다. 결국 작년부터 올해 초까지, 꽝찌Quảng Trị에서 박끼Bắc Kỳ(북부 베트남)까지, 우리 동포들이 2백만 명 넘게 굶어 죽었습니다. 올해 3월 9일에 일본군은 프랑스군의 무기를 박탈했습니다. 프랑스군들은 도망치거나 항복을 했습니다. 이리하여 프랑스 식민 집단은 우리 민족을 보호하기는커녕, 오히려 5년 만에 우리나라를 두 번이나 일본에게 팔아넘긴 것입니다.

3월 9일 전에 월맹은 일본을 축출하기 위해 프랑스 연맹에 얼마나 많이 호소하였는지 모릅니다. 그런데 프랑스 식민 집단은 이에 응답하지 않았을 뿐만 아니라 다시 월맹을 더 냉혹하게 탄압하였습니다. 심지어 프랑스 집단이 패배하고 도망갈 때 이엔 바이Yên Bái와 까오 방Cao Bằng(정치범 수용소가 있었던 곳)의 정치범 대다수를 야만적으로 학살하였습니다.

그러나 프랑스 사람들에게 우리 동포들은 여전히 관대하고 인도주의적인 태도를 보였습니다. 3월 9일 사변 후에, 월맹은 많은 프랑스 인민들을 국경을 넘어가게 도와주었고 일본 감옥에서 도망치게 해 주었고 그들의 생명과 재산을 보호해 주었습니다. 사실 1940년 가을부터 우리나라는 일본의 식민지로 되었으며 더 이상 프랑스 식민지가 아니었습니다. 일본이 연합군 측에 항복했을 때 우리나라 국민들은 일제히 일어나서 정권을 쟁취하고 베트남 민주공화국을 세웠습니다. 실로 우리 인민은 프랑스 손아귀가 아니라 일본 손아귀에서 다시 나라를 찾은 것입니다. (하략)

위의 호찌민 독립선언문에서도 보았듯이, 사람들은 국가적인 사태가 발생할 때는 자신의 목숨을 기꺼이 바치고 싸우지만 전쟁이 끝난 후 도망가는 적에 대해서는 관용을 베풀고 포용하는 두 모습을 볼 수 있다. 한국도 일본이 2차 대전에서 패하고 도망갈 때 선량했던 일본인에 대해서는 일부 시민들이 나서서 도와주었다. 이런 개인적인 긍휼함은 어느 민족에게나 있다. 그러나 베트남의 화동성은 전 국가적이다.

제7장

베트남인의
대등 의식과 차별 의식

2011년 5월 베트남 영해 서사군도에서 중국 선박이 석유 탐사를 하던 베트남 석유시추선의 케이블을 절단했다. 이에 베트남은 중국이 자신의 영유권을 도발했다며, 베트남 국방부의 한 고위 인사가 언론을 통해 중국이 서사군도를 점령할 경우 우리는 육로로 중국 영토를 공격하겠다고 응수했다. 베트남이 중국과 도저히 견줄 수 없는데도 조금도 위축되지 않고 자신의 목소리를 낼 수 있는 것은 일찍부터 칭제稱帝 의식이 있었기 때문이다. 한국도 고종 때 고종 황제라는 칭호를 사용했지만, 아무 힘도 없는 왕조가 황제라고 한들 누가 알아주겠는가? 허울뿐인 호칭이었던 것이다.

그러나 베트남은 고대 왕국부터 황제 칭호를 사용했으며, 중국으로부터 독립을 한 후부터 거의 계속해서 황제 칭호를 사용했다. 이런 칭제 의식이 곧 대등 의식으로 연결이 되어, 오늘날 베트남은 경제적으로 낙후되어 있어도 전혀 기죽지 않고 당당하게 외교를 한다. 한베 FTA를 체결할 때도, 우리 한국 측에서는 베트남이 FTA에 경험이 적음으로 한 수 가르치면서 협상을 하려고 했다가 베트남의 협상 능력에 오히려 감탄을 했다는 후일담을 들었다. 베트남은 동남아시아 국가 중에서 거대한 중국에 대해 유일하게 큰소리를 칠 수 있는 민족이다.

대등 의식의 시작 – 찌에우 다Triệu Đà

베트남의 칭제 의식의 발로는 베트남의 세 번째 고대 왕국인 남 비엣Nam Việt국의 찌에우 다趙陀, Trieu Da로부터 시작되었다. 찌에우 다는 중국의 조정에서 파견된 한 현령이었는데 진시황제가 죽고 그의 통일 제국이 무너지자 중국으로부터 독립을 선언하고 남 비엣(BC 207-BC 111)이라는 나라를 세우고 이어 베트남의 두 번째 고대 왕국인 어우락국을 합병시켰다(BC 179). 그러나 찌에우 다는 진시황제 이후 중국을 다시 통일한 한 제국에 대해 적대적으로 대했고, 중국의 풍속을 버리고 당시 베트남이 포함된 남방의 풍속을 따랐다. 그리고 중국과 대등 의식을 가지고 중국만이 사용하는 황제의 칭호를 과감하게 사용했다. 그 이후 베트남 왕조는 찌에우 다의 선례를 따라 칭제의 전통을 고수하기 시작했다. 이 때문에 베트남은 대對 중국과의 관계에서 항상 대등하다는 의식을 드러내었고, 교전 중에 협상을 해도 패전국의 입장이 아닌 대등한 입장에서 협상을 할 줄 알았다.[1] 베트남은 찌에우 다가 세운 남 비엣을 베트남의 정통 국가로 간주하고 베트남의 고대 역사에 포함시켰다.

---

1   유인선(2012), 『베트남과 그 이웃 중국』, 창비, p. 156.

두 번째 황제 – 리 남 데Lý Nam Đế

찌에우 다가 세운 남 비엣은 우리의 고조선과 비슷한 B.C. 2세기 초에 한에게 멸망당하고(B.C.111) 중국의 속국이 되면서 베트남은 무려 1,000여 년 동안 중국의 지배를 받게 된다. 그 기간 동안 중국 관리의 폭정과 수탈에 저항하며 수많은 크고 작은 봉기들이 일어났다. 그러나 6세기부터는 중국의 지배에서 벗어나야 되겠다는 강력한 의지가 분출되면서 리본Lý Bôn이 궐기를 일으켜 성공함으로 자신을 남 비엣 황제라 칭하고, 연호를 티엔 득天得, Thiên Đức이라 하고 나라 이름을 만춘萬春이라고 했다. 비록 리본이 세운 만춘국은 5년으로 단명했지만 중국의 지배를 거부하고 정식으로 독립된 국가임을 선언한 것이 베트남인의 민족의식을 고양시키며 대등한 자주독립 의식의 길을 터놓은 것으로 평가되고 있다. 전국에 수백 개의 리 남 데李南帝, Lý Nam Đế의 사당이 세워져 있는 것이 그의 높은 위상을 입증해 주고 있다.

세 번째 황제 – 마이 학 데Mai Hắc Đế

이후 8세기 당나라 지배 당시에 베트남에 대한 착취가 상당히 심할 때에 마이 툭 로안Mai Thúc Loan이라는 자가 일어나 반란을 일으켜 자신을 황제라 칭했는데 얼굴이 검어 흑제黑帝라 하여 마이 학 데Mai Hắc Đế라고 불렸다. 앞의 리 남 데는 중국인 토착 지도자였지만 마이 학 데는 베트남인 토착 지도자였다. 물론 그가 시도한 독립운동이 실패로 끝났지만 그의 궐기의 역사적인 의의는 무엇보다도 중국의 가혹한 도호 정책에 굴복하지 않고 끝까지 항거함으로써 하이 바 쯩Hai Bà Trưng(A.D. 40~43)의 궐기 이후로 베트남의 대등한 자주독립 의식이 여전히 살아서 이어지고 있다는 점을 보여 준다.

네 번째 황제 - 딩 띠엔 황Đinh Tiên Hoàng

A.D. 938년 응오 꿴Ngô Quyền[2]이 1,000여 년간의 중국 지배를 종식시키지만 그는 여러 가지 이유로 자신을 황제라 칭하지 못했다. 그다음 새로운 왕조를 세운 딩 보 링Đinh Bộ Lĩnh은 자신을 황제라 칭하고 자신의 아들을 남 비엣 왕으로 봉하는 등 연호도 중국식 연호가 아닌 타이 빙太平, Thái Bình이라는 독자적인 연호를 사용했다. 이것은 베트남 역사상 티엔 득이라는 연호를 사용한 리 남 데 이후 두 번째이다. 딩 보 링의 황제 칭호와 독자적 연호 사용은 그 이후 베트남 모든 왕조가 따르는 전례가 되었다. 이와 같이 딩 보 링의 발상은 베트남이 중국과 대등하다는 의식이 있었기 때문에 가능한 것이었다. 그래서 베트남 역사학계는 딩 보 링을 중국으로부터 진정한 독립을 시도한 왕으로 간주한다. 후에 딩 보 링은 중국의 진시황제처럼 딩 띠엔 황丁先皇, Đinh Tiên Hoàng으로 추존되었고 그의 독립 의지를 기리기 위해 수도 하노이의 심장인 호 환 끼엠Hoàn Kiếm 호수 앞에 딩

---

2   938년에 중국의 1,000년 지배로부터 독립을 실현시킨 역사적인 인물(897~944). 하지만 자신을 왕이라 칭했을 뿐 제위에 오르지도 못하고 연호도 제정하지 않아 불완전한 독립에 그쳤고, 또 왕위 계승에 실패하여 6년으로 단명한 왕조이다. 중국으로부터 완전한 독립은 후에 딩 보 링에 의해 이루어졌다.

띠엔 황이라는 거리 이름을 만들어 베트남인의 추앙을 받고 있다.

다섯 번째 황제 – 레 환Lê Hoàn

딩 보 링은 베트남 역사 발전의 과정에서 매우 중요한 전환점을 만든 왕이지만 애석하게도 그가 죽고 난 후 왕위 계승이 제대로 이루어지지 않아, 딩 왕조는 2대 15년 만에 단명하고 만다. 다음에 그의 부하 레 환Lê Hoàn이 새로운 황제, 곧 다이 황 데代行皇帝, Đại hành Hoàng đế가 되어 연호는 띠엔 푹天福, Thiên Phúc이라 제정하고 중국과의 외교에 있어서도 베트남의 대등 의식을 그대로 보여 주었다. 예컨대 레 환이 송의 사절을 맞아 조서詔書를 받을 때도 펑계를 대며 절을 하지 않은 일화는 베트남의 황제가 중국 황제의 신하가 아니라는 것을 보여 주는 대목이다.

제1의 독립 선언문 – 남국산하

이후에도 11세기 리왕조 때 송군과의 전쟁에서 리 트엉 끼엣Lý Thường Kiệt[3]이라는 베트남의 유명한 명장이 쓴 시문에도 대등 의식의 전통이 그대로 이어져 내려오고 있는 것을 볼 수 있다.

---

3 리李왕조 때에 송군을 격파시킨 장군(1075~1077).

南國山河南帝居남국산하남제거

截然定分在天書절연정분재천서

如何逆路來侵犯여하역로래침범

汝等行看取敗虛여등행간취패허

　남국의 나라에는 남국의 황제가 있노라. 그것이 하늘의 책에 당연히 기록되어 있을진데, 어찌하여 너희 역로들이 침범하는고? 너희들은 반드시 패배를 맛보게 될 것이리라.

　위의 시문에서도 잘 나와 있듯이, 북쪽에는 북황제(중국)가 있듯이 남쪽에도 남황제, 즉 베트남이 있는 것을 하늘이 다 알고 있는데 왜 자꾸 침략하느냐며 당당하게 말하고 있다.

제2의 독립 선언문 - 평오대고平吳大誥

　리 트엉 끼엣이 베트남의 왕을 남제南帝라 부른 것은 중국을 북제에 대비, 베트남은 남제라고 하여 두 나라 사이에 어떤 상하 관계도 존재하지 않는다는 소위 대등한 의식을 표출하고 있는 것이다.『평오대고平吳大誥』에서도 찌에우 다Triệu Đà 이후 베트남의 지배자가 황제를 칭한 사실을 그대로 반영하고 있는 것을 보여 준다. 이 시문은 위의 남국산하와 더불어 베트남의 중학교 학생이라면 누구든지 다 암송할 정도로 유명한 시문이다.『평오대고』는 15세기 레왕조의 건국 공신인 응웬 짜이Nguyễn Trãi가 명을 대파한 후에 쓴 시문으로 문명, 풍속, 영토, 역사에 근거하여 베트남의 대등한 자주독립 의식을 보다 더 공고히 해 주고 있다.

惟大越之國實爲文憲之邦 유대월지국실위문헌지방

山川之封域旣殊南北之風俗亦異 산천지봉역기수남북지풍속역이

自趙丁李陳之肇造我國興漢唐宋元而各帝一方 자조정이진지조조아국여한당송원이각제일방

雖疆弱時有不同而豪傑世未嘗乏 수강약시유부동이호걸세미상핍

생각건대 우리 다이 비엣大越은 진실로 문명국이다. 산천의 경계가 다르고 남북의 풍속 역시 다르다. 우리는 찌에우 다趙陀, 딩丁, 리李, 쩐陳 왕조를 건립할 때부터 한漢, 당唐, 송宋, 원院과 더불어 각각 나름의 영토에서 제국을 이루었고, 때론 강하고 약할 때도 있었지만 영웅호걸은 여전히 넉넉히 많다

『평오대고』라는 제목에서 베트남이 중국과의 대등 의식을 넘어 오히려 우월하다는 의식이 내포되어 있는 것으로 보인다. 그것은 『평오대고』라고 할 때 단순히 알린다고 할 때의 고誥 자를 쓰지 않고 마치 윗사람이 아랫사람에게 훈계할 때 쓰는 고誥 자를 썼다는 점에서이다. 평오平吳, 즉 베트남이 오나라를 평정한 후에, 대고大誥, 즉 오를 향해 크게 훈계했다는 것이다. 그러나 레 러이Lê Lợi가 물리친 상대는 오가 아니고 명이었다. 그러면 '평명대고平明大誥'라 해야 하는데 왜 '평오대고平吳大誥'라고 했는가? 이것은 명나라를 세운 주원장이 자신을 오나라의 오왕으로 칭한 것과 관련이 있는 것 같다.

그리고 『평오대고』에서 눈에 띄는 것은, "중국에는 한漢, 당唐, 송宋, 원院과 같은 제국이 있었듯이 베트남에도 찌에우 다趙陀, 딩丁, 리李, 쩐陳 왕조가 있었고, 황제가 있었다."라고 말하는 대목이다. 이전 왕조의 역사를 통해 중국과 더불어 공히 제국을 이루었다고 강조하는 것은 이전보다 더욱더 자주독립 국가에 대한 역사적 사실을 근거로 하여 확실하게 표명하고 있는 것이다. 그래서 오늘날 리 트엉 끼엣이 쓴 남국산하를 제1 독립 선언문으로, 응웬 짜이가 쓴 『평오대고』를 제2 독립 선언문으로 간주하고 있다.

베트남, 동남아의 중국을 꿈꾸다 – 대남제국질서大南帝國秩序

베트남인의 의식 속에 깊이 뿌리내린 칭제로 표출된 대등 의식은 19세기에 들어와서 한층 더 강화되기 시작했다. 19세기는 베트남 역사에 새로운 전기를 맞은 시기이다. 왜냐하면 약 250년 동안 남북으로 대치되어 있던 베트남에 통일된 왕조가 들어섰기 때문이다. 이때부터 베트남은 중국의 청과는 거리를 두고 동남아와 가까이하면서 새로운 통합의 원리로서 베트남을 중심으로 하는 제국의 질서를 형성시키고자 했다. 그것이 바로 응웬왕조의 대남제국질서大南帝國秩序이다.[4] 대남大南은 대청大淸과 대비되는 명칭으로서 베트남의 위상을 청나라와 동일시하고, 동시에 동남아시아 지역에서 베트남의 독자적인 질서 개편을 의미하는 것이다. 이런 발상은 어디까지나 중국과의 대등 의식에서 파생된 중화 의식의 산물로서 베트남

---

4   유인선, 『이웃 중국과의 관계』, p. 277.

판 소중화小中華 의식이라고 말할 수 있다.[5]

중국의 중화 의식의 목적은 주변 오랑캐를 자신의 속국으로 삼기 위해서 교화敎化하여 동화同化하는 것이지만, 베트남은 동화가 아닌 주변 소국가들을 멀리 거리를 두고 자신과 차별화를 시켰다. 이것은 아이러니하게도 베트남이 중국과의 대등 의식을 가지면서 문화적인 우월감이 생기면서 비롯된 것이다. 이런 우월감은 중국으로부터 독립한 이후인 10세기 때부터 드러나기 시작했다. 이를테면 중부의 참파 사절단이 조공을 가지고 왔을 때 예의에 어긋났다 하여 조공을 돌려보내는 경우가 있었다. 그러나 대남 제국 질서는 이런 종래의 우월성을 버리고 주변국과 화목하게 지내면서 그들로 하여금 베트남에 순종하게 하는 유원柔遠 개념을 도입했다.

유원 개념은 멀리 있는 나라들과 화합을 통해 베트남의 품으로 끌어들이는 것을 말한다. 즉, 종래에는 단지 주변국에게 거리를 두는 원遠에 중점을 두었다면 이제는 주변국을 부드럽게 대하는 유柔에 중점을 두겠다는 태도이다. 이것은 원래 베트남의 문화의 본질인 화동성에 부합된다고 볼 수 있다.

베트남의 이런 유원적 개념으로 많은 내공국來貢國을 거느렸다. 그러나 대부분은 소수 민족들이었고 국가로는 캄보디아와 라오스 정도였다. 그리고 이들 중에 응웬 황제를 천황제天皇帝로 칭한 경우가 있다. 이런 칭제

---

5   후루타 모토오, 박홍영 역(2008), 『베트남의 세계사』, 개신, p. 39.

의식은 오히려 응웬왕조로 하여금 우월 의식을 한층 고양시켜 자신의 위치를 정확히 파악하지 못하게 했던 것으로 보인다. 베트남은 중국처럼 제국의 질서를 유지할 만한 군사적·경제적인 힘이 없는데도 불구하고 우월 의식이 앞섰던 것이다. 이러한 우월의식으로 베트남은 통일 왕조를 건립한 후 베트남에 예속되어 있었던 캄보디아를 침공했다. 그러나 태국의 개입으로 결국 캄보디아를 양국의 공동 보호국으로 삼는 정도에 그쳤다. 뿐만 아니라 라오스를 침공할 때는 이미 라오스가 태국에 예속되어 있었기 때문에 태국과의 전쟁으로 이어지는 등 결국 베트남의 대남 제국 질서는 주변국을 아우를 수 있는 힘을 갖추지 못한 상태에서 출발하여 다가오는 서세동점西勢東漸(서양의 세력이 동쪽으로 밀려옴)의 상황 앞에 우왕좌왕하는 가운데 프랑스의 식민지로 전락하면서 대남 제국 질서의 꿈은 무너지고 말았다.

베트남인의 대등 의식은 베트남의 국가 발전과 베트남인의 민족 결합의 형성에는 큰 도움을 주었다. 그러나 자기 주변을 차별하고자 했던 발상으로 동남아의 질서를 베트남 중심으로 재정의再定意하려는 데는 장애요인이 되었다. 그 결과 동남아시아 국가들을 대남 제국 질서의 체제 속에 포함시키려 했던 응웬왕조의 꿈은 프랑스의 침략으로 무산되고 말았다. 그러나 프랑스가 만들어 준 '인도차이나 식민지 국가의 틀'이라는 공동체는 오히려 베트남으로 하여금 여타 동남아 국가들과 적극적으로 협력하는 계기를 만들어 주었다.[6] 그리고 강자를 만나면 자신도 강자와 똑

---

6 이전의 베트남은 중화 세계에 속해 있으면서 동남아 국가들과는 별로 교류가 없었다. 그러나 프랑스로 인하여

같다는 대등 의식이 프랑스를 만나면서 부활되어 불세출의 영웅 호찌민이 등장했다. 그는 독립을 위해 대불·대일·대미 항쟁을 주도하면서 베트남 영토 내에 있는 53개의 모든 민족들의˙ 연대는 물론 인도차이나와 다른 동남아의 국가들까지 연대하여 마침내 인도차이나의 통일을 이루게 되었고, 이후에 아세안의 가입되면서 동남아시아의 일원이 되었다. 오늘날 베트남은 동남아시아 국가 중에서 대중 관계에 방파제 역할을 하는 매우 중요한 위상을 차지하고 있다.

˙ 같은 인도차이나 식민지라는 틀 속에서 독립을 위해 특히 캄보디아, 라오스와 그 외 태국 등 여타 동남아 국가들과 접촉하며 협력할 수 있는 계기를 마련하게 되었다.

국부 호찌민, 초라한 8월 혁명의 웅거

베트남 역사에서 1945년에 일어난 8월 혁명은 베트남 전 영토에 살고 있는 53개의 소수 종족과 주 종족인 낀kinh족이 하나의 국민으로 동일하게 베트남인이라는 일체감을 갖게 한 사건이었다. 1940년 6월 프랑스가 독일에게 항복함으로써 프랑스와 일본이 베트남을 공동 지배하던 중 1945년 3월에 일본이 프랑스를 몰아내고 단독 지배를 시작했고, 호찌민은 곧 조국 베트남을 제국주의로부터 해방시킬 수 있는 시기가 점점 다가오고 있음을 감지했다. 그리하여 북·중·남 전 지역과 소수 민족들까지 합세하여 일제히 8월에 봉기를 일으키도록 주도했고, 전 국민의 동시다발적 봉기로 인해 혁명에 성공함으로 9월 2일에 독립을 선포하고 베트남민주공화국을 수립하게 되었다.

하노이에서 약 140km 가면 뚜엔꽝Tuyên Quang성 썬즈엉Sơn Dương현에 떤 짜오Tân Trào라는 마을이 있다. 이곳은 호찌민 정권이 8월 혁명의 성공 후, 하노이 수도를 탈환하기 전에 베트남 임시 정부와 수상실, 각 부서와 국회, 여러 기관이 있었던 곳이다. 당연히 호찌민의 집무실도 이곳에 있었다. 그 집무실의 이름을 따이족 말로 란 나 느어Lán Nà Nưa라고 한다. 따이족이 많이 살고 있는 곳이다. 이곳은 역사 유적지로 지정되어 있는데 사실 역사 유적지이지만 어떤 외국인도 찾아오지 않는 곳이다.

호찌민이 이 란 나 느어에서 5월말 부터 8월 말까지 약 3개월 동안 머물면서

8월 혁명을 준비하는 호찌민 주석

1945년 8월 혁명의 총궐기를 준비했다. 말이 집무실이지 초라한 움막이다. 이런 곳에서 호찌민은 8월 혁명을 구상하고 지시하고 명령을 내리고 또 독립 선언문의 초안까지 완성했다. 한마디로 이 초라한 란 나 느어가 호찌민의 관저이면서 동시에 8월 혁명의 총사령부인 셈이었다.

이 간소한 움막은 동북부 소수 부족, 따이족의 냐산Nhà sàn의 건축 모형을 따라 지은 것이라고 한다. 이곳의 위치는 산기슭에 자리 잡아 무엇보다도 물과 가깝고, 주민과 가깝다. 그러나 국도와는 15km나 멀리 떨어져 있었다. 아래 마을을 관찰하기에 좋고 올라오기도 편리하고, 또 만약 적이 나타난다든지 예기치 않는 일이 발생한다면 퇴로退路로도 적합한 곳이다. 이 란 나 느어 움막은 홍Hong의 산기슭의 언덕 위에 자리 잡고 있어 호찌민이 박칸성을 지나 중국과의 경계인 까오방성까지 쉽게 올라갈 수 있는 지점이기도 하다. 지리적으로 몸을 숨기기에 유리했지만 숙소는 정말 작고 초라하기 그지없다. 그냥 눈을 뜨고 보기에 민망스러웠다. 한 나라의 영도자가 어떻게 이런 곳에 머물 생각을 했는지, 고개가 절로 숙여진다. 10년 전에 바딩광장 뒤에 있는 호찌민 관저 앞에서 '호찌민의 도덕적 귀감 좌담회'에 참석한 적이 있었다. 그곳에서 나는 외국 학자의 자격으로 그의 청렴성에 대해 발표한 적이 있었지만 이렇게까지 검소한 삶을 살았는지는 몰랐다. 그 움막 안을 들여다보니 잠자는 침실과 손님을 맞는 응접실로 나뉘어 있고, 물건이라고는 두 개의 대나무 용기와 컵이 있을 뿐이다. 이 대나무 용기로 시냇가로 내려가 물을 담아 생활용수로 사용했다. 그리고 이 움막 문 바로 앞에 바위가 있는데 이 바위를 호찌민은 때때로 야외 책상으로 사용하면서 타자기를 놓고 혁명의 초안을 타이핑했다고 한다.

란 나 느어에서의 생활은 고달프고 힘든 하루하루였다. 매일 먹는 식사도 매우 간단했다. 밥은 밥인데 물밥이었으며 반찬은 딱 한 가지로 해결했다. 숲 속에서 채취한 죽순을 삶아 소금에 찍어 먹는 것일 뿐이었다. 문제는 호찌민이 이곳에서 머물렀던 시점은 5월 말부터 8월 말까지의 장마철이었다. 숲이 울창한 곳이라 축축하고 습도가 높아 모기와 거머리에 시달려야 했다. 오늘날처럼 모기장도 없었고 바르는 약은 더더욱 없었던 시절이라, 마침내 호찌민의 건강에 이상이 찾아왔다. 그의 병명은 지금도 알려지지 않았지만 거의 회복 불가능한 상태에 이르렀었다고 한다. 1911년 나이 21세에 조국의 독립을 위한 길을 찾아 해외로 나가 1941년 30년 만에 남중국을 거쳐 비밀리에 까오방으로 잠입하여 독립을 위한 만반의 준비를 갖추고 곧 독립을 눈앞에 둔 순간, 사경을 헤매게 된 것이다. 호찌민은 자신의 죽음을 직감하자 속히 부하인 보 응웬 잡Võ Nguyên Giáp[7]을 불렀다. "마침내 시기가 왔다. 시기가 왔다. 희생이 얼마나 치러진다 할지라도, 쯔엉 선Trường Sơn 산맥이 다 불타 없어진다 할지라도 독립을 획득하기 위해서는 굳은 결의를 다져야 한다." 호찌민이 죽음을 생각하고 보 응웬 잡에게 남긴 이 유언은 베트남인들에게 지금까지 불후의 명언으로 남아 있다.

호찌민의 위독한 상황을 본 보 응웬 잡은 병을 고칠 수 있는 사람을 찾기 위해 떤짜오Tân Trào 주민들에게 다급하게 알렸다. 주민들은 늙은 노인 한 분을 데리고 움막으로 올라왔다. 그 노인은 소수 부족이었으며 호찌민의 맥을 짚어 보

---

7   호찌민과 함께 베트남의 항불 · 항미 전쟁을 승리로 이끈 주역(1911~2013).

호찌민 주석이 머물렀던 움막 란 나 느어

더니 숲속으로 들어가 식물 뿌리를 뽑아 그것을 잘게 썰어 찧어서 죽을 쑤어 호찌민에게 먹게 했다. 그 노인은 토속적인 비방秘方을 사용하여 치료를 했고, 호찌민은 회복되기 시작하여 8월 초쯤에 자리에서 일어나 중단한 일을 계속했다. 8월 혁명이 성공한 후 그 노인에게 감사하기 위해 사람을 보내어 찾았으나 아무도 그 노인의 행방을 알 수 없었고 지금까지도 그 노인이 누구인지 모른다고 한다.

드디어 1945년 9월 2일 호찌민은 바딩광장에서 자주독립 선언을 선포했다. 이 독립 선언은 세계가 다 아는 사건이다. 이 위대한 사건을 구상한 장소가 바로 뚜엔꽝성 썬즈엉현 떤짜오 마을인 것이다. 이 떤짜오를 둘러싸고 부근에 역사 유적지가 무려 177개가 된다고 한다. 놀라운 일이다. 이 조그마한 지역에 연결되는 역사 유적지가 이렇게 많다니, 이것은 지방학의 보고寶庫이다. 썬즈엉현의 부주석은 여기를 연구하는 데 한 달은 걸릴 거라고 한다. 아니다, 제대로 연구하려면 족히 1년은 걸릴 것이다. 이런 베트남 민족의 자긍심이 서려 있는 역사적 장소에 2017년 국민은행이 사회 공헌 사업으로 중학교 교실을 신축했다. 매우 의미 있는 일이 아닐 수 없다.

떤 짜오의 움막에서 생활했던 호찌민은 굳이 무소유를 공식화할 필요가 없었다. 그는 자신이 무소유인지 모르면서 한평생을 무소유로 살아온 사람이다. 호찌민은 정말 국부로 추앙받을 만한 인물이다. 국부다운 국부를 마음속에 모시고 사는 베트남 사람들이 오늘따라 부럽기 그지없다.

제8장

베트남 여성의
두 얼굴

이사를 하는 날이었다. 이삿짐센터를 불렀는데 남자들과 여자들이 함께 왔다. 여자들은 청소나 하겠거니 했는데, 웬걸 여자들이 무거운 짐을 나르는 것이 아닌가? 남자들은 의자에 앉아서 잡담하며 담배나 피면서 슬렁슬렁 놀고 여자들은 땀을 뻘뻘 흘려 가면서 무거운 짐을 나르고 있었다. 하도 어이가 없어서 어째서 당신들이 무거운 짐을 날라야지 여자들을 시키느냐고 나무라자, 자기네들이 오늘 여자들을 일당 주고 고용했다는 것이다. 충격이었다. 어떻게 남자들이 여성에게 이삿짐 운반을 시킨단 말인가? 베트남 남자들에 대해 실망을 금할 수 없었다.

베트남 여성의 남성상

쯩화 지역에 '고층 아파트'라는 것이 처음 생기고 1층 현관에 경비실이 등장했는데 여자들이 파란 경비원복을 입고 나타났다. 심지어 임신한 여자까지도 있었다. 한국에서 남자 경비만 보아 왔던 나에게는 매우 이상했다. 뿐만 아니라 쓰레기를 수거하는 환경미화원은 한국에서는 건강한 남자들이 '쌀가마 지고 100m 달리기'의 체력 시험을 치고 들어가는 곳인데 베트남은 전부 여자들이 종사하고 있다. 건설 현장에서도 베트남 여자들은 함바집(현장 식당)이나 뒷정리 수준이 아닌 실제로 벽돌을 나르고 시멘트를 이기며 남자들과 똑같이 노가다 일을 한다. 뱃사공도 여자들의 몫이다. 육지의 하롱베이라고 하는 닝빙의 땀꼭에 가면 거의 여성들이 노를 젓는다. 심지어 10대 여아들까지 노를 젓는 모습은 매우 안쓰럽다. 강가의 모래 채취도 여성들이 한다. 깡마른 체구에 소쿠리 가득 담긴 모래를 머리에 이고 비지땀을 흘리며 모래를 나른다. 염전도 여자들이 몫이다. 탄광촌에서도 여성들이 석탄을 고르는 일을 한다. 칠레 광부들의 매몰 현장에서도 보았듯이 탄광의 일은 동서고금을 막론하고 명백하게 남자들의 몫

여성 환경미화원

노를 젓는 땀꼭의 베트남 여성

건설 현장에서 일하는 베트남 여성들

도로 공사를 하는 베트남 여성들

이 아닌가?

　도대체 베트남 여성들의 역할은 어디까지일까? 남자의 영역과 여자의 영역을 넘나들며 사회와 가정의 모든 책임을 다 짊어지고 가는 것이 베트남 여성의 역할인가? 시장에 나가 봐도 전부 여자 상인들뿐이다. 남자들은 가뭄에 콩 나듯 그저 한두 명 있을 뿐이다. 노점상들도 전부 여자들이 하고 있다. 우리 눈에 보이는 생산 활동의 주체는 대개가 여자들이다.

　베트남 여자들이 불쌍하다는 생각을 떨쳐버릴 수가 없다. 젊어서도 죽도록 일하고 늙어서 꼬부랑 할머니가 되어서도 돈가잉(한 줄 막대기 지게)에 채소를 잔뜩 실고 팔러 다니는 베트남 여성들은 젊은이나 늙은이나 노는 여성이 없다. 대개 50대 전후로 은퇴를 하는데, 은퇴 후에도 집에서 작은 구멍가게라도 열든지 무슨 부업이라도 해서 생산 활동을 지속한다.

　이와 같이 베트남 여성 속에는 남성상과 여성상이 모두 들어 있다. 다른 말로, 남성의 역할과 여성의 역할을 모두 하고 있다는 것이다. 베트남 여성들은 전쟁에도 참여한다. 베트남 대학의 여학생들은 한 달 동안 군사 훈련을 받는다. 실제로 월남전과 중월 전쟁에 여성들이 참여했다. 무기를 나르고 양식을 나르는 수준의 참여가 아니라 총을 들고, 대포를 쏘았다. 프랑스 식민지 때도 어린 소녀들이 민병대에 들어가서 총을 들고 훈련을 받았다. 이와 같은 베트남 여성의 남성상을 가장 분명하게 보여 주는 고사성어가 있다. "적이 쳐들어오면 여성도 나가 싸운다(Giặc đến nhà, đàn bà cũng đánh)."

베트남 여성의 남성상은 무엇보다도 전쟁에 참여하는 것이다. 예전에는 경제 활동에 참여하는 것도 남성상으로 간주할 수 있었지만 21세기는 여성의 경제 활동이 보편화된 시대이기 때문에 더 이상 남성들만의 영역이라고 할 수 없다. 단지 베트남 여성들이 탄광촌이나 건설 현장에서 일하는 것은 한국에서는 남자들의 영역이다. 그러나 전쟁은 엄연히 남성의 일이다. 그런데 베트남 여성들은 이 전쟁에 대거 참여했다. A.D. 40년부터 1975년 남북 전쟁까지 베트남 여성은 전쟁과 생업을 동시에 짊어지고 살아왔다. 그래서 베트남에는 수많은 여성 영웅이 출몰했다. 한국에서는 여성 영웅이라는 단어를 들어본 적이 없는데 베트남에서는 여성 영웅이 엄청 많은 것이다. 세계사에서도 여성 영웅이 몇 명이나 되겠는가? 그런데 베트남에서는 TV나 신문에 종종 등장하는 단어가 'Anh hùng phụ nữ Việt Nam(베트남 여성 영웅)'이다. 그만큼 베트남 사회에서 여성의 공헌이 지대했기 때문에 드러내지 않을 수가 없는 것이다. 오늘날 베트남이라는 나라는 베트남 여성의 희생이 없었으면 존속이 불가능했을 것이다. 모든 베트남 여성이 영웅이다. 잠옷을 입고 시장에 나온 여성도 예사롭게 보이지 않는다. 이렇게 느릿느릿한 걸음과 허술해 보이는 외모이지만 위기 시에는 총을 들고 나갈 수 있는 여성들이다. 베트남 정부는 수많은 여성 영웅들 중에서 역사 속에서 특별하게 이름을 남긴 7명의 여성 영웅을 선정하여 베트남 여성 영웅의 대표성을 부과했다. 그 여성 영웅들은 아래와 같다.

근현대사의 베트남 여성 영웅들은 모두 공산주의 사상으로 무장되어 있다. 이들은 조국의 광복을 위하여 적과 싸우려면 정신 무장이 필요했고, 그것이 공산주의 사상이었다. 베트남의 공산주의는 민족주의와 결합된 사상이다. 이 여성들을 소개하고 있지만 나는 공산주의자는 아니다. 단지 이 여성들이 조국의 광복을 위해 희생한 것만 알리고자 한다. 그리고 사용하는 자료는 모두 베트남 자료이고 베트남의 입장에서 서술한 글이다. 여성 영웅들의 사진은 하노이 여성박물관 사진임을 밝힌다.

하이 바쯩Hai Bà Trưng — 베트남의 외세 저항의 첫 신호탄

하이 바쯩Hai Bà Trưng은 베트남 역사에서 최초의 여왕이다. 외세의 침략에 대하여 처음으로 '저항'이라는 문을 연 사람이다. 첫 저항의 문을 남성이 아닌 여성이 연 것이다. A.D. 40년 베트남이 한제국의 속국이었을 때 태수 또딩Tô Định은 쯩짝Trưng Trắc의 남편인 티사익Thi Sách을 처형했다. 이에 쯩짝은 남편의 원수를 갚기 위해 동생 쯩니Trưng Nhị와 함께 봉기를 일으키고 전국의 백성들을 모아 또딩을 격퇴시키고 도읍을 메린으로 정하고 스스로 왕이라 칭하고 나라를 다시 세워 3년간 독립을 유지했다. 그러나 A.D. 42년 후한이 침략했다. 하이 바쯩은 레 쩐Lê Chân, 타잉 티엔Thánh Thiên, 티에우 화Thiều Hoa 등과 같은 여러 여성 장군들과 함께 적군과 격렬하게 싸웠다. 그러나 한 나라의 교활한 책략을 이기지 못함으로, 결국 하이 바 쯔엉은 핫Hát강에 몸을 던져 자살했다. 대월사기(1272)에서 레 반 흐우Lê Văn Hưu는 이렇게 썼다. "쯩짝, 쯩니는 여성이지만 그들이 호소하면 끄우 쩐Cửu Chân, 녓 남Nhật Nam, 협포Hợp Phố와 근처

60개 성의 병사들이 다 응함으로 국가 설립과 왕이 되는 것은 손바닥을
뒤집는 일이다!"

응웬 티 밍 카이Nguyễn Thị Minh Khai - 베트남의 최초의 여성 공산군

응웬 티 밍 카이Nguyễn Thị Minh Khai(1910~1941)
는 응에 안Nghệ An성, 빙 이엔Vĩnh Yên 마을에서
출생했다. 밍 카이는 1930년에 당에 가입이 된
후, 호찌민 주석께서 직접 데리고 다녔던 여성 간
부이었다. 그 후 밍 카이는 소련에서 마르크스와
레닌주의의 교육을 받았다. 모스크바에서 개최
된 코민테른 제7차 대회에 참가했고 제40차 회
기에 유명한 발표를 했다. "우리는 서방의 동지들보다 수십 배 고난을 겪
으면서 우리 여성 농민, 여성 노동자들은 혁명 투쟁의 길을 걸었습니다."
밍 카이는 1935년에 국제공산당청년대회에 처음으로 베트남 청년 대표로
참가했다. 또한 처음으로 사이공, 쩌런Chợ Lớn성 서기장이 되었고, 농촌에
혁명의 기초를 세우기 위해 노동자 간부들의 교육에 중점을 두었다. 딸
이 태어났을 때, 남편 레 홍 퐁Lê Hồng Phong 동지가 잡혔을 때, 많은 고난
이 있었지만 개인의 고난을 잘 승화시켜 혁명 지도자의 책임을 완수했다.
1941년 8월 28일 응웬 반 끄Nguyễn Văn Cừ, 하 휘 떱Hà Huy Tập 동지들과
같이 밍 카이는 프랑스 정부에게 총살당했다. 총살당하기 전에 밍 카이는
당당하게 말했다. "인민 동포 여러분, 봉건 제국을 전멸시켜야 행복하게
살 수 있습니다. 인도차이나 공산당 만세! 베트남 혁명 만세!"

보 티 사우Võ Thị Sáu - 가장 젊은 인민 무장 여성 영웅

보 티 사우Võ Thị Sáu(1937~1953)는 매우 특별한 여성이다. 그녀는 15살의 소녀일 때, 프랑스 식민 총독 암살 시도를 했다. 그러나 실패하여 잡혔고, 프랑스 당국은 15살 미성년 여성을 처형할 수가 없어서 2년을 감옥에 가두었다가 17살이 되었을 때 처형했다. 그녀의 고향은 바리아Bà Ria인데 그 지역은 화산 토양이라 흙이 적색이어서 '적토의 여자'라고 부른다. 프랑스군이 들어올 때 그녀의 나이 겨우 12살이었지만 세 명의 프랑스의 지휘관을 수류탄으로 사살했다. 정보 수집과 특별한 임무 그리고 전령 활동으로 유명했다. 1952년 12월에 꼰다오Côn Đảo 섬, '하얀 돌' 감옥으로 옮기게 되었다. 프랑스 정부는 보 티 사우 총살 명령을 내리고 세례를 진행하기 위해 천주교 신부를 보냈다. 그러나 보 티 사우는 "난 애국자다. 난 죄가 없다. 너희들은 우리나라를 침략했고 우리 국민을 죽였고 너희들만 죄가 있다."라고 호통을 쳤다. 총살당하기 전에 그녀는 "베트남 만세! 호찌민 만세!"를 크게 외쳤다.

응웬 티 찌엔Nguyễn Thị Chiên - 베트남 인민군대의 첫 여걸

응웬 티 지엔Nguyễn Thị Chiên은 1930년 끼엔쓰엉읍 타이빙성에서 태어났다. 그녀는 1946부터 1948년까지 2년 동안 프랑스와의 전쟁 때 일시 장악 지역이었던 읍에서 유격 중대 지휘자 역할을 담당했다. 1950년 39길에서 지뢰를 묻고 순찰 중 적을 소멸했다. 그것은 적들을 향한 인민 무장 투쟁 운동을 울리는 경보의 신호탄이었다. 응웬
티 찌엔은 적에게 잡혔을 때 거의 죽을 정도로
잔인한 고문을 당했지만 이 여걸에게서 어떤 작
은 정보도 찾아내지 못하자 마침내 풀어 주었
다. 그녀는 집에 돌아온 후에 고향의 당 지부에
게 유격 임무를 맡겼다. 적과 대치하는 방법을
가르칠 뿐만 아니라 농사를 짓는 법, 닭과 돼지를 키우는 법에 대해서도
가르쳤다. 1951년에는 무기도 없이 꾀를 써서 시장에서 적의 소대를 포획
했고 총 7개를 빼앗는 전과를 얻었다. 그리고 한번은 프랑스 적이 마을을
습격할 때 뛰어난 전략으로 적의 지휘관을 생포했다. 1952년, 전국전사戰
士대회에서 여성으로서는 처음으로 선발되어 호찌민 주석으로부터 권총
하나를 선물받았고 제1종 항전훈장메달과 제3종 군사훈장 및 군대영웅
표창을 수여받았다.

딩 티 번Đinh Thị Vân – 베트남 최고의 정보원

딩 티 번Đinh Thị Vân은 남딩성 여성연맹 집행
위원회의 위원이었으며 쑤언 쯔엉현의 당원이
었다. 그녀는 정보에 대한 교육이라고는 받아
본 경험이 없었다. 그러나 정보사관으로서의 업
무를 완벽하게 처리했다. 그녀는 프랑스 식민지
기간과 미국의 침략 전쟁 시기 동안에 정보 업
무를 적극적으로 시작했고 조국의 독립을 위해

매우 중요한 군사적 증거 자료를 확보해서 제출했다. 딩 티 번이 거둔 정보의 엄청난 성과는 중앙당이 미국 침략자들과의 전투를 시의 적절하게 이끌어 가는 데 대단한 역할을 갖게 되었다. 그런 기밀의 자료들은 돈으로 산 것이 아니라, 인민을 감화시키고 꾸준히 설득해서 받아 낸 결과였다. 딩 티 번 정보원은 국민무장세력영웅의 표창을 받았으며 미국 항전이 끝나 조국이 통일되자 대령으로 승진하게 되었다.

보 티 탕Võ Thị Thắng - 가장 용감한 애국 학생

두 줄 종대로 서 있는 적군의 병사 사이에서 유유히 미소를 짓고 있는 보 티 탕Võ Thị Thắng의 모습은 애국 학생과 공산군의 '승리의 미소' 이다. 1968년 미군의 재판정에서 일본 기자가 이 모습을 찍었다. 보 티 탕은 11세에 공산당에 접촉, 17살 때인 1968년 미군의 침공에 대항하여 정치적 근거지를 세우기 위해 사이공 중·고등학생, 대학생, 청년의 시위운동에 참가했고 도시의 무장 세력과 노동자 운동에도 참가했다. 푸 럼Phú Lâm에서 임무를 진행할 때 적에게 잡혔고, 미군은 20년 강제 노동의 선고를 내렸으나 보 티 탕은 웃으면서 답했다. "날 감금하면 당신의 정권이 20년 존재할 수 있겠소?" 이 말은 전국 국민들에게 적군을 격퇴하라는 호소이었다. 6년 동안 학대와 고문을 덩하지만 보 티 탕과 여러 동지들은 원수의 강권과 폭력에 굴복하지 않았다. 감옥이 보 티 탕의 품위와 의지, 그리고 조국과 민족에 충성을 단련하기 위한 환경이었다. 용감한 애국 학생인 보 티 탕의 지조는 공산 동지들의 모범이 되었다. 1973년 3월에, 파리 협정에 따라 미군은 베트남 공산군들을 풀어 주어야 했다. 보 티 탕은 승리자의 자세로 머리 높게 치켜들고 감옥을 나왔다. 전쟁이 끝난 후 호찌민 주석의 가르침을 항상 기억하며 당과 정부의 방침을 따르고 국회 의원으로 선출된 후에도 국민들의 이야기에 귀를 기울였다. 그 후에 보 티 탕은 관광부의 장관이 되었다. 관광을 경제의 주력산업으로 성장시켰다.

응웬 티 딩Nguyễn Thị Định － 20세기 유일한 여성 장군

응웬 티 딩Nguyễn Thị Định은 1920년생이며, 벤쩨Bến Tre성, 르엉 화Lương Hòa 마을에서 태어났다. 16세 때 혁명에 참가했다. 18세 때 인도차이나 공산당에 가입했고, 혁명에 참가 후 항전 중에 남쪽 해안 길을 따라 최초로 무기를 들여온 사람이다. 1945년 베트남 중앙공산당이 응웬 티 딩을 벤쩨성 인민위원회 집행부에 임명한 바 있으며, 또한 이 지역 주민과 여성들의 시위 활동을 주도해 제네바 협정을 시행하도록 했다. 그 이후 벤쩨성 상임위원회의 일원이 되었고, 당으로부터 남부에서 국민과 여성을 지도하도록 임무를 받았다. 그리고 티 딩 여사는 벤쩨성의 당서기장으로 뽑혔다. 1960년 동 커이 지도자 운동에 참가한 후, 여사는 조국해방전선이 창설되었을 때 이 운동 조직의 주석이 된다. 1961년에는 남부 8구의 위원이 되고, 1965년에는 남부해방무장세력 부사령관이 되며 동시에 남부해방여성연맹 주석이 된다. 여사는 착하고 이타적이고 마음이 넓으며 부지런하여 모든 사람과 원만한 관계를 유지하며 주민과 부대에서는 여사를 친근하게 딩 언니라고 부른다. 그리고 그는 호찌민 주석으로부터 '영웅英雄(anh hùng), 불굴不屈(bất khuất), 충후忠厚(trung hậu), 담당擔當(đảm đang)'의 여덟 황금색 글자로 새긴 베트남 여성에게 주는 상을 받았다. 1974년 여사는 국제레닌상위원회로부터 '민족 간 평화를 위한 상'을 받았다. 1976년부터 1980년까지 최초의 베트남여성연맹의 주석이 된다. 여사는 세계 여성 운동 방면에 위상이 높은 국제민주여성연합 부주석으로 선발된다.

전쟁이 끝나고 나라가 평화를 찾았지만 '영웅, 불굴, 충후, 담당'이 상징하는 베트남 여성들의 희생을 결코 잊을 수가 없다. 어떻게 가느다란 S자형 허리에서 이런 불굴의 용맹이 나올 수 있었을까? 보통 남성상이 혼재해 있는 여성의 모습은 강하고 우락부락하다. 그러나 베트남 여성은 전혀 그렇지 않다. 여성성이 풍부한 가운데 남성성이 감추어져 있다. 이것이 베트남 여성의 특징이며 두 얼굴인 것이다.

프랑스 식민지 치하 남부유격대에 입대한 소녀들

무기를 나르는 베트남 여성들의 여유로운 미소

긴 머리 군대

베트남 여성을 긴 머리 군대라고 한다. 세계는 놀랐다. 어떻게 베트남 여성들이 전쟁에서 남성을 능가하는 용감성과 불굴의 의지와 뛰어난 전술을 보유하고 있었는지. 많은 외국의 학자들이 베트남 여성에 대해 연구를 했다.

아래는 2012년 10월 20일 베트남 여성의 날에 베트남 신문 『Dân trí전찌 (인민의 지혜)』에 게재된 글이다. 베트남 사람들은 베트남 여성에 대해 어떻게 평가하고 있는지 베트남 현장의 목소리를 들어보고자 한다.

Trong hai cuộc kháng chiến chống Pháp và chống Mỹ của dân tộc Việt Nam, phụ nữ đóng một vai trò quan trọng đem lại thành công cho những cuộc chiến thần thánh. Đã có biết bao phụ nữ tham gia kháng chiến với câu khẩu hiệu đã trở nên rất quen thuộc trong lịch sử dựng nước và giữ nước của dân tộc Việt Nam: "Giặc đến nhà, đàn bà cũng đánh", "đánh cho để dài tóc, đánh cho để đen răng", hay "còn cái lai quần cũng đánh".

Phụ nữ đã tham gia chiến đấu trong tất cả những cuộc chiến giành độc lập của Việt Nam. Rất nhiều những cuốn sách đã từng được các tác giả người nước ngoài viết, trong đó phân tích về những chiến tranh tại Việt Nam, lý do tại sao một dân tộc bé nhỏ lại có thể chiến thắng một cường quốc lớn trên thế giới. Trong đó, cuốn sách *Vietnamese Women At War* của tác giả Sandra Taylor đã khai thác cuộc chiến từ một khía cạnh rất khác. Bà sang Việt Nam, thực hiện những cuộc phỏng vấn với các nữ du kích, nữ thanh niên xung phong, nữ tình báo… để có thể lý giải được nguồn động lực to lớn nào đã đem lại cho họ sức mạnh kỳ diệu tới vậy, những trải nghiệm của về cuộc chiến ra sao. Có thể nói chưa một đất nước dân tộc nào có lối đánh du kích tài tình như Việt Nam và mỗi người dân đều có thể trở thành chiến sĩ.

Việt Nam đã phải trải qua những cuộc chiến tranh kéo dài hàng chục năm nên trong nhiều gia đình, đàn ông luôn vắng bóng vì họ phải ra chiến trường chiến đấu còn phụ nữ ở nhà cũng tham gia vào những đội du kích, tự vệ ở địa phương, có những người tham gia vào lực lượng thanh niên xung phong ngoài mặt trận thậm chí tham gia vào lực lượng tình báo, biệt kích.

Phụ nữ Việt Nam được biết tới với một danh từ ấn tượng - "đội quân tóc dài". Họ tuy là phái yếu nhưng không ở thế bị động hoặc trở thành nạn nhân của cuộc chiến mà ngược lại đã trở thành những người chủ động tham gia vào cuộc chiến.

William J. Duiker, tác giả của cuốn sách *Sacred War: Nationalism and Revolution in a Divided Vietnam* (Tạm dịch: Cuộc chiến thần thánh - Chủ nghĩa dân tộc và cuộc cách mạng ở hai miền Việt Nam) từng nói ông vô cùng ấn tượng với những người phụ nữ Việt Nam, họ là những người đã góp phần xây dựng nên trận địa pháo Điện Biên Phủ, đào nên địa đạo Củ Chi, họ là những anh hùng thầm lặng trong cuộc chiến giành độc lập dân tộc.

Robert Olen Butler, tác giả cuốn sách tổng hợp các truyện ngắn viết về người Việt Nam di cư từng giành giải Pulitzer - *A Good Scent from a Strange Mountain* (Tạm dịch: Mùi hương trên núi lạ) chia sẻ: "Tất cả lính Mỹ đều có nhận định rằng phụ nữ ở Việt Nam trong chiến đấu dũng cảm và ngoan cường không kém gì nam giới. Trong những nguyên nhân chính làm nên chiến thắng thần thánh của Việt Nam trước một lực lượng quân đội hùng mạnh như Mỹ, có một mảnh ghép vô cùng quan trọng, đó là nhờ có sự tham gia của phụ nữ. Họ là một trong những nhân tố quan trọng không thể bỏ qua".

"Sẽ thật thiếu sót nếu không nhắc tới phụ nữ Việt Nam trong những cuộc kháng chiến của dân tộc này. Họ xứng đáng trở thành nguồn đề tài phong phú để văn chương và điện ảnh khai thác. Có thể nói phụ nữ Việt Nam trong kháng chiến là một chương lớn trong cuốn lịch sử của dân tộc Việt Nam. "Đội quân tóc dài" này cũng xứng đáng trở thành đề tài nghiên cứu của những chuyên gia ngành phụ nữ học trên thế giới", Marilyn B. Young, tác giả của cuốn *The Vietnam War* từng nói.

Không có nhiều tư liệu viết về hình ảnh phụ nữ Việt Nam hiện đại. Trên một vài trang báo, những cô gái Việt Nam hiện đại được phản ánh ăn mặc ngày càng gợi cảm hơn, sexy hơn, táo bạo hơn.

Bên cạnh đó, theo nhận xét của tổ chức Liên minh Châu Âu trên trang Europe Day, phụ nữ Việt Nam ngày nay đóng vai trò quan trọng trong cuộc sống gia đình và xã hội. Giờ đây, phụ nữ Việt Nam có bằng cấp và thành công trong nhiều lĩnh vực như chính trị, kinh tế, khoa học, giáo dục, nghệ thuật... Họ đã cho thấy năng lực tuyệt vời trong những lĩnh vực mà trước đây phụ nữ chưa có cơ hội thử sức.

베트남 민족의 항불·항미 전쟁에 관련된 중요한 자료를 통해 세계는 베트남 여성에 대해 많이 알게 되었다. 베트남 여성은 위대한 전쟁에 참여하여 강철 같은 불굴의 의지를 보여 주었다.

베트남 민족의 항불·항미 구국 전쟁에서 베트남 여성은 전쟁을 승리로 이끄는 데 중요한 역할을 했다. "적이 쳐들어오면 여자도 나가 싸운다", "긴 머리와 검은 치아를 지키기 위해 싸운다", "바지 지퍼의 끝부분만 남아도 싸운다" 등과 같은 베트남 민족의 정신 속에 각인되어 있는 구호와 함께 베트남 여성들은 역사의 과정 속에서 나라를 세우고 나라를 지키기 위하여 수많은 전쟁에 참여하였다.

베트남 여성은 침략군들을 쫓아내고 조국의 독립을 되찾는 모든 전쟁에 참여했다. 외국 작가들이 기록한 수많은 책들은 작은 나라 베트남이 어떻게 세계의 강대국들을 이길 수 있었는지 그 이유를 분석하고 있다. 그중에서 Sandra Taylor의 저서 『Vietnamese Women At War』는 전쟁의 다른 국면에 대해 분석했다. Sandra Taylor는 전쟁을 승리로 이끈 강력한 원동력의 신비한 힘이 무엇인지, 또 전쟁에 대한 어떤 경험이 있었는지 파악하기 위해 베트남에 와서 많은 여성 유격대, 여성 청년 돌격대, 여성 정보원 등과 인터뷰를 가졌다. 어떤 민족이든지 베트남 여성과 베트남 국민처럼 교묘한 유격 전술로 적을 공격한 나라는 없으며, 또한 모든 국민이 군인이 된 나라는 오직 베트남뿐이라고 감히 말할 수 있다.

수십 년 동안 지속된 베트남 전쟁으로 수많은 가정에서 남자는 항상 집을 비우고 전쟁터에 나가 전투를 했고, 집에 남아 있는 여성들도 유격대, 지방 자위대, 청년 돌격 무장 세력, 정보원 심지어 특공대에도 참여하여 많은 역할을 했다.

베트남 여성은 '긴 머리 군대'라는 매우 인상적인 이름을 가지게 되었다. 그들은 비록 여성이지만 전쟁에서 수동적인 위치에 서 있거나, 희생자가 되지 않았고, 오히려 능동적으로 전쟁에 참여했다.

『성스러운 전쟁: 분단 베트남의 민족주의와 혁명』의 작가인 William J. Duiker는 베트남 여성에 대한 인상이 매우 깊다고 말하며, 베트남의 여성들은 포탄이 퍼붓는 디엔비엔푸의 전쟁터와 꾸찌 지하 땅굴을 파는 일에 공헌을 하며 베트남 민족의 독립을 쟁취하는 전쟁에서 조용한 영웅들이었다고 말하고 있다.

퓰리처상을 받았던 「A Good Scent from a Strange Mountain」 작품의 작가인 Robert Olen Butler는 다음과 같이 말했다. "모든 미국 군인은 베트남 여성이 남성에 비해 조금도 부족한 것이 없이 용감하고 강하다고 인정했다. 미국과 같은 강대국 앞에서 베트남이 신성한 전승을 거둘 수 있었던 주요 원인들 중에는 아주 작은 단초가 큰 역할로 연결되었기 때문인데, 그것은 바로 여성의 전쟁 참여이며 이 일은 결코 지나칠 수 없는 매우 중요한 요소이다"

"만약에 베트남 민족의 항전에서 베트남 여성에 대해 상기시키지 않는다면 그것은 진실로 미완성의 일이 될 것이다. 그들은 새로운 문학과 영화에 풍부한 주제의 소재로써 조금도 손색이 없다. 베트남 여성은 베트남 민족의 역사책을 구성하는 큰 장이라고 말할 수 있다. '긴 머리 군대' 이것은 세계 여성학 분야의 전문가들의 주제로서 한번 연구해 볼 만한 일이다." 「The Vietnam War」 작품의 작가인 Marilyn B. Young의 말이다.

현대 베트남 여성의 모습에 대해 쓴 자료가 많지 않다. 신문 몇 장 정도이다. 현대 베트남 아가씨들의 옷은 날이 갈수록 과감하게 노출되고, 섹시해지고 있다.

한편, 유럽연합의 『Europe Day』 신문의 조사에 의하면 오늘날의 베트남 여성은 가정과 사회에 중요한 역할에 기여하고 있다고 한다.

최근 베트남 여성은 자격증을 취득하여 정치, 경제, 과학, 교육, 예술 등과 같은 많은 분야에서 좋은 성과를 거두고 있다. 이렇게 현재 베트남 여성은 이전에는 도전하지 못한 분야에도 뛰어난 능력을 보여 주고 있다.

베트남 여성의 여성상

대부분의 베트남의 여성은 매우 온화하다. 전쟁에 참여했다는 여성을 만나 보아도 그 얼굴에서 강인함을 전혀 찾아볼 수가 없다. 가느다란 몸매, 순종적인 태도, 그러면서도 강한 모성애, 꼭 우리나라 조선 시대 여성 같다. 한국으로 이주하는 한베 국제결혼 여성들을 상담하면서 늘 풀리지 않는 수수께끼는 베트남 여성의 품성이다. 전쟁에도 참가한다는 여성들인데 왜 이렇게 남편 앞에서 힘이 없을까? 재혼을 하는 여성들 중에 이혼 사유의 90%는 남편의 폭행, 알코올 중독, 도박이다. 왜 맞고 가만히 있는가? 늘 그 점이 안타깝다. 경찰도 가정의 일이라고 개입하지 못한다고 한다. 지난달에 재혼을 한 신부는 이혼한 지 6년이 되었는데도 옛 남편이 무서워서 한국으로 가는 것을 숨기고 조용히 비자 수속을 밟았다. 남편이 한동네에 살고 있어서 동네에 소문이 나면 옛 남편이 달려와서 자기를 때릴 수도 있다는 것이다. 어이가 없었다. "어떻게 네가 이혼을 했는데 남편이 너를 때리니? 그럼 경찰에 신고를 해야지."라고 하니까, 경찰에 신고를 해도 가정의 일이라서 경찰이 개입을 하지 못한다는 것이다. 이해 불가였다. 이혼을 했으면 그만이지 어째서 옛 남편이 간섭을 하는가 말이다. 이 여성은 결혼해서부터 이혼할 때까지 식당을 운영하면서 남편과 자식을 먹여 살렸다. 여성이 경제 활동을 책임지고 있으면 가정에서 위치가 남편보다 높지는 않아도 대등해야 하지 않는가? 그런데 왜 베트남 여성은 이다지도 바보같이 사는가 말이다.

베트남 사회는 여성의 날을 두 번이나 재정해서 여성을 치하하면서 여성들의 이런 고통을 해결해 줄 개선책은 왜 만들지 않는가? 립서비스로만 여성을 칭송하면서 가정과 국가를 위한 지속적인 희생을 강요하는 것은 아닌가 하는 의구심이 들 정도이다. 이런 베트남 여성의 수수께끼 같은 점을 풀어 보기 위해서 한국외국어대학교 전혜경 교수가 베트남의 문학 작품을 통해 베트남 여성의 의식을 시대별로 추출해 낸 논문을 소개하고자 한다. 전혜경 교수는 이 논문에서 고대부터 20세기까지 여섯 단계로 시대를 나누어 그 당시 시대상과 여성 의식을 명백하게 드러내고 있는 작품을 선정하여 각 시대별 여성상을 추출하고 그 여성상에 내재되어 있는 여성 의식을 분석하였다. 고대 시대는 하이바쯩과 바찌에우를 통해 베트남 민족의 기층 의식 속에 각인되어 있는 여성상을 추출하였고, 두 번째는 유교 문화 정착기인 15~16세기, 세 번째는 17~18세기에 200년 동안 내전을 겪은 남북 분쟁기, 네 번째는 18세기 후반~19세기 떠이선 농민 혁명이 일어나는 봉건 사회 쇠퇴기, 다섯 번째는 19세기 말~20세기 전반의 프랑스 통치기, 마지막 여섯 번째가 경제 쇄신 정책을 감행한 도이머이 시기이다. 이렇게 전 시대를 문학 작품을 통한 통시적 관찰로 베트남 여성의 시대상과 여성 인식을 추출했다. 그러나 나는 여기서 그동안 베트남 여성에 대해 의문스러웠던 점, 즉 역사 속의 베트남 여성과 내가 실제 만나는 베트남 여성의 큰 격차의 이유가 무엇인지에 대해 전혜경 교수의 위 논문의 내용들 중 일부를 통해 해답을 찾아보고자 한다.

즉, 외적의 침략을 받았을 때 베트남 여성은 불굴의 의지를 지닌 영웅상으로 나타나고 있으며, 나라 안의 변고나 여성 개인에게 닥친 고난을 극복할 때에는 부모에게 효도하고 남편과 가정을 온전히 세우는 충절, 담당의 모습으로 나타나고 있었다. 베트남 역사에서 수세기, 혹은 수십 세기 동안 외적으로부터 나라를 지키기 위한 전쟁과 국가 안에 분쟁으로 인해 베트남 역사는 전쟁의 역사라고 해도 과언이 아니었다. 그 가운데 여성이 삶을 영위해 왔다. 이와 같은 역사적 배경 속에서 여성은 그 무엇보다도 가정의 따뜻한 지붕 아래 평범하고 안정적인 삶을 희망했다. 그러나 불가항력적인 전쟁은 그들의 가정을 깨지게 하였고, 여성들은 가정을 지키기 위하여 분연히 떨치고 일어났고, 나라를 지키기 위하여 영웅의 길을 과감히 선택하였다.[1]

먼저 한 예로 가정에서 베트남 여성의 남편에 대해 어떻게 생각하느냐는 것이다. 베트남 여성들은 많은 전쟁을 통해 나라를 잃으면 가정이 깨진다. Nước mất nhà tan이라는 믿음이 있기 때문에 베트남 여성은 가정을 온전히 세우기 위해 남편에 대한 순종과 존중심이 베트남 문학 작품

---

1   전혜경(2016), 「베트남 문학작품 속에 나타난 베트남 여성의식의 변모양상」, 『외국문학연구』 61, 한국외국어대학교 외국문학연구소, p. 497.

을 통해서 나타나고 있다.[2]

1954년 프랑스 전쟁에 나선 베트남 여성들

베트남 민족의 기층 의식 속에 각인되어 있는 여성상을 살펴보면 전쟁 영웅의 면모를 가진 여성상이다. 이들은 처음에는 평범한 여성이었으나 나라를 잃어버리면 가정도 깨진다는 투철한 사고를 가지고 있기 때문에 우선은 외적으로부터 가정과 가족을 지키기 위하여 분연히 떨치고 일어나 나라까지 지켜 내는 불굴의 의지를 실천하는 여성 의식을 드러내고 영웅의 여성상이 되고 있었다.[3]

1968년 베트남을 방문한 국제민주여성연단 총서기가 언급한 "베트남 여성은 부드러운 갈대와 같으나 강철들이다."라는 말에 동아시아 여러 나라와 비교하여 볼 때 베트남 여성들에게서는 불굴의 의지를 지닌 전쟁 영웅적 여성상이 잠재되어 있으며 또한 베트남만의 독특한 시대적 변천을 겪으며 유난히 강인한 자주, 자존 의식이 성장해 있음을 알 수 있었다. 이와 같은 점은 베트남 여성들이 겪어야 했던 외세의 침략으로부터 자신의 가정을 지키기 위한 여성 의식에서 비롯되었음을 본고를 통하여 확인할 수 있었다.[4]

---

2   위의 책, p. 503.

3   위의 책, p. 520.

4   위의 책, p. 522.

위의 전혜경 교수의 작품 분석에서 확연히 들어나는 것은 베트남 여성은 가정을 중요시 여긴다는 것이다. 나라를 위해 전쟁에 나가는 것도 나라를 잃으면 가정이 깨지기 때문에 자신의 가정을 지키기 위해서 목숨을 바쳐 조국을 지킨 것이다. 하이바쫑도 남편의 원수를 갚기 위해 일어났고, 바찌에우는 오빠를 대신하여 복수하기 위해 일어났다. 이렇게 베트남 여성이 가정을 지키기 위하여 전쟁에 참여하는 것은 모계 사회의 영향으로부터 습득된 책임 의식의 발로이다. 어느 나라나 전쟁이 있었지만 감히 여성이 전쟁에 나갈 생각을 하겠는가? 그러나 베트남은 어린 소녀들도 전쟁에 참여했고, 나이 든 할머니들은 자녀들을 독려하며 전쟁에 내보냈다. 베트남은 이런 여성을 어머니 영웅이라고 한다. 응웬 티 트 Nguyễn Thị Thứ 여사는 대표적인 어머니 영웅으로 프랑스와 미국 전쟁

광남에 있는 길이 101m, 높이 6~18m의 베트남 어머니 영웅 동상. 5만 명 베트남 어머니 영웅들의 이름과 생애가 기록되어 있다. 가운데의 흉상은 아홉 명의 아들, 한 명의 사위, 두 명의 외손주를 모두 전쟁에서 잃은 응웬 티 트 여사이다.

30년 동안에 아홉 명의 아들과 한 명의 사위, 두 명의 외손주를 모두 전쟁터에서 잃었다. 베트남 정부는 응웬 티 트 여사를 '베트남 어머니 영웅(Bà mẹ Việt Nam anh hùng)'이라고 명명하고 여사의 동상을 베트남역사군사박물관(Bảo tàng Lịch sử Quân sự Việt Nam)에 안치했다.

베트남 여성의 남성상은 결국 가정을 지키고자 한 베트남 여성의 희생정신에서 나온 것이다. 그들은 처음부터 전사戰士가 아니었다. 국제민주여성연단 총서기가 "베트남 여성은 부드러운 갈대와 같으나 강철들이다."라고 말한 것처럼 세계 어떤 여성보다도 부드럽고 친절하고 상냥한 현모양처들이다. 그러나 오랜 전쟁으로 여성들은 가정과 사회 전반을 스스로 지켜내야 했다. 이 지난至難한 역사를 모성적 희생으로 끌고 온 그 힘이야말로 가장 위대한 여성상이다. 한 알의 밀알이 땅에 떨어져 썩지 아니하면 한 알 그대로 있고 썩으면 많은 열매를 맺는 것처럼, 베트남 여성은 썩어지는 밀알로 베트남의 토양에 자양분이 되어 준 것이다.

1960년 미국 전쟁 중 웃고 있는 베트남 여성 군인들

베트남 여성의 모든 것 – 하노이 여성박물관[5]

전쟁이 끝났다. 널브러졌던 것들이 하나씩 자리를 잡아가고 용맹스러웠던 전사戰士들도 순한 양처럼 변하면서 사람들은 잊어 가기 시작했다. 전쟁의 영웅도, 전쟁의 아픔도, 상처도, 슬픔도 빛바랜 먹물마냥 희미해져 갈 무렵, 여성들이 일어났다. 이래서는 안 된다. 다 잊어버리기 전에 남겨 놓아야 한다. 남부 여성 원로 혁명가들이 직접 전국을 다니며 모금 활동에 나섰다. 남성들의 반응은 냉소적이었다. 전쟁박물관이 있는데 굳이 여성박물관을 세울 필요가 있는가? 남성들의 주장이었다.

역사는 항상 남성 중심으로 흘러갔다. 베트남 전쟁의 승리에 베트남 여성의 역할이 막대했음에도 불구하고 몇 줄의 문자로 역사책의 한 귀퉁이에만 기록될 뻔 했던 것을 여성 혁명가들의 집념이, 눈으로 볼 수 있고, 만질 수 있고, 느낄 수 있는, 거대한 형체를 지닌 역사물로서의 여성박물관을 탄생시켰다. 그래서 리 트엉 끼엣 36번지 1,000m²의 대지 위에 우뚝 그 모습을 드러냈다. 아무도 부인할 수 없고, 무시할 수 없는 증거를 남김으로 베트남 여성들은 역사의 주체로서 자부심을 가지게 된 것이다.

여성박물관은 1990년 호찌민시에서 먼저 건립되었고 그 영향을 받아

---

5 이 글은 2006년 3월, 여성의 날을 맞이하여 하노이 여성박물관을 방문하고 적은 글이다. 이때 나는 『하노이 한인소식지』라는 베트남 교민 잡지의 편집위원으로서 한국 교민들에게 베트남 문화를 알리고자 베트남 여성박물관을 취재한 것이다. 오랜 세월이 지나, 지금은 하노이 여성박물관의 전시물이 많이 바뀌었지만, 베트남 여성의 위대한 발자취는 영원토록 보존이 될 것이다.

하노이는 1995년에 건립되었다. 베트남 민족의 문화와 역사 과정에서 베트남 여성의 역할, 위치를 나타내는 2,000여 점의 자료를 소장하고 있다. 2006년 3월 8일 여성의 날을 맞이하여 한국 여성으로서 베트남 여성박물관을 찾았다.

3층으로 되어 있는 박물관은 각 층마다 주제가 있다. 15개의 계단을 올라가면 정면에 3.6m 높이의 금동상이 우뚝 서있다. 이름 하여 '베트남의 어머니' 동상이다. 1995년 여성박물관의 개장을 앞두고 이곳에 놓일 동상을 공모했고, 45명의 조각가들이 출품했다. 45 대 1의 경쟁을 뚫고 당선된 작품은 응우옌 푸 끄엉Nguyễn Phú Cường의 '베트남의 어머니' 동상이다. 그렇다면 베트남의 어머니는 어떤 어머니인가?

베트남 어머니 동상은, 5개의 손가락을 쫙 벌린 오른손은 아래를 향하여 힘껏 뻗어 있고, 왼손으로는 어깨에 앉아 있는 아기를 붙들고 있다. 이 형상의 의미는 오른손으로는 어려움을 누르고, 왼손으로는 자식을 돌본다는 것이다. 전형적인 베트남 여인의 상징이다. 베트남 여인의 역할 3가지는 첫째, 전쟁 때 나라를 지키고, 둘째, 생산 활동에 종사하여 식구를 먹여 살리고, 셋째, 자식들을 잘 길러야 한다. 이것이 과거, 현재, 미래의 '베트남 어머니상'

'베트남의 어머니' 동상

이다. 다음 세대를 상징하는 어깨에 앉아 있는 아이는 빛나고 번영된 미래를 맞이하기 위하여 손을 벌리고 있다. 동상 뒤에 있는 벽에는 "아버지 은덕은 태산이고, 엄마의 사랑은 마르지 않는 샘의 근원이다."를 조각으로 형상화했다. 천장에는 엄마의 젖을 상징하는 전구가 둥그런 돔 속에 64개가 있다. 54개였으면 더 좋았겠다 싶다. 아니면 108개였든가. 54는 베트남 종족의 숫자요, 54개 종족을 대표하는 여성의 젖가슴이라면 108개가 되어야 하니까.

2층에는 베트남 역사의 기원부터 베트남 민족의 공통 의식 속에 들어있는 여성에 대한 주제이다. 베트남의 건국 신화에 나오는 여자 어우꺼Au Co는 100명의 아들 중 50명을 데리고 산으로 올라갔다. 그중에 가장 힘센 아들이 왕으로 봉해져 반랑이라는 나라를 세웠는데 그것이 베트남의 최초의 국가이다. 그러나 반랑국은 B.C. 3세기에 망했고, 18명의 왕이 지배했다.

2층 출입문을 들어서면 정면에 바로 어우꺼와 50명의 아기들이 새겨져 있는 둥근 금색 원판이 나온다. 그 맞은편에는 4명의 어머니를 조각해 놓았다. '하늘의 母, 대지의 母, 물의 母, 숲 속의 母'이다. 이렇게 베트남 사람들의 관념 속에 여성은 역사의 시원始原으로 자리 잡고 있다.

여성에 대한 추상적인 관념의 세계를 지나 실제 역사의 세계로 오면 제일 먼저 등장하는 여성이 하이 바 쯩Hai Bà Trưng이다. 여기부터 '민족 역사 발전 과정 속의 베트남 여성의 역할'이라는 주제가 시작된다. A.D. 40년 중국 한나라 세력에 반대하여 최초로 대규모 저항 운동을 일으킨 쯩짝과 쯩니의 활약상이 둥근 기둥 하나 가득 새겨져 있다. 후한의 광무제가 보낸 3만 명의 원정군 사령관 마위안에 의하여 쯩씨 자매의 저항은 끝이 났지만 오늘날 베트남인들의 가슴속에 영원한 영웅으로 추앙받고 있다. 한 명 더 있다. 오_吳나라 지배하에 젊은 여성 바 찌에우Bà Triệu이다. 258년 중국 오나라에 항거하여 봉기를 일으킨 여성으로 용맹을 떨치며 수개월 동안 저항하다가 패배하자 자결을 했다.

이어서 근대로 넘어와 나라를 지키고 민족 해방을 위하여 투쟁한 여성들에 대한 전시가 시작된다. "적이 오면 여자도 나가 싸운다."라는 짧은 문장은 베트남 여성의 애국심을 고양시키고, 외적을 물리치는 전통을 만들어냈으며 '영웅, 불굴, 충성, 책임'이라는 네 개의 금 단어(gold word)로 베트남 여성을 수식했다. 프랑스 식민지 통치에 대항하기 위하여 게릴라에 가입한 여자들은 아직도 젖내가 나는 십 오륙 세의 소녀들이었다. 프랑스와의 8년 전쟁에서 결정적 승리를 가져온 마지막 접전지인 디엔비엔푸 전투의 승리는 여성들의 숨은 공로이다. 돈가잉(한 줄 막대기 지게)으로 그 가파른 꼭대기까지 양식과 무기를 나르며 여성들은 화염이 난무하는 전투에 참여했다. 그리고 미국과의 항전이 시작된다. 많은 사진 중에 눈이 띄는 두 개의 사진이 있었다. 하나는 150cm 정도 되는 작은 키의 베트남 여성이 거구의 미군을 체포하여 가는 사진과 다른 하나는 꽃다운 나이의 소녀가 상의가 벗겨진 채 젖가슴이 칼로 난도질을 당한 사진이었다. 전쟁이 이런 것인가?

여성 항전抗戰의 끝부분은 그 악명 높은 꼰 다오 섬의 호랑이 굴(cage of tiger) 감옥에서 죽어 간 수많은 여성들의 피 흘린 투쟁 사진과 그들의 유품으로 마감하고 있다. 보잘 것 없어 보이는 작은 손수건 3개. 그냥 지나쳤다가 다시 돌아와 보니 그 속에는 피맺힌 절규가 새겨져 있었다. 1970년대에 호랑이 굴 감옥에서 죽어 가면서도 베트남 여성들은 평화를 기원하는 자수를 작은 손수건에 새겨 놓았다. "어머니, 나 비록 이 어두운 호랑이 굴에 갇혀 있지만, 내 마음은 여전히 순결해요. 어머니를 그리워하며 사랑과 존경을 보냅니다."

가슴이 아팠다. 이 어린 소녀가 그 무서운 고초를 당하면서 얼마나 엄마가 보고 싶었을까? 끝내 엄마의 얼굴을 보지 못하고 죽어 간 어린 소녀의 넋이 너무 가여웠다. 그다음 손수건에는 둥근 지구가 있고, 그 위에는 비둘기가, 밑에는 각국 나라의 전통 옷을 입은 여자들이 둥그렇게 손에 손을 잡고 있다. 하얀 손수건에 한 땀, 한 땀 수를 놓으며 이 소녀는 얼마나 간절히 평화를 기원했을까? 전쟁이 없는 세상을 얼마나 소망했을까? 피 맺힌 한 땀, 한 땀이다.

세 번째 손수건은 "쇠사슬을 끊어라(Breaking the chains)."이다. 빨간 아오자이를 입은 여인의 손과 몸에 쇠사슬이 묶여 있었다. 아오자이를 빨간 실로 수를 놓은 것은 피를 상징한 것이다. 가슴을 쓸어내리며 전쟁이 없는 시대에 태어난 것이 얼마나 행운이며 감사한 일인가 생각하는 순간 큰 날숨이 탄식이 되어 터져 나왔다.

사진 하나가 빛을 발하고 있다. 1994년 12월 베트남 정부는 조국을 지키기 위해 몸을 바쳤던 전국의 여성 영웅 어머니들을 초대하여 그들의 노고를 치하하는 식을 찍은 사진이다.

하노이 여성박물관에 있는 베트남 어머니 영웅 사진전

그다음은 노동 영웅이 등장한다. '여성 전쟁 영웅'의 시대가 지나자 베트남 정부는 여성들에게 '여성 노동 영웅'이라는 새로운 이름을 지어 주었다. 노동에 종사하는 것도 경제적 측면에서 나라를 구하는 것이므로 당연히 영웅적인 과업이다. 농사, 목축, 제조업, 연구직, 교육, 과학 기술, 체육인 등 각계각층에서 일하는 여성 노동 영웅들의 활동 사진들이 죽 걸려 있고 마지막 사진은 하노이식품위생연합회의 회장인 아잉니언 여사가 흰 가운을 입고 실험하는 장면이다. 100명의 아들을 낳은 어우꺼에서 하얀 가운을 입은 연구실의 여성까지 돌아보는 데 걸린 실제 시간은 약 60분 정도였지만 감정적으로는 5,000년의 무게가 느껴졌다.

3층에 들어서면 앞에 막힘이 없다. 출입문에서 내 시야가 가 닿은 끝 부분은 한 150m 정도 떨어진 벽이다. 그 벽 길이 전체에 걸려 있는 현수막에는 "No more nuclear victims, Let our children live"라는 문구가 새겨져 있고 그 아래에 "The war is over"라고 쓰인 사진에 아오자이를 입은 처녀가 비둘기를 날려 보내고 있다. 평화의 시대가 왔다. 그러나 내 눈에는 아직도 2층에서 본 수 많은 사진들의 잔상殘像이 어른거린다.

3층은 훈장과 휘장의 층이다. 전쟁의 승리에 기여한 여성들을 칭찬하는 각종 휘장과 훈장이 전시되어 있다. 제일 먼저 눈의 띄는 휘장(입구에서 오른쪽 편)은 '충성, 책임, 재능, 영웅'의 네 단어가 새겨진 것으로 공산당 중앙 집행부가 베트남여성연합회에 내린 휘장이다. 노동당은 '용감, 책임, 미국 격퇴, 나라 구원'이라는 다른 단어로 여성들을 찬양하며 휘장을 수여했다.

그러나 3층에서 제일 첫 번째의 전시물로 등장하는 것은 '칠거지악'을 적어 놓은 액자이다. 유교의 남존여비 사상이 베트남에도 들어왔다. 이런 조건 속에서도 베트남 여성들은 나름대로의 사회적 위치를 확보하여 오늘날의 모습을 이루었다. 프랑스 식민지 시대의 베트남 여성의 모습을 담은 사진에는 여성들이 가마를 메고 가고 있다. 우리나라에서는 여성 가마꾼이 없었다. 가마를 메는 것은 전부 남자였다. 확실히 베트남의 여성은 한국의 여성과 사회적으로 다른 위치에 있었다. 1946년 1월 6일 구성된 베트남의 첫 번째 국회에 여성 의원이 10명이나 되는 것을 보면 더욱 더 확실해진다.

그리고 현대가 시작되었다. 굳게 닫혔던 문이 열리고 시장 경제가 시작되면서 새로운 시대가 오자 베트남 여성들은 또 다른 시련을 겪기 시작한다. 커다란 유리판 위에 굵게 새겨진 글자들은 "베트남 여성의 품격을 지키자"라는 애절한 구호이다. "몸 팔지 말자", "AIDS", "문맹을 퇴치하자",

"여성 실업", "마약은 빈곤을 불러온다"라고 쓰인 우울한 단어들이 눈부신 현대화의 뒤편에 숨어 있는 고질적인 문제들을 제기하고 있다. 여기까지가 3층의 반 바퀴이다.

곧이어 남녀평등을 주제로 삼아 '집 - 마을 - 나라'라는 구성으로 국가 설립·발전 과정 속의 베트남 여성의 공로를 소개하며 베트남여성연맹의 대내외 활동도 소개한다. 계몽 운동을 전개하여 우매한 여성들을 깨우치며, 일자리를 창출하고, 자금을 모아 신용 협동조합을 만들고, 마약의 피해를 홍보하면서 새로운 시대의 여성의 역할을 발 빠르게 계몽시키고 있다. 그리고 평화를 외치며 국제 사회와 손을 잡는다. 베트남여성연합회는 세계적으로 300개 이상의 단체, 100개 이상의 국가와 관계를 맺고 있다. 여성과 아동의 권리를 신장시키고, 전쟁을 반대하며, 평화를 사수하고 국제민주여성단체와 ASEAN 여성단체의 정식 구성원이 되어 세계 속에서 여성의 평등과 발전을 추구한다.

다음은 베트남 여성의 손재주를 자랑하는 수공예품이 등장한다. 전통 수공예품을 통해서도 여성의 문화를 알 수 있기 때문이다. 베트남에 전통 수공업은 풍부하고 다양하다. 전국적으로 1,500개의 전통 마을이 있다. 손재주, 미적 감각, 창의성으로 민족 문화 가치를 지닌 전통 수공예품을 대부분 여성들이 만든다. 이 공예품을 통하여 각 지역의 문화와 여성의 아름다움을 소개하고 있다.

4층의 주제는 의복이다. 베트남 소수 민족 여성의 복장을 통하여 그 거주 지역 의복 문화를 소개한다. 베트남은 54개 민족이 있고, 각 민족은 고유한 문화적 특징을 가지고 있다. 그 특징은 의복과 풍속을 통하여 표현되고 있다. 얼핏 보면 비슷해 보이는 소수 부족들의 의복은 오랜 세월 같이 살아오면서 형성된 공통의 정체성이다. 그러나 비슷해 보이면서도 약간씩 차이가 나는 것이 각 민족의 특징이다. 직조 방법, 염색 기술, 조각, 무늬 등의 고유성을 가지고 자신의 종족을 다른 종족과 구별시키며 특징 짓는다. 이 전시의 목적은 민족 문화 정체성을 보존하고 발휘하는 데 각 소수 민족 여성들의 역할이 얼마나 중요한 것인가를 보여 주고 인정하고자 하는 것이다.

이렇게 해서 1,000m²의 4층 건물을 다 돌아보고, 가볍게 올라갔던 15개의 계단을 무겁게 내려왔다. 짧은 시간이었지만, 베트남 여성사의 통시적 관찰을 통하여 기존의 나의 판단들이 서서히 허물어지고 있었다. 돌아오는 길에 만난 가판대 여인들, 돈 가잉(한 줄로 된 지게)을 메고 가는 여인들, 자전거에 물건을 잔뜩 실은 여인들이 예사롭게 보이지 않았다. 이 작은 여성들 속에 조상 때부터 내려오는 베트남 여성 특유의 강인함이 배어 있으리라.

부성적 모성, 재혼이 초혼을 앞지르다

베트남 하노이에 소재한 한베문화교류센터에서 2주 동안 진행하는 한베 국제결혼 여성을 위한 사전 교육 '한국문화교실'은 2010년부터 매달 25명의 여성을 선발하여 숙식을 무료로 제공하면서 한국 문화와 언어, 한국 음식을 교육하고 있다.

요즈음 한베 국제결혼의 성향을 보면 예전에는 재혼이 1~2명 정도였다면 지금은 50% 이상이 재혼이다. 또 한 가지 특이한 현상은 예전에는 한국 재혼남과 베트남 초혼녀의 커플이 많았다면 지금은 역으로 한국 초혼남과 베트남 재혼녀의 커플이 많다는 점이다. 재혼 여성은 대부분 아이가 있다. 자녀들이 성인이라면, 재혼하는 데 무슨 망설임이 있겠는가마는 어떤 경우는 아주 어린 자녀를 떼어 놓고 한국으로 간다. 나는 이런 여성들을 상담할 때가 가장 마음이 무겁다.

2주 교육 기간 동안 저녁 7시 30분부터는 상담 시간이다. 베트남 신부들은 이 시간을 기다린다. 한 번도 가보지 않은 낯선 땅으로 가야하는 불안한 마음과, 한두 번 만나고 결혼을 결정한 남편에 대한 불안한 마음, 이 두 가지의 불안이 겹쳐서 지푸라기라도 붙잡고 싶은 심정으로 나를 붙잡는다.

H는 2살과 4살의 자녀를 둔 이혼녀이다. "네가 한국에 가면 누가 아이를 돌보니?"라고 물으니 자기 친정 엄마가 돌본다고 한다. 남자가 아무리 좋다고 해

도 어떻게 2살과 4살 자녀를 놓고 타국으로 시집을 갈 수 있단 말인가? 설사 로미오와 줄리엣의 사랑이라고 해도 이렇게 어린 자녀를 떼어 놓고 가지 못할 텐데 하물며 두세 번 만난 남자가 뭐가 좋다고 위대한 모성을 뒤로하고 자기의 행복을 찾아 머나 먼 타국으로 시집을 가는가? 참 냉정한 모성이네.

아기의 사진을 보았다. 천진난만한 아기의 모습을 보니 더욱더 마음이 짠하다. "너, 아기 보고 싶어서 어떻게 살려고 하니?"라고 묻자 달기똥 같은 눈물을 뚝뚝 흘리며 "저도 마음이 아파요. 그러나 지금의 아픔을 이겨 내야 미래를 기약할 수 있어요. 그래서 이 길을 선택한 거예요."라고 말하고는 흐느껴 운다. 함께 앉아 있었던 서너 명의 베트남 신부들도 따라 운다.

6살 딸을 둔 A는 30대 중반의 여성으로 6년 전에 이혼하고 식당을 운영하다가 50대 초반의 한국 총각에게 시집을 간다. 6살 딸아이는 하노이 노이바이 공항에서 엄마에게 매달려 떨어질 줄을 모른다. 얼굴은 잔뜩 울상이 되어 있다. 이런 딸을 떼어 놓고 발걸음이 떨어지는가? 이 어린 딸이 받을 상처는 도대체 어떡하라고.

베트남 여성의 재혼이 늘면서 자녀가 새로운 핫이슈가 되었다. 어떻게 어린 자녀를 놓고 국내도 아닌 외국으로 시집을 갈 수 있는지. 국내라면 보고 싶을 때 가서 볼 수도 있고 아기에게 필요한 물건도 사서 보낼 수도 있고 생일에 선물도 사 가지고 가서 만나고 하면서 부족하지만 먼발치에서 엄마로서 어느 정도의 역할을 할 수 있지만, 외국은 전혀 그럴 수 없는 상황인데 어쩌자고 베트남 여성들은 이렇게 냉정하고 용감하게 자녀를 놓고 한국으로 가는가 말이다.

재혼 여성을 상담할 때는 한국 남편이 너의 자녀를 입양해 준다고 약속했는지를 물어본다. 그러면 가물에 콩 나듯이 입양해 주겠다는 남성이 있다. 그러나 대부분의 한국 남성은 처음부터 입양을 선뜻 약속하지 않는다. 서양 남성에 비해 매우 비인도적이다.

이런 상황임에도 불구하고 베트남 여성은 과감하게 아기를 놓고 한국행을 선택한다. 나와 같이 50~60대인 한국 여성의 정서는, 어린 자녀가 있는 과부는 거의 재혼을 하지 않았다. 자녀를 위해 평생 과부로 살았다. 그러나 베트남 여성들은 다르다.

베트남 여성의 모성이 부족해서 그런 것이 아니다. 베트남 여성은 모성과 부성을 함께 가지고 있다. A.D. 40년 베트남이 중국 한나라의 속국이었을 때, 중국 관리의 폭정에 항거하여 봉기를 일으킨 인물은 남성이 아닌 바로 여성으로 쭝니, 쭝짝 자매이다. 이렇게 베트남의 여성들은 남편을 내조만 했던 한국 여성과 달리 전쟁을 비롯한 사회 모든 영역에 참여해 왔다.

그래서 베트남 여성의 모성은 부성적 모성의 경향이 강하게 나타나고 있다. 우리 한국 여성의 모성은 '자식에 대한 집착적인 사랑'이라면 베트남 여성의 모성은 자식의 미래를 책임지는 부성적인 성격을 가지고 있다. 현재 자녀와 떨어지는 아픔이 있지만 미래를 위해서 이 아픔을 이겨 낼 수 있는 강인한 모성, 큰 미래를 위해 현재의 고난을 작게 축소시키는 강철 같은 정신력. 이것이 바로 베트남 여성의 모성인 것이다.

자녀가 있으면서 재혼하는 신부들에게 걱정이 되어 거듭 묻는다. "만약 너의 한국 남편이 너의 아이를 입양해 주지 않으면 어떡할 건데?" 그러면 아이가 고등학교 졸업할 때까지 기다렸다가 한국 대학으로 유학을 시키겠다고 한다. 어린 핏덩이를 떼어 놓고 한국에 가는 것은 결코 자기 혼자 편안하게 살고자 하는 것이 아니다. 자기 한 몸 희생하여 아이와 친정 식구들을 모두 잘살게 하고 싶은 책임 의식의 발로인 것이다. 베트남 여성들은 한국에서 매달 친정에 돈을 보내고, 아기를 낳으면 친정 부모 혹은 친정 자매를 초청하여 3년 동안 월 150만 원 이상의 돈을 벌어 베트남에 가서 멋진 양옥집을 짓고 한평생 편안하게 산다. 그러므로 딸 한 명의 성공적인 국제결혼은 온 집안의 희망이 되고 인생 역전이 되는 것이다.

오랜 전쟁으로 가정과 사회를 스스로 이끌어 왔던 베트남 여성들은 남성과 여성의 역할을 넘나들며 책임을 졌던 그 유전으로 인하여 자신의 행복보다는 자신의 피붙이를 더 챙기는 마음이 자연스럽게 장착이 되어 있다.

한베 국제결혼을 선택하는 한국 남성들에게 간절히 부탁한다. 자신의 아내가 2살짜리 핏덩이를 떼어 놓고 한국에 와서 과연 잘 살 수 있겠는가 생각해 보기 바란다. 인도적인 차원에서 아기를 입양해 주어야 한다. 입양하기 싫으면 아기 없는 여성을 선택하면 된다. 한국의 경제력과 한류의 덕택으로 20대의 베트남 여성들이 40대의 한국 남성과 결혼하는 상황이 되었다. 한국 남성들은 조국에 감사하면서 겸손했으면 좋겠다. 베트남 아내라고 무시하면 곧 자기 자신을 무시하는 것이다. 왜냐하면 부부는 한 몸이기 때문이다.

생일보다 더 중요한 날

한국 여성으로서 베트남에서 살아갈 때 매우 신기한 날이 '여성의 날'이다. 한국에서 살 때는 이런 날이 있는 줄도 몰랐다. 그런데 베트남은 이 날이 되면 여기저기서 오는 문자 메시지에, 꽃다발에, 전화에, 선물에, 이건 생일보다 더 성대한 축하를 받는다. 도대체 베트남 사람들은 여성을 얼마나 존중히 여기면 그럴까?

10월 20일 베트남 여성의 날에 받은 화환

베트남은 여성의 날을 두 번이나 지킨다. 3월 8일 '세계 여성의 날'과 10월 20일 '베트남 여성의 날'이다. 세계 여성의 날과 베트남 여성의 날은 여성을 귀하게 여기는 마음은 동일하나 여성의 날을 재정한 이유에는 큰 차이가 있다.

세계 여성의 날의 유래는 100년 전 미국의 한 피복 공장에서 146명의 여공들이 불에 타 죽는 사건으로 여성들의 노동 삼권과 참정권을 요구하면서 제정된 것이다. 세계 여성의 날은 기존에 집안일만 했던 여성들이 산업 혁명과 시민혁명(1789)으로 인해 노동에 종사를 해야 먹고살 수 있는 사회가 되었으나 남성 중심의 사회에서 여성은 불평등한 대우를 받으며 노예와 같은 취급을 받게 되자 여성들이 궐기하여 남녀평등의 목표를 향한 투쟁의 결과로 만들어진 날이다.

그러나 베트남의 여성의 날은 양성평등의 실현을 위한 남성들과의 투쟁의 역사가 아닌, 조국을 구하기 위하여 희생한 여성들에 대한 전 사회적인 고마움의 표현이다. 프랑스 식민 통치 기간에 많은 여성들이 일어나 여성 단체를 조직하여 프랑스에 항거하였다. 그중에 가장 대표적인 여성이 밍 카이Nguyễn Thị Minh Khai로 우리나라 유관순 열사에 비교되는 인물이다. 그녀는 17세 소녀 시절인 1927년에 일련의 여성들과 함께 나라를 구하기 위한 모임을 결성하여 프랑스에 항거하기 시작했다.

그 후 이와 비슷한 모임인 해방여성회, 민주여성회, 반제국여성회 등이 도처에서 결성되었다. 이들은 권총을 들고 전투기를 떨어뜨렸으며, 전투함을 폭발시키고, 자국 군대를 위해 없는 길을 만들고 다리를 놓았다. 그녀들은 감옥에서도 불굴의 투지로 끝까지 저항을 하며 장렬한 최후를 맞이했다. 이뿐이랴, 수백만의 어머니들은 아들과 남편들에게 전쟁에 나갈 것을 독려했으며 낮에는 생업에 종사하고 밤에는 군인들의 식량을 나르며, 남겨진 자녀를 돌보면서 베트남을 지켜 냈다. 이러한 베트남 여성들의 희생이 없었던들 어떻게 베트남의 오늘이 있을 수 있겠는가! 그래서 베트남 공산당은 현 여성연맹의 전신인 '반反제국베트남여성회'의 창립일인 1930년 10월 20일을 여성의 업적을 기리는 날로 정하고 '베트남 여성의 날'이라고 명명하였다.

이 여성의 날이야말로 베트남의 정서와 일치하는 날이다. A.D. 40년 하이 바쯩의 봉기로부터 시작하여 1975년 미국과의 전쟁 종식까지 베트남의 여성들은 살신성국殺身成國의 자세로 전쟁에 동참하며 나라를 지켰다. 심지어 10대의 소녀들도 나라를 지키겠다고 유격대에 입대하여 훈련을 받았으며, 소수 민족의 여성들도 식량과 무기를 광주리로 나르면서 전쟁을 도왔다.

'3가지 담당-Phong trào "Ba đảm đang' 운동은 지금까지도 유명하다. 1965년 3월 22일 미국과의 전쟁이 가열하던 시기에 북부에서는 전쟁터에 나간 남자들을 대신하여 후방에 남아 있는 여성들이 ① 가정을 담당하고 ② 생산을 담당하며 ③ 전쟁에 필요한 무기와 식량 공급을 담당하자는 운동이 시작되었다. 이런 여성들의 희생을 베트남 사회는 '베트남 여성의 날'로 지키는 것이다.

세계 여성의 날은 불평등한 여성의 권리를 동등하게 하고자 서구 언니들이 흘린 피의 결과라면, 베트남의 여성의 날은 조국을 지키기 위해 외세에 항거하며 흘린 베트남 언니들의 피의 결과이다.

어머니와 결합한 단어들

베트남어에 '까이cái'라는 단어가 있다. 이것은 고대어로서 어머니mẹ라는 뜻과 크다는 뜻을 동시에 갖고 있다. 그래서 베트남인의 생존, 번영, 안전 그리고 사회적인 위상에 관련되는 중요한 단어에 아버지bố가 아닌 어머니mẹ라는 고대어 까이cái가 들어가 있다.

무엇보다도 물은 생존을 위한 가장 중요한 요소인데 베트남에서 큰 강을 말할 때 '송 까이sông cái'라고 말하지, '송 보sông bố'라고 하지 않는다. 또한 베트남인에게 꽃(花, hoa)은 생산과 종種의 계속적인 번식을 보장하는 의미를 갖는데, 이때도 '화 보hoa bố'라고 하지 않고 역시 '화 까이hoa cái'라 한다.

심지어 국가의 혈맥이라 할 수 있는 국로國路(quốc lộ)라는 단어에도 역시 어머니의 뜻인 이 '까이'가 들어간다. 국로를 순수 베트남어로 '드엉 까이Đường cái'라고 하는데, '드엉'은 길을 말한다. 그리고 관원이 다니는 길을 중국이나 한국은 관로官路(Quan lộ)라고 하는데 베트남은 '까이'가 들어감으로써 '드엉 까이 꽌 Đường Cái Quan'이라고 한다. 심지어 건축물 중 가장 중요한 요소 중의 하나인 기둥을 '꼿cột'이라고 하는데, 이것도 마찬가지로 '꼿 까이cột cái'라고 한다.

'까이'라는 단어의 사용이 여기에서 그치지 않는다. 우리 몸의 중요한 부분 중에 손과 발을 들 수 있다. 손과 발 중에 가장 중요한 엄지손가락과 엄지발가락을 말할 때 역시 베트남어로 '응온 따이 까이ngón tay cái' 그리고 '응온 쩐 까이ngón chân cái'라고 한다.

이 까이는 작호爵號를 내릴 때도 사용하는 것을 볼 수 있다. 베트남은 전쟁을 많이 치른 민족이라 수많은 전쟁 영웅들을 배출시켰다. 예컨대 베트남이 당唐나라 지배하에 있을 때 풍흥馮興, Phùng Hưng이라는 베트남 호족이 반란을 일으키고 사망하자, 그 아들이 부친에게 바친 다이 브엉大王, Đại Vương이라는 칭호에도 까이를 넣어 '보 까이 다이 브엉bố cái đại vương'이라 칭했다. 무엇이든 큰 것에는 어머니의 뜻인 '까이'가 들어가 있는 것을 본다.

이처럼 베트남인의 생존, 번영, 안전 그리고 사회적인 위상에 관련되는 중요한 단어에 아버지(bố)가 아닌 어머니(mẹ)라는 고대어 까이cái가 들어가 있는 점으로 보아 베트남 여성의 지위가 어느 정도인지 가늠해 볼 수 있다.

'까이'에는 크다는 의미도 있지만 '까이'가 내포하고 있는 더 중요한 의미는 책임 의식에 있는 것으로 보인다. 물을 상징하는 큰 강인 '송 까이sông cái'는 문명을 배양해야 할 책임을 갖는다. 꽃인 '화 까이hoa cái'는 종의 번식과 발전을 보장해야 한다. 국가의 혈맥인 국로 '드엉 까이Đường cái'는 유통을 담당해야 한다. 집의 중심 기둥인 '꼿 까이cột cái'는 집을 받쳐 지탱해야 할 임무를 띠고 있다. 우리 몸의 지체 중에서 가장 활동을 많이 하는 지체가 손가락이고 다른 손가락보다 더 중요한 손가락이 엄지손가락이다. 엄지손가락이 죽으면 나머지 네 손가락이 힘을 쓸 수 없다.

까이의 언어 체계로부터 가족 특히 자녀에 대한 가장 큰 책임을 갖고 있는 구성원도 아버지가 아니고 어머니라는 사실을 알 수 있게 된다. 우선 "자녀에게 문제가 생기면 엄마가 책임을 진다con dại cái mang."라는 고사성어를 들 수 있다. 역시 다른 고사성어인 "자녀가 버릇이 없으면 엄마의 책임이고 손주가 버릇이 없으면 할머니의 책임이다Con hư tại mẹ, cháu hư tại bà."에서도 그렇다. 이처럼 여성의 가정에 대한 강한 책임 의식이 "적이 쳐들어오면 여성도 나가 싸운다Giặc đến nhà đàn bà cũng đánh."라든지 혹은 "날씨가 추우면 아내는 느윽 랑(촌락의 물, 사회적인 일을 의미함)을 걱정한다Rét thì mặc rét, nước làng em lo."라는 고사성어를 만들어 냈다. 이렇게 집안에서의 여성의 역할이 사회적 책임 의식으로 확대 연결되는 것을 보게 된다.

국제결혼의 증가로 우리 한국이 다인종·다문화 사회로 급격히 변화하는 가운데 베트남 여성과의 결혼으로 형성된 다문화 가족의 수가 적지 않는 수를 차지하고 있다. 한국의 다문화 사회의 한 축인 베트남 여성들이 자신의 나라의 가정과 사회에서 높은 위상을 갖고 있다는 것을 이해하는 것은 매우 중요한 일이다. 특히 언어 체계를 통해 나타난 베트남 여성의 지위와 위상은 베트남인의 사회 관념 속에 이미 오래 전부터 뿌리내려져 있었다는 것을 입증해 준다.

어머니와 아들의 재회

찡 꽁 선Trịnh Công Sơn 작곡

어두운 밤에 불 밝히고 앉으니
그때 일 생각이 나네.

어머니 비 맞으며 문 뒤에 서서
적의 발자국 소리에 귀 기울이며
곤히 자고 있는 아들을 지켜 주네.

폭탄이 비 오듯 퍼부어도
주저함 없이 개천을 건너

아들에게 살살 길을 안내해 주네.

산등성이까지 배웅하고는
어둠 속으로 사라지는 어머니,
비바람 세차게 불어
어머니의 긴 머리가
아들이 가는 길을 가려 버리네.

빗속을 헤치며 집으로 돌아와
문밖의 아들의 발자국 지우고
빗물 속에 눈물을 뿌리네.

어머니는 감싸 주는 바람이요,
아들 곁에 말없이 앉아,
청평淸平케 하는 산들바람이요,
마르지 않는 물이며,
아픔과 슬픔을 대신 하는 분이라네.

아들의 맑고 순수한 인생을 위하여
어머니는 고난 속에 잠기시네.

베트남의 전쟁의 역사를 가장 잘 표현하고 있는 이 노래는 찡 꽁 선(1939~2001)
이라는 베트남의 유명한 작곡가가 만든 노래이다. 그의 생년월일이 말해 주듯이 그는 험난한 시대의 굴곡의 역사를 거치면서 600여 곡의 사랑과 반전反戰의 노래를 만들었다. 남쪽 사이공 정부와 북쪽 공산당 정권 모두 그의 노래를 금지시켰다. 찐 꽁 썬은 반동 정권을 무너뜨리고 통일 베트남을 세워야 한다는 북쪽을 향해, 또 공산 정권을 쫓아내고 민주주의로 통일을 이루어야 한다는 남쪽을 향해, 그의 노래 '엄마의 귀한 소유'에서 이 전쟁은 명분 없는 단순한 '내전內戰'이라고 절규했다. 엄마의 귀한 소유는 바로 아들인 것이다. 이념보다 중요한 것은 사랑이며, 사랑 중에 사랑은 바로 엄마의 사랑인 것이다. 자식을 전쟁터에 내보내고 하루하루 견디어 내야 하는 엄마의 심정을 어찌 말로 다 표현할 수 있겠는가?

네 명의 아들과 남편을 모두 전쟁터에 내보내야 했던 베트남의 어머니. 막내아들마저 떠날 때는 차마 입을 열 수가 없었다. 한마디라도 하면 통곡이 터져 나올 것 같아서였다. 베트남에서는 자식이 전쟁터에 나갈 때 껴안지 않는다. 껴안는 것은 전쟁에 나가지 못하게 하는 것이기 때문이라고 한다. 단지 잘 가라고 손을 흔들 뿐이다.

옆의 사진은 재회의 눈물이다. 전쟁터에서 아들이 살아 돌아오자 어머니는 비로소 아들을 껴안고 그동안 삼켰던 눈물을 쏟아냈다. 베트남어에 끼엔 찌堅持, kiên chí라는 단어가 있다. 우리말에 '인내'로 통용이 되나, 실은 '인내의 극한'을 의미한다. 견디고 또 견디는 힘이다.

재회의 눈물

제9장

한가한
베트남의 남자들

거리의 남자들

베트남의 낯선 풍경 중에 하나는 길거리에 남자들이 와글와글하게 많다는 것이다. 여자들은 안 보이는데 남자만 보인다. 동네마다 촘촘하게 자리 잡은 노점 찻집에 남자들이 앉은뱅이 의자에 옹기종기 앉아서 호박씨, 해바라기씨를 까먹으면서 하루 종일 담소를 나누는 모습은 한국인에게는 매우 낯선 풍경이다. 커피숍도 마찬가지이다. 남자들이 와글와글하다. 왜 여자들은 안 보이나? 이것이 말로만 듣던 모계 사회인가? 라고 금방 단정을 내린다. 그러나 베트남 남자들은 모계 사회의 여타 동남아 국가들의 남자들과는 좀 다르다. 내가 일산에서 7개 국가의 노동자 쉼터 사역을 할 때, 회사에서 가장 신뢰하는 노동자가 베트남 노동자들이었다. 가장 중요한 기계는 전부 베트남 노동자들의 몫이다. 그들이 일하는 모습을 보면 거의 한국 남자 수준이다. 그 노동자들이 지금은 베트남으로 귀국하여 회사를 경영하는 사장이 된 사람도 여러 명 있다. 기질적으로도 그렇고 능력 면으로도 그렇고 가부장 사회의 한국 남자와 다를 바가 없는데 왜

노점 찻집에서 하루 종일 담소를 나누는 베트남 남자들

베트남에 있는 베트남 남자들은 사회와 가정에 대한 책임이 약할까? 의문
이 들지 않을 수 없다.

베트남은 흥망성쇠를 반복하며 수많은 전쟁과 변고를 겪은 나라이다.
오늘의 베트남이라는 나라가 만들어지기까지 베트남의 남자들은 전쟁이
일상인 삶을 살았다. 이렇게 전쟁이 많다 보니 남녀노소 가릴 것 없이 나
라를 지키기 위해서 온 국민이 힘을 합쳐야만 했고, 이에 베트남 여성들도
전쟁에 참여할 수밖에 없었던 것이다. 그렇더라도 전쟁은 남자들의 몫이
다. 나라를 지키기 위한 베트남 남자들의 항전이 있었기에 오늘의 베트남
이 있는 것이다. 이렇게 전쟁의 영웅이었던 베트남 남자들이 오늘날 왜 거
리의 남자로 전락했을까?

전쟁에서 돌아오니 일자리가 사라졌다

주지하다시피 베트남은 기원전부터 1,000년이 넘게 중국에 복속되었던 나라였다. 그리고 A.D. 938년 중국으로부터 독립 후에도 불안정한 시국이 지속되었다. 왕권 찬탈을 위한 내란이 끊임없이 이어졌고 주변국들과의 전쟁도 그치지 않았다. 베트남에서 100년 이상 된 왕조는 리李왕조(226년), 쩐陳왕조(175년), 후기 레黎왕조(360년, 실제는 100년)이고 나머지는 모두 6년, 15년, 30년 왕조이며 마지막 왕조인 응우웬 왕조가 143년이다. 그리고 중국으로부터 독립한 후에도 중간에 명나라가 재침략하여 20년 동안 지배했고(1407~1427), 이어 남북으로 200년 넘게 남북 분쟁의 시기를 거쳤고 그리고 통일왕조 이후 곧 프랑스의 식민 지배 100년, 일본 지배 5년, 미국과의 전쟁 20년, 1978년 캄보디아 폴포트 정권과의 전쟁, 1979년 중국과의 전쟁이 있었다. 이 외에도 크고 작은 전쟁과 내란이 끊임없이 일어났다. 그러므로 베트남의 남자들은 오랜 세월 전쟁터에서 살아야 했고, 여성들은 남자를 대신하여 가정과 사회를 이끌어야 했다. 따라서 남성들의 사회적 책임이 약화될 수밖에 없었다.

전쟁이 끝나고 평화의 시대가 와서 남자들이 사회로 복귀하려고 하니 일자리가 부족했다. 남자들이 전쟁을 하는 동안 여자들이 남자들의 몫까지 맡아서 하고 있었기 때문이다. 건설 현장에서도 여성들이 무거운 건축 자재를 나르며 시멘트 마감을 척척하고 있고, 뱃사공, 염전, 채석장, 탄광촌까지 전부 여자들이 맡아서 하고 있었으니 남자들이 비집고 들어갈 틈이 없었다. 그리하여 특수층의 남자들을 제외한 보통의 남자들은 본의 아니게 백수가 되었다. 또한 전쟁을 하는 동안 여성들이 가정의 경제를 이끌어 왔음으로 남성들은 부담이 덜하다, 그리하여 남는 시간이 많다 보니, 마약, 유흥, 도박, 내기 축구에 쉽게 빠져들게 된 것이다.

백수라도 큰소리치며 산다

그렇다고 베트남 남성의 지위가 낮은 것이 아니다. 또한 여성의 지위가 높다고 하나 서구처럼 남녀가 평등한 개념의 지위가 아니다. 남편들의 구타도 있고, 백수이면서도 아내를 다스린다. 한국 남자와 재혼을 하는 베트남 여성들을 상담해 보면 90%가 남편이 백수에다, 구타, 술, 마약, 도박, 바람을 핀 경우이다. 돈벌이도 하지 못하면서 아내를 구타하고, 또 베트남 여성들은 남편으로부터 폭행을 당하면서도 참고 산다. 베트남에서 여성의 지위가 높은 건 사실이다. 그러나 아무래도 남녀평등의 개념은 아닌 것 같다. 아래의 경우를 보더라도 여성의 위치는 남성들의 권위 아래에 있다.

한 예로 베트남에는 마을의 중요한 일들을 결정하는 오늘날의 마을 회관과 같은 딩흐. Đình이 있는데 평소에는 여성들도 출입을 할 수 있으나 중요한 사항을 결정하는 회의를 할 때는 남성들만 들어간다. 여성들은 딩의 마당에서 남성들이 결정을 내릴 때까지 기다린다.[1]

---

1   심상준(2008), 「베트남 여성의 지위와 한베 다문화 가족」, 『베트남연구』 9.

우리 센터는 남편과 내가 공동 대표로 일을 하고 있음으로 크고 작은 행사에 인사말을 하러 수시로 지방에 내려가는데, 비록 내가 더 전문적으로 관여하고 있는 분야임에도 불구하고 베트남 쪽에서는 나보다는 나의 남편의 인사말을 더 원한다. 즉, 남성이 대표성을 가지는 것이 더 무게가 있다는 것이다. 지방 정부와의 행사에서도 여러 번 느낀 것은, 비록 여자들의 활동이 두드러지지만 실권은 거의 남자가 쥐고 있고 여자들은 주로 손과 발의 역할만 하고 있는 것이다. 이러한 현상을 동남아시아 전체의 특징으로 보는 견해가 있다.

동남아시아 여성이 경제적 역할이 큼에도 불구하고, 정치 등의 공적 영역에서 구미歐美나 동북아시아 여성들에 비해 그다지 큰 역할을 하지 못하는 이유가 바로 여기에 있다. 즉, 남성은 전쟁과 그 전쟁의 참여에 대한 보상적 성격으로 공적(official) 업무에 주로 종사하고, 여성은 경제 활동을 비롯한 사적(private) 업무에 종사한다는 것이다.[2]

하노이 인근 현의 한 설문 조사에서 "가정의 주요 역할과 경제를 책임지는 사람이 누구인가?"라고 물었을 때 70% 이상이 여성이라는 대답이 나왔다고 한다. 그렇다면 앞으로도 베트남 사회는 계속적으로 여성의 경제 활동에 의존해서 살아갈 것인가? 큰 난제가 아닐 수 없다. 잠자는 베트남 남성들의 노동력을 일깨워야 한다. 한국에 온 베트남 남성 이주 노동자들의 실력이 한국 남성에 뒤지지 않는 것을 보더라도 베트남 남성은

---

2   최병욱(2006), 『동남아시아사』, 대한교과서, p. 31.

여타 동남아 남성들과는 다르다. 단지 베트남의 사회 구조가 남성 일자리를 전부 여성들이 차지하고 있기 때문에 남자들의 노동력이 잉여 인력이 된 것이다. 만약 베트남 정부가 잠자고 있는 베트남 남자들의 에너지를 국가의 신 성장 동력원으로 끄집어낼 수만 있다면 베트남은 무서운 힘으로 성장하게 될 것이다.

남자와 성 문화

2005년 한국과 베트남 법조인들이 만났을 때의 일이다. "아잉 심(Mr. 심) 베트남 부인 있으세요?" 이 농담을 못 알아들은 Anh 심이, "아니요, 제 아내는 한국 사람입니다"라고 대답을 했더니, 킥킥 거리면서 "한국 부인 말고 베트남 부인 있느냐구요?"라고 한다. Anh 심은 화들짝 놀라서 손사래를 치며 "Không! không! không!(아니오! 아니오! 아니오!)"을 연발했다. Anh 심의 당황하는 모습에 회중은 폭소를 터트렸다. Anh 심 옆에는 그의 아내 Mrs. 김이 앉아 있었고, 베트남 사람들도 둘이 부부 사이라는 것을 알고 있었다. Mrs. 김은 표정 관리를 어떻게 해야 할지 몰라 정말 당황스러웠다.

베트남에서 살다 보면 뜻하지 않은 질문을 받는다. "찌 김(Mrs. 김) 애인 있어요?"라고 묻는다, 내가 젊어 보여서 노처녀일거라고 생각을 했나 싶어서 정중하게 "아니요, 저는 결혼했어요. 아들이 2명 있는 걸요."라고 대답을 하면, 피식 웃으며 "남편은 남편이고, 애인은 애인이지요."라고 한다.

민망해하는 나에게 누군가를 가리키면서 "이 사람 어때요?"라고 묻는다.

그런데 이런 농담을 베트남에서는 아무렇지도 않게 통용되고 있다. 특히 사무실에서 유부남 상사와 여직원 사이에 비일비재하게 일어나고 있다. 마치 사무실에서는 두 사람을 부부로 착각할 정도이고 동료들도 재미있어 한다. 그러나 실제로는 아무런 관계도 아니다. 그저 농담일 뿐이다. 그런데 여직원에게 이런 야한 농담을 하는 것이 오히려 관심의 표명이라는 것이다.

1995년도 베트남어를 공부할 때였다. 하루는 언어 교수가, "당신 남편은 요즘 밥을 좋아하느냐, 쌀국수를 좋아하느냐?"라고 물어서 쌀국수를 좋아한다고 대답했더니 킥킥 거리며 웃는다. 웬 뚱딴지 같은 웃음인가 하며 의아한 표정을 짓고 있는데 교수 왈, 밥은 늘 먹는 거니까 부인을 뜻하고 쌀국수는 가끔 먹는 거니까 애인을 뜻한다며, 불륜이 일상생활의 활력소라도 되는 양 신나는 표정으로 나에게 설명해 주었다. 그 후에 베트남 속어 하나를 알게 되었는데, "짠껌템퍼-chán cơm thèm phở"라는 말이다. 그 뜻은 바로 "밥(아내)이 싫증 나고 쌀국수(애인)가 그립다."로, 베트남 남자들 가운데 가볍게 회자되는 말이라고 한다.

베트남 사람들이 즐겨 하는 농담 중에 '염소와 사위'라는 것이 있다. 둘다 '꼰제'로 발음하지만 성조와 스펠링은 조금 다르다. 그러나 외국인들은 분간하기가 힘들다. 그래서 만들어진 농담이다. 내용인즉슨, 옛날에 어느 서양인이 베트남 친구 집을 방문했는데 마침 그 집에 놀러왔던 한 시골 노인이 그 서양인에게 "당신이 이 집 영감의 사위인가(Anh có phải là con rể cũ)?"라고 물었다. 그 서양인은 자기는 이 집 사위가 아니라고 대답을 했지만 성조가 틀려서 "아니요, 저는 늙은 염소가 아닙니다(Không, tôi không phải là con dê cụ)."라고 대답을 한 것이다. 베트남에서 염소는 정욕을 상징한다. 따라서 늙은 염소가 아니라는 것은 정욕이 센 사람이라고 대답한 모양새가 된 것이다.

이런 야한 농담을 베트남 법조인들이 한국 법조인과 첫 상견례를 하면서 한 것이다. 베트남은 이런 성에 관한 농담을 경직된 분위기를 깨는 데 주로 사용한다. 다소 예의를 갖추어야 하는 만남에서도 서슴없이 발설하는 것을 보면, 성 문화가 우리보다는 개방적인 것 같다.

너 바람피우면 나도 바람피운다

대우 호텔 맞은편 낌마Kim Mã에 살 때였는데 이웃에 알콩달콩 재미있게 사는 젊은 부부가 있었다. 하루는 두 내외가 오토바이를 세차하고 있기에, 지나가면서 인사치레로 "고향에 갈려고 그러는가?"라고 별 관심도 없이 물었는데 그 집 아내가 내 말이 떨어지기가 무섭게 "아니요, 남편이 여자 친구를 만나러 간데요."라고 냉큼 대답을 한다. 내가 베트남어를 잘못 알아들었나 싶어서, "뭐라고? 당신 남편이 여자 친구랑 데이트를 간다고?" "네, 그렇다니까요." 하도 어이가 없어서 정색을 하며 "그럼 못 가게 말려야지."라고 했더니, "말려 보았자 소용도 없는데 그냥 기분 좋게 가게 풀어 주어야지요. 갔다 오면 나한테도 잘해요. 못 가게 하면 더 지랄을 하지요." 나는 정말 어리둥절했다.

베트남에 이런 속어가 있다. "Vợ anh có máu Hoạn Thư không(당신의 아내는 환트의 성깔을 가지고 있습니까)?" 이 말은 베트남의 유명한 소설 쭈엔 끼에우Truyện Kiều에 나오는 인물의 성질을 말하는 것이다. 이 소설의 여주인공 '끼에우'는 재능이 뛰어나고 아름답고 마음씨 착한 여인이지만 팔자가 사나워 많은 변고를 겪으면서 툭싱Thúc Sinh이라는 유부남을 만나게 되었는데, 툭싱의 아내 환트가 자기 남편이 끼에우를 좋아하는 것을 알고 끼에우를 데려다가 자기의 노비로 삼고 툭싱이 보는 앞에서 학대를 했다는 것이다. 그래서 남자가 바람을 피울 때 아내가 심하게 질투를 하는 것을 가리켜 "당신의 아내는 환트의 성깔을 가지고 있냐?"라고 묻는다는 것이다. 그러니 아내가 남편의 외도를 질투하는 것은 환트처럼 못된 여자들이나 하는 짓이라는 것이다. 그러면 무엇인가? 남편의 외도에 대해서 여자는 너그럽게 받아들여야 한다는 것 아니겠는가?

또 이런 속담도 있다. "Ông ăn chả, bà ăn nem(남편이 짜chả를 먹으면, 아내는 넴nem을 먹는다)." 짜chả는 고기를 다져서 만든 우리나라 동그랑땡 같은 음식이고, 넴nem은 튀긴 스프링롤spring roll로서 북부 하노이의 음식이다. 이 둘은 분짜라는 쌀국수를 시킬 때 함께 나오는 베트남인의 애호 식품이다. 이 두 음식의 속성을 인용하여 남편이 바람을 피우면 여자도 당연히 바람을 피운다는 뜻으로 사용하고 있다. 한국의 전통 관념은 남편은 바람을 피워도 아내는 가정을 지키는 것이었다. 그래서 조강지처라는 말이 있고, "조강지처를 버리면 벌을 받는다."라고 말해 왔다. 그런데 베트남은 "너 바람피우면 나도 바람피운다."이다. 또 남편이 바람피울 때 아내가 질투하면 환트 같은 악녀가 된다. 그럼 뭔가? 질투하지 말고 같이 바람을 피우라는 건가?

왜 베트남에는 성문화가 이렇게 개방적일까?

베트남 사람은 어려서부터 남녀유별男女有別이 없이 자란다. 베트남의 유치원 화장실을 가 보면 화장실에 칸막이가 없다. 2평 공간에 변기통이 6개 놓여 있고 남녀 유치원생들이 거기서 서로 쳐다보며 조잘거리며 용변을 본다. 아무런 부끄러움이나 거리낌이 없다. 이렇게 본시 어려서부터 성별의 낯가림이 없는 문화이다. 베트남의 병원은 어떤가? 정말 충격 중에 충격이다. 병실은 남녀 구분이 없다. 남자 환자와 여자 환자가 한 방을 사용하고, 침대와 침대 사이에 커튼도 없어서 의사가 치료할 때 남녀 환자들의 중요한 부분이 그대로 노출된다. 우리는 무척 당황스러운데 베트남 사람은 그러려니 한다.

베트남의 가옥 구조도 프라이버시가 없다. 베트남의 옛날 가옥 형태를 보면 방과 방을 구분하는 것이 문이 아니고 기둥이다. 이것은 그냥 경계선을 표시하는 것이지 방이라고 할 수가 없다. 이런 베트남 사람의 가옥의 대한 관념은 20세기 후반에 지은 아파트에도 나타난다. 방과 방 사이에 문이 없고 문틀만 있다. 그러므로 각 방은 프라이버시가 없다. 이런 가옥 구조에서 노부모와 아들 내외, 손주, 이렇게 3세대가 함께 살고 있다. 각 방에 문이 없는 이런 집에서 젊은 내외가 어떻게 부부 생활을 하는

지 궁금하지 않을 수 없다. 베트남인들이 이런 가옥 구조에서 살아서 그런지, 한국에 살고 있는 한베 가족의 베트남 여성들 중에 방 한 칸에 살고 있으면서 친정 엄마를 초청해서 3년씩 함께 살고 있는 가정이 있다. 한국 남편은 너무 불편해서 장모를 빨리 베트남으로 돌려보내려고 하지만 베트남 아내가 말을 듣지 않아 가정불화가 끊이지 않고 있다.

베트남 입국 초기 언어 공부를 할 때였다. 베트남어과 교수의 집에서 3명의 성인 학생이 함께 언어 공부를 했는데 여름이 되자 이 교수가 덥다고 상의는 벗고, 하의는 수영복 바지만 입고 우리를 가르치겠다고 나타난 것이 아닌가? 정말 당황하지 않을 수 없었다. 그러나 베트남 문화를 몰라 혹시나 실수를 할까 봐 아무 말도 못 하고 공부를 했지만 수업 시간 내내 민망해서 제대로 수업에 집중할 수가 없었다. 그해 여름을 그 수영복 패션의 교수와 무사히 공부를 마쳤지만 지금도 그때를 생각하면 불쾌하다.

이런 야한 농담이 나타나는 현상에 대해 혹자는 생식기 숭배 신앙에서 나온 것이 아닌가 한다. 그러나 베트남의 생식기 숭배 신앙은 극히 일부분이고, 보편적 민간 신앙이 아니다. 한국도 일부 지방에서 남근석男根石을 숭배하고 있다. 이와 같은 생식기 숭배 신앙은 다산과 풍요를 기원하는 인간의 본능으로 민족마다 정도의 차이는 있어도 어느 민족에게서나 찾아볼 수 있는 현상이다. 그래서 베트남의 이런 문화 현상의 원인을 다른 곳에서 찾아보고자 한다.

어느 나라든지 성을 소재로 한 농담은 있다. 다만 음성적으로 주로 남자들 사이에서 회자되고 있기에 일반에게 드러나지 않은 것이다. 그러나 베트남은 이런 농담이 일반에 드러나도 수용이 되는 문화이다. 그만큼 베트남에서는 성을 언급하는 것이 터부시되지 않고 있다. 그 이유는 위에서 언급한 것처럼 생활 환경에서 남녀의 경계를 강하게 구분하지 않기 때문이다. 두 번째는 베트남 사람들의 해학적인 기질 때문이다. 경직된 분위기를 힘들어하는 사람들이다 보니 만사를 해학으로 풀어야 하는데 그 해학의 재료를 어디에서 찾겠는가? 자신들의 일상에서 찾아야 하는데 성에 개방된 베트남 문화는 이런 재료가 풍부하고, 또한 성을 소재로 한 농담은 야릇한 마력이 있어서 누구에게나 인기가 있기 때문에 이런 농담이 성행하게 된 것 같다.

탈의실이 없는 베트남의 병원

기침이 심상치 않게 터져 나와서 하노이 문묘 국자감 근처의 성바오로 병원에 갔다. 차트를 들고 엑스레이실에 들어갔더니 젊은 남자 의사가 나오며 상의를 벗으라고 한다. 사방을 둘러보아도 탈의실이 없어서 어디서 옷을 갈아 입냐고 했더니, 그냥 상의를 벗으라는 것이다. 나는 '갈아입다'라는 동사로 '타이 아오thay áo'를 사용했고, 의사는 옷을 벗으라는 동사로 '꺼이 아오cởi áo'를 사용하고 있었다. 내가 베트남어를 잘못 알아들었나 싶어서 다시 한번 정중하게 탈의실이 어디냐고 물어보았다. 의사는 고개를 갸웃하며 무슨 말인지 모르겠다는 표정이다. 엑스레이실은 오픈되어 있었다. 많은 사람들이 지나가는 복도 쪽으로 창문이 있고, 날씨가 더우므로 창문은 활짝 열려 있었다. 사람들이 지나가면 저절로 엑스레이실이 눈에 들어오게 되어 있는 그런 환경이다. 거기서 내가 상의를 벗으면 의사는 물론 복도를 지나가는 모든 사람이 볼 수밖에 없다. 설마 아니겠지 싶어서 "의사 선생님, 제가 옷을 어디서 갈아입어요?"라고 다시 물었다. 의사는 목소리 톤을 약간 높이며 "옷을 갈아입는 것이 아니고, 거기서 옷을 벗고 기계 앞에 서세요."라고 하는 것이었다. 갑자기 피가 얼굴 쪽으로 확 몰리며 화끈거린다. 지금 의사의 말대로라면 탈의실도 없고 가운도 없는 곳에서 의사가 보는 가운데, 또 여러 사람이 힐끗힐끗 보는 가운데 상의를 벗고, 그 벗은 몸으로 기계 앞에 서서 몇 분 동안 사진을 찍고 다시 내려와서 그 의사의 시선 앞에서 옷을 입어야 하는 상황이다. 이건 있을 수 없는 일이다.

"뭐라고요? 어떻게 아잉(Mr.) 앞에서 옷을 벗어요? 그리고 이렇게 사람들이 왔다 갔다 하는 곳에서 어떻게 옷을 벗어요?" 나도 의사도 어이가 없다는 표정이다. 왜 그렇지 않겠는가? 쭉 이런 시스템에서 의사 생활을 해 왔는데 갑자기 외국 환자가 난리를 치고 있으니. "그럼 날더러 어떻게 하라는 거예요? 찍기 싫으면 관두세요."라고 하는 것이 아닌가? 이때 내나이는 40대 초반이었다. 아들을 둘 낳았지만 도저히 이런 곳에서 엑스레이를 찍을 용기가 나지 않았다.

심한 수치심, 어이없음, 그리고 복잡한 심정으로 집으로 돌아왔다. 아무리 생각해도 도저히 용납이 되지 않았다. 어떻게 의사가 자기 목전에서 여자 환자에게 옷을 벗으라고 하는가? 꽤 오랫동안 이 충격 속에서 헤어나지 못하고 있는 중에 나보다 더 큰 충격을 받은 사람을 만났다. 산부인과를 다녀온 사람이었다. 엑스레이는 상체를 벗는 것이지만 산부인과는 하체를 진찰해야 하는 곳인데도 탈의실도 없고 칸막이도 없었다고 한다. 열린 공간에서 하의를 벗고 얼떨결에 진찰을 받은 이 한국 여성은 심한 수치심에 다시는 가고 싶지 않은 곳이라며 고개를 흔들었다.

그 후부터는 아예 베트남 병원에는 갈 생각을 하지 않다가 올해 초 허리를 다쳐서 타이팅Thái Thịnh에 있는 국제한방병원에 갔다. 한방 병원은 성격상 위와 같은 경우가 없을 거라고 마음을 턱 놓고 갔다. 안내된 침대에 누워서 상의와 하의를 조금씩 올리고 내려서 고주파 치료를 받고 있는데 옆 침대에 어디서 많이 낯이 익은 남성이 막 치료를 끝내고 하의를 추스르고 있었다. 그와 나는 동시에 서로를 알아보았다. 그는 하노이음악아카데미 교수로, 우리와 몇 번의 한베 전통 음악 교류를 했던 사람이다. 그가 멋쩍은 듯이 얼른 하의를 챙겼다. 나는 엉덩이의 반이 노출된 채, 그리고 등의 반이 노출 된 채 그와 인사를 해야 했다. 침대와 침대 사이에 커튼이 없으므로 이런 불상사가 생긴 것이다. 정말 당황스럽지 않을 수 없었다. 베트남은 병원의 침대와 침대 사이에 커튼이 없어도 남녀 환자가 누워 있을 수 있는 분위기이다.

베트남 남성의 굴레

축구와 내기

2012년 6월 8일부터 7월 2일까지 유럽 축구인 챔피언스리그가 있었다. 새벽까지 정적을 깨뜨리는 함성소리에 잠을 이룰 수가 없다. 베트남과 상관이 없는, 유럽 사람들이 하는 경기에도 베트남 사람들이 소리를 질러 대는 것이었다.

나는 우리나라가 출전하지 않은 경기는 관심이 없는 오직 너희 편과 우리 편의 논리로만 스포츠를 관람하는 사람으로서 베트남 사람들의 이런 행동에 대해 놀라지 않을 수 없었다. 이들이야말로 진정한 축구 매니아라고 생각했다.

90년대 중반, 언어를 배울 때이다. 초급을 떼고 중급에 입문을 했는데 첫 과에 '에이씨 밀란, 레알 마드리드, 맨체스터, 유나이티드' 등의 고유명사가 나왔다. 이 말이 무슨 말인지 도무지 감을 잡을 수가 없었다. 이때 나의 언어 선생은 여 선생이었는데 뜨악한 표정을 지으며 진정 이 단어를 모르는가 반문하는 것이었다.

우리나라는 30여 년 전인 1978년 차범근이 독일 분데스리가에 동양인으로서 최초로 진출하여 리그에서 뛰고 있을 때, 독일인들이 하도 '차붐'을 외치며 환호하는 것이 한국인으로서 자랑스러워 잠깐 독일 리그에 관심을 가졌었다. 이후 1989년 그가 은퇴하자 분데스리가에 대한 관심도 함께 사라졌다. 그러다가 2000년도에 들어서 안정환이 이탈리아의 페루자, 박지성이 영국의 맨체스터 유나이티드, 이영표의 토트넘 등 태극전사들의 해외 진출이 이어지면서 비로소 국내 팬들이 유럽 축구 리그에 관심을 갖게 되었다.

그런데 베트남은 90년대 중반에도 자국의 선수가 하나도 뛰고 있지 않는 세계 축구의 3대 빅리그인 영국의 프리미어리그, 이탈리아의 세리에리그, 스페인의 프리메가리그에 열광하고 있었다. 얼마나 축구가 보편화되었으면 외국인을 위한 베트남어 교재에도 축구가 한 단원을 차지하고 있겠는가? 그것도 GDP가 200~300백 불(1995년 기준)밖에 되지 않는 나라에서.

이와 같이 축구는 베트남 전 국민의 사랑을 받는 국민 스포츠이다. 축구 실력이 아닌 축구의 저변 확대 면에서 보자면 베트남이 우리보다 월등하다. 베트남은 어딜 가도 축구부가 있다. 동, 면, 읍, 군, 도, 시, 중앙 등의 각 행정 단위마다 축구팀이 있고, 학교는 물론 각 기업마다, 각 연령대별로 축구팀이 있다. 우리나라처럼 동호회 성격의 조기 축구회가 아닌 정식으로 마을 소속 축구부로 등록되어 있다. 그러므로 각 단위별로 엄청나게 축구 시합을 많이 한다.

2010년 7월, MBC '일요일 일요일 밤에 - 단비'에서 하노이 바비현의 덤산 마을을 방문하였다. 덤산 마을은 200여 가구가 모여 사는 월 수입이 10불 정도밖에 되지 않는 매우 가난한 마을이다. 그럼에도 유소년 축구팀이 운영되고 있었다. 운동화를 살 돈이 없어 맨발로 축구를 하지만 어엿한 마을 대표 축구팀이다. 단비팀은 이 유소년 축구팀에게 축구 골대와 축구복, 축구화, 라커룸을 선물하고 유치원을 지어 주고 갔다.

베트남은 축구의 나라이다. 다른 스포츠는 별 빛을 못 보고 있다. 축구 시즌이 되면 온 나라는 어딜 가도 축구밖에 없다. 지역을 초월하여 오지 산골 마을도, 연령을 초월하여 할머니, 할아버지들도 전부 축구 방송만 틀어 놓고 본다.

2008년 스즈키컵 대회에서 베트남이 싱가포르를 누르고 태국과 1 대 1로 비기면서 우승을 차지했을 때 얼마나 난리가 났던지 400여 명의 사상자가 나왔다. 우리나라가 2002 한일 월드컵에서 4강에 진출했을 때의 열

2008년 스즈키컵 우승 때 열광하는 베트남인들

기는 이에 비하면 아무것도 아니다. 전 국민의 80%가 오토바이를 가지고 있는 나라에서 골목마다 오토바이 경적을 울리며 센 물줄기를 아무에게나 막 쏘아대는 바람에 무서워서 밖을 나갈 수가 없었다. 이들이 동남아시아에서 1등을 했는데도 이런데 만약 월드컵에 진출하면 어떻게 될까? 상상을 할 수가 없다.

이런 베트남의 축구 열기가 이제는 나라의 재앙이 되고 있다. 다음은 2010년 남아공 월드컵이 끝난 후에 「아직도 끝나지 않은 월드컵」이란 제목으로 『안닝安寧, An Ninh』 주간지에 실린 기사의 일부다.

사건 1
2010년 7월 3일 새벽 1시 30분, 남아공 월드컵 8강전 경기는 우루과

이와 가나의 피 말리는 접전 끝에 연장전과 승부차기까지 가는 120분이 넘는 혈투가 펼쳐졌다. 판 반 비언(남편)은 새벽 4시가 넘어서야 집에 들어갔다. 아내 까오 티 응이어(33세)가 일은 어떡하고 축구만 보냐고 잔소리를 하자 철사 줄로 아내의 목을 졸라 살해 한 후 아내가 자살한 것으로 위장을 했다가 탄로가 나서 구속되는 사건이 발생했다.

사건 2

2010년 6월 30일, 43세의 BVP라는 남자가 하이퐁시 빙다리에서 뛰어내려 자살했다. 아들이 내기 축구로 빚을 졌는데 가족이 갚을 능력이 없자 아버지가 죽음을 택한 것이다.

내기축구는 베트남의 문화이다. 월드컵뿐만이 아니라 SEA 게임, 스즈키컵(AFF), AFC, UEFA, 챔피언스리그(영국), 세리아리그(이태리), V-리그(베트남) 등의 축구 시즌이 되면 베트남 남자들은 내기 축구를 하느라고 난리법석이다. 베트남의 남자라면 이런 분위기에서 벗어나기가 어려울 것이다. 그러면 왜 베트남 남자들은 이렇게 내기 축구에 열광하는가?

축구를 좋아해서 그런 것도 있고, 여기에 더하여 남자들의 가정과 사회의 압박이 느슨하기 때문이다. 게다가 인간의 정신을 이끌어 줄 경전을 가진 종교도 몇 프로 안 되고, 거의 민간 신앙이 대부분이다. 이렇게 남자들의 강렬한 에너지를 쏟을 곳이 별로 없는 사회적 토양으로 인하여 쉽게 유흥 문화에 빠지게 되는 것이다.

전당포

다닥다닥 붙은 cầm đồ(전당포)

고리대금으로 가난한 백성의 피를 빨아 먹는 나쁜 장사꾼. 이것이 한국 사람들이 가지고 있는 전당포에 대한 전통적 이미지이다. 그래서 그런지 한국에서는 전당포 간판을 찾을 수가 없다. 나는 한국에 살면서 전당포 간판을 한 번도 본 적이 없다. 단지 책을 통해서 전당포가 있다는 것을 알았을 뿐이다. 그런데 베트남에서는 어디를 가나 눈에 띄는 간판이 전당포이다.

하노이에서 전당포(껌도-cầm đồ)가 제일 많이 있는 거리는 드엉 랑Đường Láng으로 랑하 사거리에서 꺼우 저이Cầu Giấy 쪽으로 향하는 1km 안팎의 거리에 무려 100개의 전당포가 다닥다닥 붙어 있다. 이곳은 외상대학, 재정대학, 외교대학, 교통대학이 있는 상아탑의 거리이다. 이런 곳에 이렇게 많은 전당포가 있다는 것은 무엇을 말해 주는가? 대학생들이 주 고객이라는 것이다. 이곳뿐이 아니다. 당 중Đặng Dung, 바익 마이Bạch Mai, 호 뚱 머우Hồ Tùng Mậu를 전당포 거리라고 한다. 이미 이렇게 이름이 난 전당포 거리 외에도 동네 구석구석에 전당포가 있고, 심지어 농촌에도 있다.

2014년 2월 한국의 MBC 방송이 조사한 바에 의하면 한국의 전당포는 전국에 200여 개가 있다고 한다. 그런데 베트남은 드엉랑 거리에만 100개가 있다. 2013년 8월 6일 Vietnamnet.vn 인터넷 신문에 의하면 하노이에만 2,700개의 껌도가 있다고 하니, 전국적으로는 얼마나 많을지 상상이 가질 않는다. 베트남의 껌도의 이자율은 한국에 50~100배 이다. 한국은 월 3%라고 하는데 베트남은 하루에 5~10%이고, 월드컵 시즌에는 이자율이 하루에 15~20%인데도 손님은 평소보다 3~5배 많다고 한다. 월드컵 시즌에 전당포에서 돈을 빌리면 5일 만에 원금과 같은 금액의 이자를 내야 한다.

베트남에서 이제 축구 시즌은 전당포의 대목 시즌이다. 핸드폰을 가져와서 5만 동(3천 원)만 빌려 달라고 애원하는 빈민층에서부터 오토바이를 저당 잡히는 중류층, 자동차로 배팅하는 상류층까지 전 계층이 내기 축구에 참가하고 있다. 대학생들은 학비를 날리고, 월급쟁이는 몇 달치 월급을 날리고, 어떤 이는 집을 날리고, 어떤 사람은 아내를 날린다. 축구 시즌이 한차례 지나갈 때 마다 멀쩡했던 인생들이 하루아침에 추락하여 폐인이 된다.

그리고 월드컵 때 전당포에 맡긴 물건이 얼마나 많은지 월드컵이 끝나면 베트남 시장에 지각 변동이 생긴다. 전당포에 있는 물건들이 시장으로 쏟아져 나오기 때문이다. 부동산 가격은 뚝 떨어지고 중고 자동차, 중고 오토바이, 노트북, 스마트 폰이 대거 쏟아져 나와 중고 시장을 발칵 뒤집어 놓는다. 집문서와 땅문서를 전당물로 잡혔다가 내기 축구로 돈을 모두 잃고 못 찾아가는 땅문서들로 인하여 부동산 가격이 하락한다고 한다. 가난했던 시절에는 오토바이가 최고의 전당물이었는데 지금은 자동차, 집문서, 땅문서까지 전당물로 등장했다. 월드컵이 끝나면 하루아침에 전 재산 다 날리고 빚까지 진 몰락 인생들이 속출하고, 그중에 몇몇은 자살을 선택한다.

복권을 파는 소년

오토바이의 행렬로 만원이 된 대로에서 초등학생 또래의 아이들이 종이쪽지를 들고 뭐라고 외치며 호객 행위를 하고 있다. 분명 초등학교 4학년 정도의 어린아이들이었다. 한참 후에야 이것이 복권을 사라고 외치는 소리라는 것을 알고 놀라지 않을 수 없었다. 부모의 보호 속에 한창 공부를 해야 할 어린이들이 생활 전선에 나서서 돈을 벌어야 하는 상황은 한국에도 있었다. 1960년대 한국의 남자 어린이들은 아이스케키 통을 들고 "아이스 케~~키"라고 외치며 팔려 다녔다. 나라가 가난하면 어쩔 수 없는 일이다. 그런데 베트남의 문제는 어린아이들이 복권을 판다는 것이다. 복권은 어린이가 팔 상품이 아니다. 일확천금을 노리는 물건을 어린이들이 팔면서 무엇을 배우겠는가.

도박과 복권은 공통분모를 가지고 있기 때문에 베트남의 도박 상황을 알아보기 위해 복권 시장을 살펴보았다. 그리고 또 한번 놀랐다. 베트남의 복권은 주 1회가 아니라 매일매일 추첨을 한다. 하노이 방송국에서는 매일 저녁 7시 전산 복권을 추첨하고, 7시 15분에는 북부 복권 추첨을 방영한다. 수많은 인민이 일확천금을 꿈꾸며 매일매일 TV 앞에서 복권 번호를 맞추어 보는 '복권의 생활화'가 되어 있는 나라이다. 2009년 베트남 정부가 연간 복권 판매로 얻은 수익은 18억 불(2천억 원 이상)로 베트남 국내 총 GDP의 2.1%를 차지한다. 그 비율은 미국 0.45%, 중국 0.23%, 일본 0.2%, 한국 0.19%에 비해 상당이 높은 수치다.

베트남 사람 한 명이 연 400,000동(22,000원)을 복권에 투자하고 있다는 것인데, 이는 GDP 대비 한국 사람이 연 40만 원어치의 복권을 구매하는 것과 같은 수치이다. 고객은 주로 남자들이다.

베트남의 복권의 종류도 매우 많다. 2011년 조사 자료에 따르면, 매일 추첨하는 북부 복권, 전산 복권 123, 행운 복권 4가 있고, 주 2회 수요일과 토요일에 추첨하는 전산 복권 6×36이 있다. 로또 복권은 1994년 4월부터 시작되었고 다섯 종류로 가격은 2천 동, 5천 동, 1만 동, 2만 동, 5만 동이 있다. 그 외에 긁는 복권, 봉투 복권이 있으며, 인터넷으로만 하는 전자 복권도 있다.

이런 자료를 통해서 볼 때, 베트남 사회는 착실히 일해서 돈을 모으는 것 보다는 복권, 도박 등으로 일확천금의 행운을 바라는 사람이 많고, 여기에는 주로 남성들이 관여하고 있다. 한베 국제결혼을 선택하는 베트남 여성들에게 국제결혼의 이유를 물으면 베트남 남성의 무책임이 싫어서가 1위이고, 재혼 여성의 경우 베트남 남편과의 이혼 사유 1위가 도박이다.

마약 중독자의 회심

베트남의 마약 중독자는 100만 명이 넘는다. 우리나라 광역시 하나 인구 꼴인 셈이다. 큰 사회 문제가 아닐 수 없다. 한국에서 마약 중독자는 신문지상에 가끔씩 올라오는 연예인들의 이름을 들을 때이다. 그러나 베트남에서는 주위에서 쉽게 마약 중독자를 찾을 수 있다. 베트남 남자들이 남는 시간이 많다 보니 이렇게 마약과 도박에 빠지게 되는 것이다.

우리 센터의 직원 오빠도 마약 중독자이고, 우리가 진행하고 있는 아동 결연 학생들의 부모도 마약 중독자여서 모두 교도소에 있고 아이들은 할머니가 키우고 있다. 정부 산하 마약 중독자 재활 센터가 전국에 123곳이 있다. 이곳은 엄격하다. 그래도 치료가 안 된다.

이런 사회적 문제를 해결하기 위해 베트남 개신교 목사, T 목사가 나섰다. 본인도 목사가 되기 전에 알코올 중독자였다. 그러나 예수를 믿고 알코올 중독을 끊고 목사가 되었다. 그래서 자기와 같이 수렁에 빠진 사람들을 위해 살고자 결심을 한 것이다. 그리고 기적은 일어났다. 많은 사람들이 이 치료 센터에 와서 회복이 되고 있다. 이 센터를 통해 개과천선을 한 D 전도사의 실화를 들어보자.

D 전도사는 16년 동안 마약 중독자였다. 10대부터 마약을 했다. 마약을 사기 위해 수단과 방법을 가리지 않았다. 다른 사람의 빚을 대신 받아 주는 대부 업체에 들어갔다. 포악하게 돈을 받아 냈다. 도둑질도 했다. 네 번이나 감옥에 갔었고 10년형을 받았다.

본인도 너무 괴로워서 마약을 끊으려고 별의별 방법을 다 동원했다. 스스로 쇠사슬에 발을 묶기도 했었고, 친구들을 피해 남쪽 지방으로 이사도 갔었고, 그러나 끊을 수가 없었다. 그러던 중 2007년에 한 친구를 만나게 되고 이 친구를 통해 T 목사를 만났다. 그리고 T 목사가 운영하는 마약 중독자 치료 센터에 들어가서 새로운 빛을 만나게 된 것이다.

D 전도사의 설교는 얼마나 강력한지 정신이 번쩍 뜨인다. 잠자고 있던 세포들이 일어나는 것 같다. 설교 시마다 성경 구절이 총알처럼 가슴을 관통한다. 그래서 물어보았다. 마약을 그렇게 오래했으면 뇌가 손상되었을 텐데 어떻게 그렇게 성경 구절을 많이 외울 수 있었느냐고. D 전도사는 말한다. "하나님께서 천지를 창조하실 때 혼돈한 상태에서 말씀으로 정교한 세상을 지으셨는데 인간의 뇌 하나 새롭게 못 하시겠냐 싶어서 기도를 했지요. 그랬더니 성경 말씀이 머리에 쏙쏙 들어왔습니다." D 전도사의 뇌는 새로운 뇌가 되었다.

D 전도사가 긴팔과 긴바지를 입을 때는 몰랐는데, 어느 날 짧은 바지를 입었을 때 깜짝 놀랐다. 팔과 다리에 문신투성이다. 전도사라는 직함과 문신은 정말 안 어울린다. D 전도사는 이렇게 말한다. "이것은 죄의 흔적입니다. 이것을 볼 때마다 구렁텅이에서 나를 건져준 주님의 은혜를 더 깊이 생각합니다." 베트남 정부는 마약 중독자들이 회복되는 것을 보고 개신교에 대해 달리 생각하고 있다.

문신 전도사

Grace 마약치료센터는 중독자들을 2년 동안 돌본다. 90%가 회복이 되고 재발은 1% 정도라고 한다. 현재 베트남에는 T 목사가 운영하는 Grace 마약치료 센터가 20군데 있고, 앞으로 베트남의 63개 지방성에 2곳씩 모두 126개의 치료 센터를 세우고자 한다. 하루속히 베트남 남자들이 예전의 용맹을 되찾고 사회와 가정에 책임 있는 일원으로 회복되기를 간절히 바란다.

제10장

꽃과 베트남

25년 해외 생활로 인천공항을 수도 없이 들락날락했지만 인천공항에서 꽃을 들고 마중 나온 사람을 한 번도 보지 못했다. 연예인이나 특별한 사람을 제외한 한국의 보통 사람들은 공항에서 꽃다발 환영을 받지 않는다. 그러나 하노이 노이바이공항은 다르다. 항상 꽃다발을 든 사람들이 있다. 누가 오기에 그러는가 궁금해서 주의 깊게 살펴보면 자기 가족이나 친지, 친구들이다. 유명한 사람이 아니다.

나도 이제는 노이바이공항에 손님을 맞이하러 나갈 때는 꼭 꽃을 준비한다. 베트남의 첫 관문인 공항에서부터 베트남 문화를 알리기 위해서이다. 그러나 제일 싼 꽃으로 준비한다. 어차피 시들어 버릴 건데 뭐하려고 비싼 꽃을 사는가? 이것이 나의 정서이다. 그런데 베트남 사람들이 들고 나온 꽃다발을 보면 기가 팍 죽는다. 최소 20만 동이다. 한국 돈으로 치면 1만 원 정도이다. 내가 들고 나가는 꽃다발은 한국 돈으로 3천 원 정도이다. 입은 옷은 남루해서 별로 부자같이 보이지 않는데 꽃다발은 최고급을 들고 나간다.

무채색의 도시 vs 유채색의 꽃

90년 초의 하노이시는 시멘트 덩어리였다. 오래된 건물들은 칠이 벗겨져 회색의 알몸을 그대로 드러내고 있었고, 시궁창은 시커먼 입을 벌리고 고약한 냄새를 뿜어냈다. 쓰레기는 여기저기 널려 있었고, 사람들의 옷은 회색과 검은색 계통 일색이었다. 우중충하고 희뿌연 무채색의 도시, 이런 도시에서 제일 먼저 피곤을 느끼는 것은 눈이었다. 그런데 이런 무채색의 도시에 유채색의 집합소가 있었으니 바로 꽃 가게이다. 시커먼 도시에 화려하게 빛을 발하는 형형색색의 꽃은 무채색의 우중충한 도시를 압도하며 힘차게 생명의 빛을 발산하고 있었다.

90년 초에 베트남의 GDP는 200불이었다. 그래도 베트남 사람들은 꽃을 샀다. 반면 한국의 GDP가 200불이었던 1970년대는 가까스로 보릿고개의 난관을 극복하고 먹고사는 것이 해결된 시대로 꽃은 일상생활과 거

베트남의 거리마다 즐비한 꽃집

리가 멀었다. 지금도 한국인에게 꽃이란 젊은 남녀들이 한창 사귈 때 주고받는 기념물이고, 매우 특별한 날에 특별하게 사용하는 기념물이다. 그러나 베트남에서 꽃은 일상이다. 집집마다 화병에 꽃을 꽂아 놓는다. 베트남은 꽃을 파는 곳이 참 많다. 재래시장, 새벽 시장, 골목 시장, 번개시장, 2일장, 3일장, 7일장 할 것 없이 장이 서는 곳은 어디서나 꽃을 판다. 게다가 꽃 가게는 또 얼마나 많은가? 동네마다, 길마다 눈에 띄는 것이 꽃 가게이다. 이뿐인가? 자전거 꽃 행상은 늘상 길 위에 있다. 어디가나 마주치는 것, 그것은 꽃이다.

한국인은 의식주가 해결 되어야 꽃을 산다. 그러나 베트남 사람에게 꽃은 의식주와 동일하다. 이른 새벽 수수하게 생긴 잠옷 차림의 아줌마들이 망설임 없이 꽃을 한 아름씩 사가는 풍경을 보면 무척 부럽다. 베트남인에게 있어서 꽃은 어떤 의미를 가지고 있기에 경제적 수준에 구애됨이 없이 온 국민이 꽃을 애용하는 것일까?

꽃은 삶의 일부

첫 번째, 베트남인에게 꽃은 심령적인 것이다. 베트남에서 꽃은 죽은 조상께 바치는 향기로운 제물이다. 베트남의 조상 제사는 정기적으로 매월 음력 초하루와 보

베트남의 제사상에 바쳐진 꽃

름에 드리는데 반드시 꽃이 있어야 한다. 죽은 조상이 집에 왔을 때, 향기로운 꽃 냄새로 기분을 좋게 해 드려야 하기 때문이라고 한다.

두 번째, 베트남인에게 꽃은 복을 상징한다. 새해의 첫 시작인 음력설(Tết)에 거의 모든 베트남 가정은 매화(Hoa Mai)나 복숭아꽃(Hoa đào)을 사서 집안에 꽂아 놓는다. 베트남에서 설날에 이 꽃이 없으면 설날의 분위기에 들어갈 수 없다. 이 꽃은 활짝 핀 상태에서 한 달 이상 가기 때문에 번창과 번영을 상징하는 복의 꽃으로 베트남 사람들이 애호한다.

세 번째, 베트남 사람은 자연과 화동하기를 원한다. 베트남 사람들은 자연과의 일치, 자연과의 화합을 추구하는 심령이 매우 강하다. 그래서 집안에 많은 자연물을 들여놓으려고 한다. 새도 키우고, 물고기도 키우고, 그런 맥락에서 자연의 일부인 꽃을 애호한다고 볼 수 있다. 자연을 향한 심령이 꽃값을 계산하는 경제 논리보다 더 앞선다. 그래서 망설이지 않고 꽃을 산다. 그러나 나의 가난했던 시절, 며칠 있다가 시들어 버리는 꽃보다는, 내 몸에 들어가 피가 되고 살이 되는 돼지고기 한 근을 더 선호했다. 나뿐만이 아닐 것이다. 1950년대에 태어난 한국인이라면 아마도 나와 비슷한 사고를 가지고 있을 것이다.

이렇게 우리는 가난했던 시절에 꽃보다는 실용적인 것을 더 선호했다. 그러나 베트남인은 가난 속에서도 꽃을 애호하며 꽃을 늘 옆에 두고 살아왔다. 꽃과 베트남, 꽃은 베트남 사람들의 삶의 일부이다.

베트남의 꽃 축제

하노이 천도 1,000년을 기념하는 꽃 축제가 2009년 12월 30일부터 2010년 1월 3일까지 베트남 전역의 29개 도시에서 동시에 열렸다. 하노이 시는 호환끼엄 호수 옆 900m 길이의 딩 띠엔 황丁先皇, Đinh Tiên Hoàng 거리에서 탕롱-하노이를 상징하는 꽃 조형물들에 테마를 붙어 넣어 전시하였다. 이 거리는 베트남 근대의 상징인 하노이 우체국과 동경의숙東京義塾[1] 광장, 그리고 11세기 초에 수도를 하노이로 천도하고 중세 시대의 중흥기를 연 리 타이 또李太祖, Lý Thái Tổ의 동상, 몽골군의 침략을 세 번씩이나 물리친 베트남 민족의 영웅 쩐 흥 다오陳興道, Trần Hưng Đạo를 모신 옥산사玉山祠가 있는 유서 깊은 거리이며 수도 하노이의 심장이다.

이 심장부에 바퀴 달린 모든 것들의 통행이 차단되고, 하노이를 상징하는 홍강의 롱 비언 다리, 문묘의 규문각, 호치민박물관의 일주사가 조형물로 세워졌고, 베트남을 상징하는 작은 오솔길과 호수와 우물이 생겼고, 베트남 농촌을 상징하는 대나무, 벼이삭, 연꽃, 꺼이 꾸엇Cây quất(꼬마 귤나무), 국화, 튤립 등이 심어졌으며, 전차와 씨클로가 등장했다. 규모는 작지만 자랑스러운 행사이다. 한 도시가 수도로서 1,000년을 이어온 고도古都가 지구상에 많지 않기에 더욱더 자부심이 만개한 것이다.

---

1 1907년 문신이며 부유한 상인이었던 르엉 반 깐梁文干, Lương Văn Can이 일본의 유명한 후쿠자와 유키치福澤諭吉의 게이오 의숙慶應義塾을 모방하여 만든 사립 학교. 세계사, 수학, 과학 등 근대적인 과목을 가르쳤고, 여성에게도 입학이 허가되었다.

꽃 축제 거리 입구에 세워진 게시판에는 "꽃의 언어를 통해 고도 탕롱 하노이의 아름다움을 보여 주며, 자연과 인간의 조화를 이루어 내며, 도시 문명의 삶과 문화 의식을 일깨우며, 녹색 환경을 보호하여 아름다운

2010년 수도 탕롱-하노이 천도 1,000년 기념 꽃 축제

풍경을 만들며, 평화의 도시로서의 특색과 1,000년의 문헌을 가진 영웅적인 수도 하노이의 모습을 세계에 알리고자 한다."라고 적혀 있다. 현란한 언어들이 시각을 잡아끈다.

베트남의 꽃 축제의 역사는 짧다. 세계적인 꽃 축제 네델란드의 쾨켄호프가 60년, 우리나라 고양시의 꽃 축제가 15년, 이에 비해 베트남의 꽃 축제는 2004년 12월에 중부 도시 달랏에서 처음 시작되었고, 하노이는 올해가 두 번째이다. 그러나 베트남에서 꽃은 떼려야 뗄 수 없는 생물生物이다. 가난해도 꽃은 반드시 있어야 한다. 마치 축구가 없이는 베트남을 말할 수 없듯이 꽃이 없이 베트남을 말할 수 없다.

세계에서 베트남의 축구 실력은 미미하지만 베트남인에게 축구는 먹는 것 다음으로 중요한 그 무엇이다. 꽃도 마찬가지이다. 먹고사는 것이 힘든 상황에서도 꽃은 늘 이들 곁에 있었다. 우중충한 집안에도 꽃은 있었다.

꽃이란, 잘 차려진 집안에 있어야만 제격이라는 것은 우리의 생각이다.

꽃이란, 여유 있는 사람들이 여윳돈으로 사서 실내를 아름답게 장식하는 것이라는 것도 우리의 생각이다. 베트남에서의 꽃이란 돈 없는 사람들도 망설임 없이 사야 하는 신성한 물체이다. 그래서 조상 제사 때에도 꽃이 등장한다. 이렇게 꽃이 생활화되어 있는 베트남이 이제야 꽃 축제를 하는 것은 경제력 탓이다.

일본은 빨랐다. 2007년부터 하노이에서 벚꽃 축제를 개최하고 있다. 흐드러지게 피어 있는 하얀 벚꽃에 베트남인들은 열광하고 있다. 수만의 인파가 몰리자, 일본은 매년 규모를 늘려 왔다. 올해는 작년보다 다섯 배 이상의 규모로 하겠다고 한다. 이렇게 일본은 꽃을 사랑하는 베트남인의 심리를 재빨리 파악하여 베트남인의 마음속에 벚꽃 축제를 통해 일본을 새기고 있다. 네델란드에서도 이번 축제에 튤립 3,000송이를 선물했다. 이것은 대박을 쳤다. 입구의 대형 게시판은 물론, 신문마다 화란왕국에서 하노이 천도 1,000년 기념 꽃 축제에 튤립 3,000송이를 보내 왔다는 기사가 꼬박꼬박 실려 나갔다. 베트남 인민은 화란왕국에 감동을 받았다고 한다. 자신들이 소중하게 여기는 역사役事에 화란왕국이 함께 소중히 여겨 준 것이다. 이것이 문화 교류의 기술이 아니겠는가? 우리도 한류만 내세울 것이 아니라, 구석구석 감추어져 있는 베트남인의 문화를 잘 살펴서 그 속으로 들어갈 수 있어야 한다. 베트남인들이 가치 있게 여기는 것을 우리도 함께 가치 있게 여겨 주는 것, 이것이 유명 한류 스타를 초대하여 공연하는 것보다 더 효과적인 한베 교류의 실력이고 힘이다. 베트남에는 한류 스타에 열광하는 20대보다 그렇지 않은 인민이 더 많다는 것을 간과해서는 안 된다.

제11장

종고와 화동

종교와 종교 간의 화동은 결코 쉬운 일이 아니다. 그건 종교가 가지고 있는 특수성, 즉 진리 때문이다. 역사의 진실은 바뀔 수 있어도 종교의 진리는 바뀔 수가 없다. 아니 바뀌면 안 되는 성질의 것이다. 그래서 종교 간의 화동은 힘들다. 이런 이유로 세계는 피비린내 나는 종교 전쟁의 역사를 써 왔다. 지금도 종교 전쟁은 계속되고 있다. 베트남도 예외는 아니다. 19세기 중반에 뜨 득Tự Đức 황제는 유럽인 선교사 25명, 베트남인 사제 300명, 평신도 2만 명 이상을 처형했다.[1] 조선은 1866년 흥선 대원군의 병인박해 때 프랑스 선교사 9명이 학살당하고, 국내 신도 8,000여 명이 학살되었다. 기독교는 유일신 신앙으로 인하여 어느 나라를 들어가든지 이런 박해가 따랐다. 베트남은 천주교를 제외한 다른 종교는 서로 배척하지 않고 상보하며 잘 화동을 이루고 있다. 그 이유는 베트남의 문화 수용의 태도 때문이다.

---

1   유인선(2002), 『새로 쓴 베트남의 역사』, 이산, p. 275.

베트남의 문화 수용 – 입맛대로 취사선택

베트남은 한국과 동일한 반도 국가지만 외래문화의 수용 방법이 한국과 다르다. 한국은 외래문화의 본질을 잃지 않으면서도 오히려 그 문화를 깊이 심화시키며 숙성熟成시킬 줄 알았다. 그러나 베트남은 외래문화를 받아들일 때 기존의 문화와 결합하여 그것이 종교이든지 민간 신앙이든지 서로 융화적인 색채를 띠게 한다.

이것은 베트남의 지리적인 특성 때문이다. 베트남은 북쪽으로는 중국, 남쪽으로는 태국만에서 인도양으로, 동쪽으로는 동해(남중국해)를 통해 태평양으로, 서쪽으로는 라오스 캄보디아를 통해 미얀마와 인도로까지 연결하는 동서남북의 교차 지점에 위치해 있는 이유로 세계 문화의 정수들을 수용하는 데 용이했다. 그래서 만약 그 종교가 자신의 위치를 확보하기 위해 기존의 민간 신앙들과 이미 자리를 잡고 있는 전통 종교들과 큰 갈등을 일으키지 않는 한, 그 종교는 베트남 내에서 자신의 입지를 확보하는 데 별 어려움이 없었다.

베트남이 공산화가 되었을 때 북한이나 중국과 달리 민간 신앙을 말살시키지 않았다. 민간 신앙 가운데 가장 성행하는 민간 신앙이 조상 제사인데 조상 제사는 가족, 종족宗族에서 자기 민족의 시조까지로 올라간다. 해마다 음력 3월 8일에는 우리나라의 단군에게 해당되는 민족 시조인 훙브엉Hùng Vương에게 제사를 드린다. 이때 국가의 삼부 요인인 총서기장, 국가주석, 수상도 제사에 참여한다. 조상 숭배는 천주교 본부인 바티칸에서도 수용할 수밖에 없을 정도로 확고한 자리를 차지하고 있다. 전 국민의 90%가 조상 숭배 신앙을 가지고 있다.

불교의 화동

불교가 베트남에서 자신의 입지를 가장 잘 확보했다. 베트남의 촌락은 매우 폐쇄적이라 마을마다 단 하나의 절이 있을 뿐이다. 절은 촌락 주민들이 마음의 고향으로 여길 만큼 베트남인들의 심령과 정감과 사고 속으로 들어갔다. 불교가 외국에서 들어온 종교인 줄 모를 정도로 친숙하게 되었다. 그렇게 될 수 있었던 것은 불교가 베트남인의 민간 신앙과 접목했기 때문이다.

베트남에 들어온 정통 불교는 토착 신앙인 모신 신앙, 다신 신앙과 융화하여 어머니불佛인 만능Man Nương불이 되었다. 또한 베트남 불교는 다신과 모신을 반영할 뿐만 아니라 베트남 민간 신앙의 가장 보편적인 조상신 숭배와 연결되어 있다. 그래서 베트남의 절에는 부처님만 있는 것이 아니다. 법당 옆에 푸府, phủ라는 부속 건물이 있고, 이 푸phủ에 모신母神을 모셔 놓는다. 또한 냐또Nhà Tổ(조상의 집)라는 공간은 그 절에 입적한 주지 스님들을 숭배하는 곳이다. 뿐만 아니라 법당 입구 좌측이나 우측에 조그만 분향단들이 있는데 이것은 죽은 가족을 제사하는 분향소이다. 법당 입구에 이런 분향소를 설치한다는 것은 조상 숭배라는 베트남의 민간 신앙이 불교와 결합하여 혼용 신앙을 만들어 낸 것을 잘 보여 주고 있는 것이다.

하노이시 쭝화 지역 근처에 있는 절. 베트남은 절이 한국처럼 산에 있는 것이 아니라 동네마다 하나씩 있다.

베트남의 민간 신앙은 ① 다신 숭배 ② 모신 숭배 ③ 조상 숭배의 세 가지 유형이 있다.

먼저, ① 다신 숭배는 천신, 일월성신, 지신, 물신, 수목신樹木神, 동물신과 같은 자연물, 그리고 불, 구름, 비, 천둥, 번개 같은 자연현상을 신으로 형상화하여 숭배하는 것이다. 불교는 이 자연현상을, 구름은 운법雲法, 비는 우법雨法, 천둥은 뇌법雷法, 번개는 전법電法이라 하여 그 지위를 승격시켰다. 이런 자연현상이 수도작 농업과 직접 관계가 됨으로 불교는 베트남인의 생활과 깊은 연관을 가지고 있는 이런 민간 신앙과 접목하여 베트남인들의 심령 속에 자리를 잡았다. 또한 민간 신앙도 정통 불교의 교리를 수용함으로써 자기의 위상을 높일 수 있게 되었다. ② 모신 숭배는 이런 자연물과 관련된 것들과 결합하여 지모신地母神, 수모신水母神, 도모신稲母神(벼신), 강모신江母神을 숭배하는 것으로 나타나고 있다. 이렇게 베트남의 모신들은 다신과의 결합으로 이루어진 신들이다. 그다음의 유형이 ③조상 숭배인데 베트남은 가정의 재단이나 종족의 사당에서는 자신의 종족宗族 조상을 숭배하고, 촌락의 딩亭, Đinh에서는 성황을 숭배하고, 민족의 사당에서는 민족의 시조를 숭배하고 있다.

이 세 가지의 민간 신앙의 형태가 베트남 불교에 그대로 반영되어 화동을 이루고 있는 것이 베트남 불교의 특징 중의 하나다. 또한 불교가 가지고 있는 다원적 가치관에 의하여 불교는 어느 나라에 들어가든지 혼용 종교를 만들어 내고 있다. 그럼에도 불구하고 한국과 비교할 때 베트남의 불교가 더욱더 민간 신앙과 혼용을 이루고 있는 것은 베트남 문화의 특성 때문이라고 볼 수 있다.

유교 – 요긴한 약

유교는 불교처럼 자기 입지를 확보할 수가 없었다. 왜냐하면 우선 문화적인 면에서 베트남과 맞지가 않았다. 유교는 사회 구조의 최소 단위인 가족 제도가 대가족이어야 유교의 통치 문화에 적합한데, 베트남은 전통적으로 소가족 제도인 데다 생산 방식마저 대농이 아닌 소농, 그것도 자급자족적인 소농임으로 규모가 매우 작아 유교의 엄격한 서열 문화의 강한 규제와 질서를 필요로 하지 않았기 때문이다. 이것이 베트남인으로 하여금 유교를 수용하는 과정에서 자신들에게 적합한 것만 선택하도록 한 것이다.

유교는 학문과 과거 시험, 관리가 되는 사회 권력 쪽으로 기울어졌다. 그래서 지식층과 귀족층들의 종교가 되었다. 비록 유교가 1,000년 동안 통치 권력을 가지고 베트남을 지배했으나 각계각층으로 파고들 수 없었던 것은 무엇보다 베트남인에게 침략자의 종교였기 때문이다. 그래서 베트남인은 한자漢字를 한자로 부르지 않고 쯔으 뇨Chữ Nho, 즉 유교글자 라고 불렀다. 그들은 한자를 유교의 도道를 따르는 사람들, 유사儒士의 글자 라고 표현하고 한漢나라의 글자라고 하지 않았다. 그 이유는 한자漢字라고 할 때, 한漢은 한나라 문자로서 한제국漢帝國의 언어라는 뜻이고, 이 한제국은 베트남을 지배하고 있기에 베트남으로서는 민족적 반감이 있었다. 그런 반감의 표현으로 한자를 쯔으 뇨chữ Nho(유교 글자)라고 한 것이다. 이것이 유교를 바라보는 베트남인의 정서이다.

베트남에서 유교가 중국이나 한국처럼 총체적인 교리의 체계를 찾아볼 수 없는 것도 바로 이 때문이다. 실제로 베트남에 전래된 유교는, 유교의 모든 학설에 영향을 받은 것이 아니다. 주로 과거 급제를 통하여 관직官職으로 진출하는 것에 치중했고, 이것은 송宋의 유학 사상에 영향을 받은 것으로 유교의 규례와 규범을 사용하여 국가를 잘 다스리는 것이다. 그렇다고 송의 성리학을 그대로 수용한 것은 아니다. 오히려 높은 철학적인 이론과 수양적 실천을 요구하는 성리학의 본질은 배척했다. 이것이 유교가 베트남의 일반 대중에게까지 내려가는 데 한계를 가져왔다. 오히려 베트남인들은 불교와 도교로부터 더욱더 깊고 넓게 영향을 받았다. 그리고 귀족층과 유사들에게도 불교와 도교의 영향력이 커서 유교는 독존獨存할 수 없었다. 이것 때문에 유교가 중국의 동화 정책의 일환으로 전파되었어

도 자신의 정치적 힘을 사용하여 다른 종교들을 탄압하지 않은 것이다.[2]

비록 그렇다 할지라도 전체적으로 볼 때 베트남은 여전히 유교를 능동적으로 수용했다. 왜냐하면 본질적으로 유교의 정통성, 통치의 절대성, 엄격한 규범과 규례들은 마치 먹어야 할 요긴한 약藥과 같아서 모든 것이 초기 단계인 베트남 사회를 위해 반드시 필요했기 때문이다. 베트남이 개혁 개방 이후 자본주의 생산 운영과 관리 방식이 국가 발전에 매우 필요했던 것처럼, 고대 시기 베트남도 유교의 규례가 매우 필요로 했다. 한나라로서는 유교를 베트남에 전파하고자 했고, 베트남으로서는 유교를 받아들여 민족을 발전시키고자 했던 쌍방 간의 필요가 일치하여 유교는 베트남에 뿌리를 내릴 수 있었고, 그리하여 베트남은 유교를 통하여 중국의 문물을 받아들임으로써 모든 방면에 체계와 정통성을 세울 수 있게 되었다.

유교의 변신

우리는 앞에서 중국이 베트남을 1,000년 동안 지배했음에도 불구하고 유교가 일반 백성에게까지 내려가지 못한 이유들에 대해서 살펴보았다.

---

2 대표적인 예로, 1407년 중국의 명이 베트남을 침공하여 동화 정책의 일환으로 신유학을 보급시켰을 때 다른 종교들을 탄압하지 않았다. 물론 베트남이 불교와 유교를 수용하는 과정에서, 그리고 이 두 종교가 자신의 입지를 확보하는 과정에서 불교와 유교 간에 대립과 긴장 관계가 없었던 것은 아니다. 특히 『대월사기전서大越史記全書』를 쓴 응오 시 리엔吳士連과 같은 이는 유교를 지배 이념으로 삼고 있던 여조黎朝하에서 신유학의 입장에 섰던 만큼 그에 앞선 시대의 불교 숭배를 적극적으로 비난하였다. 유인선(2001), 「전근대 베트남인의 歷史認識」, 『동양사학연구』, 73, p. 197 참조.

첫째는 유교의 엄격한 규례가 베트남의 소농 문화에 맞지 않아서이고, 둘째는 침략자의 종교에 대한 반감 때문이라고 했다. 그럼에도 불구하고 유교는 요긴한 양약과 같아서 베트남인들이 유교를 받아들이지 않을 수 없었다. 그러나 한국처럼 전폭적으로 수용하지 않고 부분적으로 자신에게 필요한 것만 따서 국가의 체계를 세우는 데 활용했다. 그 부분이 바로 문묘 국자감에 나타나 있는 것이다.

하노이를 방문하는 외국인들이라면 문묘 국자감을 찾는다. 하지만 베트남의 문묘 국자감을 제대로 소화해 내기란 만만치가 않다. 베트남적인 유교를 드러내는 정신적 가치들이 모두 한문으로 된 대귀시對句詩와 대자大字 그리고 횡피橫披 및 사자성어에 숨어 있기 때문이다. 설사 한문을 독해할 수 있다고 해도 베트남의 역사와 문화의 배경적 지식이 없으면 이해하기가 쉽지 않다. 또한 중국과 한국 유교의 특징을 이해하지 못하면 베트남 유교의 특징을 알아 낼 수가 없다.

문묘 국자감에 베트남적인 유교의 특징이 맨 먼저 표출되는 곳이 바로 사주四柱에 걸려 있는 대귀시에 있다. 문묘문으로 들어가려면 먼저 4개의 기둥이 세워져 있는 이 사주 사이를 통과해야 한다. 사주란 4개의 기둥을 말한다. 이 사주 중에서 가운데 2개의 기둥이 가장 중심이 되는 기둥이다. 왼쪽 기둥 위에 새겨져 있는 대귀시의 한 편이 바로 베트남 유교의 특징을 말해 주고 있다. 그것이 바로 『성즉천야불가계이승聖卽天也不可階而昇』이다. 성聖은 곧 하늘(천天)이라 사닥다리를 타고도 오를 수 없다는 뜻이다.

여기서 성聖이란 성인聖人을 가리키고, 이 성인은 바로 공자를 지칭하는 말이다. 무엇보다도 문묘文廟라는 뜻이 공자(문文)를 모시고 있는 사당(묘廟)이기 때문이다. 한 걸음 더 나아가서 『성즉천야불가계이승』 중에서 '불가계이승不可階而昇'의 뜻을 보면 알 수 있다. 사닥다리를 놓고도 올라갈 수 없다는 뜻을 가진 '불가계이승'은 다른 곳이 아닌 공자의 어록이 담겨져 있는 『논어』, 「자장편子張篇」에서 진자금과 자공(공자의 제자)과의 대화에 나오는 말이다. 진자금이 자공에게 당신이 공자보다 낫다고 자공을 치켜세우자, 자공이 진자금에게 공자는 자신과 비교할 수 없는 분이기에 "夫子之不可及也부자지불가급야, 猶天之不可階而昇也유천지불가계이승야"라고 한 것이다. 여기서 '夫子·부자'는 공자를 가리키는 것으로, "선생님께 미칠 수 없는 분이심은 사닥다리를 놓아도 오를 수 없는 것과 같은 것이다."라고 했다. 따라서 해의解義하면 『성즉천야불가계이승』은 성인인 공자는 하늘과 같은 존재이라 사닥다리를 놓고 올라간다 한들 오를 수가 없을 만큼 위대하고 높은 분이라는 뜻이다.

베트남에서는 공자를 이처럼 존숭하고 있다. 이 대귀시 한 편이 베트남 유교의 특징을 보여 주는 대표적인 시라고 생각한다. 왜냐하면 베트남의 유학儒學의 목표는 오로지 성인 공자를 존숭할 따름이지 한국이나 중국처럼 공자와 같은 성인이 되려고 격물치지格物致知를 통해 수양을 구체적으로 실천에 옮기는 것에 목표를 두지 않았기 때문이다. 그것을 증명하는 것이 바로 공자를 모시는 베트남의 문묘이다. 그곳에서 공자를 중심으로 하여 좌우로 사배四配를 두었는데 우측에 안자와 자사 그리고 좌측에 맹자와 증자의 상像이 세워져 있다.

여기서 특이한 것은 베트남 문묘에는 중국이나 한국처럼 공자와 사배 외에 다른 성인을 모셔 놓고 배향하지 않는다는 점이다. 베트남에서 군이 성인을 들라하면 국자감의 초대 학장인 쭈 반 안朱文安, Chu Văn an이 성인의 반열에 들어갈 수 있을 정도이다. 이것은 베트남인이 지혜가 부족하거나 열심이 부족해서 성인이 없는 것이 아니다. 이들에게는 유학의 목표가 성인됨의 추구에 있지 않기 때문이다. 한국은 설총, 최치원, 이색, 정몽주로 해서 조선 중기 유학의 최고 절정기 때 퇴계와 율곡 등 무려 성인이 18명이나 나왔다. 미국에서 활동하는 유교에 대해서 가장 명망 높은 하버드대 중국인 뚜 웨이밍 교수는 조선 유학자 퇴계와 율곡을 두고 이 두 분을 모르고는 유학의 핵심을 안다고 말할 수 없다고 말할 정도로 퇴계와 율곡의 학문의 깊이와 인품을 극찬했다.

그렇다면 베트남의 유교의 목표는 무엇이었을까? 그것은 유학의 창시자인 공자와 같은 성인을 높이 받들어 모시는 가운데서 유학의 경전을 부지런히 읽고 교육해 현재賢才를 배양하여 나라를 위해 사용하도록 하는데 있었다. 이것을 위해 과시科試가 열렸던 것이다. 교육의 장소는 바로 국자감의 태학실이다. 문묘 국자감의 태학실 2층에 올라가면 국자감을 세운 리 연 똥李仁宗, Lý Nhân Tông의 위패 옆에 관련된 대귀시가 걸려 있다.

育英才而使能國子監高懸模範 육영재이사능국자감고현모범

(국자감에서는) 영재英才를 양육하고 (나라를 위해) 그 재능을 사용하게 되니, 국자감은 높이 모범으로 세워져 있다.

위 부분은 『맹자』의 「진심편」 상장구 20장에서 인용한 것이다.

孟子曰 君子有三樂而王天下不與存焉 맹자왈군자유삼락이왕천하불여존언

父母俱存兄弟無故一樂也 부모구존형제무고일락야

仰不愧於天俯不怍於人二樂也 앙불괴어천부불작어인이락야

得天下英才而敎育之三樂也 득천하영재이교육지삼락야

君子有三樂而王天下不與存焉 군자유삼락이왕천하불여존언

맹자께서는 말씀하셨다. 군자에게는 세 가지의 즐거움이 있으니, 천하에 왕 노릇 하는 것은 이에 들어 있지 않다. 부모가 함께 살아 계시며 형제가 무고한 것이 첫째 즐거움이요, 우러러 하늘에 부끄럽지 않고 굽어보아 사람에게 부끄럽지 않은 것이 둘째 즐거움이요, 천하의 영재를 얻어서 이를 교육하는 것이 셋째 즐거움이다. 군자에게는 세 가지 즐거움이 있으니 천하에 왕 노릇 하는 것은 그 안에 들어 있지 않다.

베트남의 유교의 궁극적 목표는 한국이나 중국처럼 수양을 통해 성인이 되는 것이 아니다. 단지 현재賢才를 양성하는 데 있다. 왜냐하면 현재가 국가의 원기元氣이기 때문이다. 현재를 배양해서 국세를 강하게 하기 위해 이들을 선취選取하는 데 최우선을 두고 있다.

태학실 쭉 반 안의 위패 뒤편에 있는 턴 년 쭝Thân Nhân Trung(1484)에 베트남 유교가 지향하는 바가 명확히 나타나고 있다.

현재는 국가의 원기

賢才國家之元氣 현재국가지원기

元氣盛則國勢强以隆 원기성칙국세강이융

元氣餒則國勢弱以汚 원기뇌칙국세약이오

是以聖帝明王莫不以 시이성제명왕막불이

育才取士培植元氣爲先務也 육재취사배식원기위선무야

원기가 왕성하면 국세가 강하고 나라가 크게 될 것이요, 원기가 파리하면 국세가 약하고 나라가 더럽혀질 것이다. 그래서 성제명왕은 재능 있는 자를 육성하고 학자를 발탁하여 원기를 배양하는 것을 국가의 최우선적인 일로 간주하는 것을 마다하지 않는다.

여기서 영재英才 혹은 현재賢才는 과거 시험을 통해 선발된 유학자인 사대부를 가리킨다, 베트남은 유교를 수용해도 조선처럼 사대부가 국왕을 좌지우지하는 나라로 만들지 않았다. 그것과 관련되는 대귀對句가 사주四柱를 지나 문묘문을 통과한 후 뒤를 돌아보면 보이는 문묘문 뒤편에 걸려 있다.

士夫報答謂何哉 사부보답위하재

朝廷選就之恩國家崇尙之意 조정선취지은국가숭상지의

사대부는 어떻게 보답해야 하는가? 조정이 발탁해 준 은덕과 나라가 숭상하는 뜻을.

사대부의 사명이 적힌 기둥

사대부는 조정에 의해 선택받았으니 어떻게 보은할 것이지를 생각하는 것이 도리임을 밝히고 있다. 그렇지 않고 왕실이나 조정의 권위에 도전하거나 권좌를 찬탈한다면 그는 더 이상 사대부라고 할 수 없을 것이다. 과거에 급제한 사대부의 영예는 대단했다. 조정은 그것을 알리기 위해 진사비를 세우게 되었던 것이다. 한국의 국자감인 성균관에는 진사비가 딱 하나뿐인 반면 베트남의 국자감에는 무려 진사비 82개가 한 장소에 집중되어 있다. 이 때문에 2015년 3월 10일 이 진사비석이 유네스코 세계기록유산으로 인정받게 된 것이다.

과시에 합격하여 진사에 급제한 사대부의 명예가 높은 만큼 그들의 책임과 사명 또한 이에 비례하게 국가의 발전을 위해 왕실과 조정에 보답하는 것이다. 베트남은 조선 시대의 유교 왕국에서 볼 수 있었던 왕당파대 사대부파, 다시 사대부파 가운데서도 여러 갈래의 당파로 갈라져 자신들의 주장을 관철하기 위해 투쟁하며 충돌을 일삼은 그런 완고한 사대부 왕국이 아니었다. 베트남의 사대부는 단지 덕德과 재才를 갖춘 현재賢才로

서 국가 발전을 위해 사용되는 원기의 역할을 담당하는 전통을 갖고 있
다. 이러한 베트남 사대부의 정체성을 잘 말해 주는 대귀시가 역시 문묘
문에 걸려 있는 것을 보게 된다.

문묘 문

吾儒要通經要識時無拘固也尙思聖訓永相敦

오유요통경요식시무구고야상사성훈영상돈

우리의 유교는 경전을 달통하는 것을 요하며, 시대를 분별하는 것을
요하며, 고집을 부리지 아니하며, 오히려 성인의 가르침을 생각하며, 영
원토록 힘써 바라보는 것이다.

한국은 사대부들에 의해 왕이 죽음을 당하거나 또는 사대부들끼리 당
파가 극심하게 나누어져 상소, 음모, 역모로 인해 피비린내 나는 사화土禍
로 점철된 어두운 역사를 가지고 있다. 베트남은 피비린내 나는 사화가
없었다. 베트남은 왕과 사대부와의 관계가 오륜五輪 가운데 첫 번째 관계

인 군신유의君臣有義의 덕목에서 크게 벗어나질 않았다. 그리고 사대부들과의 관계에도 적용되는 붕우유신朋友有信을 무도하게 깨지 않았다. 물론 베트남도 분쟁과 정쟁이 없었던 것은 아니지만 그것이 왕과 사대부들과의 세력 다툼이나 사대부들 자기들끼리의 권력 다툼이라는 악순환은 없었다. 더 놀라운 것은 베트남이 유교를 수용했으나 유교의 종주국인 중국을 사대事大하지 않았다는 점이다. 비록 대국인 중국으로부터 유교를 수용했지만 베트남 역시 자기들도 중국과 마찬가지로 당당하게 대등한 입장으로 문명국임을 자랑하기 위해 문묘 국자감 안에 문명을 상징하는 규문각奎文閣(Khuê Văn Các)[3]을 세웠으며, 동시에 대국임을 선언하고 있다. 그것 역시 문묘 문 위에 우뚝 세워져 있다.

베트남의 문명의 상징인 규문각

大國不易教不變俗且尊崇之赤信斯文原有用

대국불역교불변속차존숭지역신사문원유용

대국은 가르침을 바꾸지 아니하고 또한 풍속을 바꾸지 아니하고, 역시 그것을 존숭하며 이 가르침을 원래대로 믿고 유용한다.

이와 같이 베트남은 스스로를 대국으로 자처하며 비록 베트남이 중국에 비해 영토도 작

---

3   문묘 국자감의 대중문 안으로 들어서면 규문각이 보인다. 규문각은 베트남인의 문명을 상징하는 아이콘이다. 고대 천문학에 의하면 규문奎文이란 문운文運을 관장하는 별을 의미한다. 규문각을 통과하면 바로 천광정이라는 사각형의 큰 우물이 나타난다. 천광정은 바로 하늘(천天)로부터 지식(문文)의 빛(광光)을 받는 우물(정井)이란 뜻이다. 베트남 10만 동권 지폐의 뒷면에 보면 규문각과 천광정 우물이 나온다.

고 문명의 수준도 뒤쳐져 있지만 항상 중국과 대등 의식을 가지고 살아
왔다.

도교의 화동

베트남의 역사 발전과 베트남인의 삶에 가장 크게 영향력을 미친 종교
는 유儒, 불佛, 도道 중에서 도교이다. 도교는 선도仙道와 관련을 맺게 되는
데, 이 선도는 앞서 노자老子의 출현으로 구체화된 사상인 도덕경道德經과는
구분된다.

베트남 도교의 출현에 대해 고찰해 본다면, 남중국의 거민들과 북베트
남의 거민들 간의 자연스러운 문화 교류의 경로를 통하여 도교는 선도의
형태로 점이나 부적, 풍수 등을 통해 비교적 일찍이 베트남에 전래되었다
고 본다. 그러나 거의 대부분의 학자들은 도교가 베트남에 들어 온 시기
를 B.C. 1세기경으로 보고 있다. 북방의 중국인의 침략과 함께 베트남에
도호가 설치되면서 도교의 한 부분인 점술과 풍수 등의 활동들이 시행되
었다. 이로부터 베트남인들은 도교를 받아들였다.

도교가 베트남에 유입될 때 도교의 자연을 존중하는 철리哲理와 무위無
爲 그리고 명리名利와, 다른 사람의 재산을 탐하지 않는 것 등이 베트남인
의 행위와 사고방식에 부합했다. 더 나아가서 풍수나 점술, 그리고 선도
의 의례 같은 종교적인 행위는 역시 베트남인의 민간 신앙과 매우 친밀했

다. 그래서 도교가 베트남에 들어왔을 때 거의 걸림돌이 없었으며, 빠른 속도로 베트남인의 사회생활 속에 한 부분이 되었고, 동시에 지배 계층부터 일반 평민층까지 사회 전반에 큰 영향을 미쳤다고 말할 수 있다. 그렇지만 도교의 본질적인 측면에서 볼 때 도교가 베트남에 들어왔던 초기에 도덕경 속에 있는 노자의 색깔은 없고, 주로 선도가 주종을 이루었다.

베트남의 역사 발전을 살펴볼 때 도교는 많은 방면에서 민간 생활에서 넓고 깊게 영향을 미쳤다. 그러나 정통 봉건 국가의 측면에서 도교는 여전히 일정한 세력들과 일정한 영향력을 가졌을 뿐이다. 구체적으로 중국으로부터 독립 시기인 딩 띠엔 황丁先皇, Đinh Tiên Hoàng(968~980) 시대 때, 왕이 한 도사道士에게 땅 룩Tăng lục 도사(국사의 지위)라는 직책과 함께 매우 큰 특권을 부여했다. 리Lý왕조, 쩐Trần왕조 때처럼 불교와 유교가 매우 융성했던 시기에도 도교는 여전히 발전했다. 특히 유교를 국가의 지배 이념으로 삼았던 레 타잉 똥黎聖宗, Lê Thánh Tông(1428~1788) 시대에도 도교로 하여금 공개적인 활동을 행할 수 있는 환경을 허용했다. 민간에서는 풍수, 점, 혼을 부르는 무당 등이 성행했으며, 도교가 왕에게 직접적인 영향을 미쳐 레 타잉 똥Lê Thánh Tông은 빅꺼우Bích Câu에서 자신과 한 선녀와의 기이한 만남을 기록하였다. 나중에 이곳에 '빅 꺼우Bích Câu 도관'이 세워졌다. 오늘날의 민간에서는 물질문화의 방면에서 도교로 남아 있는 대부분의 유적물은 덴Đền과 꽌Quán이다. 덴은 조그마한 사당祠堂이며, 꽌은 건축 형식이 잘 갖추어 있는 비교적 큰 사당이다. 가장 유명한 곳이 하노이 근교에 하떠이에 위치한 링 띠엔 꽌Linh Tiên Quán과 하동에 위치한 럼 흐엉 꽌Lam Huog Quán 등이다. 그리고 하노이에서 가장 유명한 꽌은 호떠이西湖

호숫가 옆의 타잉 니엔青年, Thanh Niên, 거리 입구에 있는 꽌 타잉Quán Thánh
이다.

베트남인의 생활에서 발견되는 도교의 깊은 영향력은 베트남의 촌락에
서 나타난다. 특별히 타이빙Thái Bình이나 남딩Nam Định, 하남Hà Nam, 하동
Hà Đông 하떠이Hà Tây성과 같은 홍하 유역의 오래된 촌락들이 그러하다.
촌락 안에 유교의 중심이며 상징인 딩đình(촌락의 회의 장소) 옆에, 불교의
중심이며 상징인 쭈어Chùa(절)가 있고, 그리고 도교의 중심이며 상징인 덴
Đền(사당)이 있다. 한 가지 흥미로운 사실은 이것들이 서로 충돌하는 것 없
이 자연스럽게 조화를 이루며 혼재되어 있다는 것이다. 그래서 이들 세 가
지 유형의 종교들 중 한 종교라도 자기 종교의 순수한 건축물을 찾아볼
수가 없다. 다시 말하면 절 안에서 유교와 옥황상제의 상을 숭배하는 도
교와, 모신을 섬기는 베트남의 토착 신앙의 요소들을 함께 볼 수 있는 것
이다. 반대로 도교의 꽌Quán에서 불상과 혹은 심지어 민간 신앙인 구름신
과 우뢰신과 비신과 번개신에서 기원된 운법雲法, 뇌법雷法, 우법雨法, 전법電
法을 볼 수 있다. 이 점에 대해서는 하노이의 중심인 호환끼엠 호수의 옥
산사玉山祠, Đền Ngọc Sơn에 가 보면 쉽게 볼 수 있으며, 유교, 불교, 도교를
상징하는 세 종교가 조화롭게 잘 화동和同하고 있는 것을 볼 수 있다.

요약해 보면 자연의 순리를 존중하고 명리와 권력을 피하는 도교의 관
념은 자급자족적인 순수 소농문화에 익숙한 베트남인의 사고의 습관, 의
식과 행위 방식에 적합했다. 그래서 도교는 베트남에 쉽게, 자연스럽게 수
용되어 민간적인 종교가 되었으나, 대부분의 베트남인들은 도덕경에 있는

노자의 철학에 대해서는 잘 알지 못한다.

힌두교 – 화동에 실패

베트남에 유입된 대부분의 세계의 거대 종교들은 베트남인들의 관념이나 생활과 먼 느낌이 드는 종교일지라도 일단 베트남에 유입되면, 그 종교들은 베트남 사회와 역사에 적지 않는 영향을 끼쳐 왔다. 이를테면 유교, 도교, 불교가 그렇다. 그러나 힌두교는 특별한 영향을 미치지 못하고 쇠퇴했다. 그 이유는 힌두교의 엄격한 계급 문화가 베트남의 순수한 자급자족 소농 문화와 부합되지 않았던 것이고, 결정적인 것은 참파왕국의 멸망 때문이었다.

베트남에 들어온 종교들은 몇 가지의 경로를 통해서 들어왔다. 먼저는 현지인들과의 자연스러운 문화 교류를 통해 들어왔고 또 하나는 상인들, 외교관 혹은 사신들을 통해서 들어왔다. 그리고 마지막으로는 포교자들에 의해 유입되었다. 베트남에 들어온 이 세 가지의 형식 가운데서 힌두교는 문화 교류를 통해서 중부 지방에 유입이 되었다. 말레이로부터 베트남의 중부 지방으로 이주한 참파인이 인도 문화의 영향을 받은 인접 국가 푸남扶南, Phù Nam과의 자연스러운 접촉을 통해 힌두교가 베트남에 유입되었다.

힌두교는 베트남의 중부 지역에서 대단히 크게 영향을 미쳤다. 베트남의 역사도 한국처럼 세 개의 지역에 세 개의 국가가 있었다. 북부에는 다이 비엣大越, Đại Việt(베트남의 86%를 차지하고 있는 주 종족인 낑족)이, 중부에는 찌엄 타잉Chiêm Thành(참파족), 남쪽에는 푸 남Phù Nam(이후에는 크메르족이 세운 쩐럽, 오늘날의 캄보디아의 주 종족)이 존재하며 발전의 과정을 거쳤다. 참파족은 푸 남과의 무역을 통해 혹은 인도 상인들과의 교역을 통해 힌두교의 특징을 지닌 인도 문화를 받아들였다.

참파족은 11세기부터 발전하여 가장 융성한 때가 14세기경이었다. 그들은 한때 강성하여 북쪽의 다이 비엣大越, Đại Việt을 여러 번 침공하여 리李 왕조와 쩐陳 왕조 때의 수도 탕롱-하노이를 파괴시킬 정도로 융성한 국가를 이루었다. 그들은 성을 쌓는 일과 수전水戰에 매우 강했다. 왜냐하면 베트남의 중부는 매우 협소한 지역으로 서쪽은 라오스를 뒤로하여 높은 산들이 있고, 산 아래는 약간의 평야가 있고, 동쪽은 바다와 접해 있기 때문에 이곳의 거민들은 대부분 어업에 종사하고 있어 바다에 익숙해 있다. 그래서 그들은 수전에 능했으며 또한 산을 거점으로 하여 성을 쌓아 큰 문화 중심지들을 만들었다. 그중에 훼Huế가 있으며, 대표적인 곳이 인도 문화의 유산이 남아 있는 미선Mỹ Sơn이다. 힌두교는 이렇게 한 때 매우 융성한 문화를 이루었으며 참파족의 생활 속에도 깊이 스며들어 미선과 같은 건축물을 남겼다. 미선은 1999년도에 유네스코의 세계문화유산으로 지정되었다.

그렇지만 그들의 문화가 많이는 남아 있지는 않다. 왜냐하면 15세기에 북쪽의 레 타잉 똥黎聖宗, Lê Thánh Tông의 정벌을 통해 참파족 국가를 거의 멸망시켰기 때문이다. 이 참파 왕조의 멸망은 힌두교 안에 있는 참파 문화를 쇠잔하게 했다. 또한 이 힌두교가 북쪽과 남쪽 지역에 팽창되는 것이 어려웠다. 왜냐하면 베트남 문화의 본질이 순수한 자급자족적인 농업 문화에 속해 있어 계급을 엄격히 구분 짓는 힌두교를 수용하는 것이 힘들었기 때문이다.

다낭 부근에 있는 힌두교 유적지 미선. 1999년에 유네스코 세계문화유산으로 지정되었다.

거북이를 닮은 베트남인

베트남에서 7월이 되면 거북이의 인기가 매우 좋다. 한국의 입시철에는 엿이 등장하지만 베트남의 입시철인 7월에는 거북이가 등장하기 때문이다. 베트남 수험생들은 하노이 시내에 있는 베트남 최초의 대학인 문묘 국자감을 즐겨 찾는데 그 이유는 공자 선생님에게 예禮를 올리기 위해서이기도 하지만 또 다른 이유는 거북이를 찾아가서 그 머리를 쓰다듬기 위해서이기도 하다. 수험생들은 거북이를 매개로 하여 합격의 행운을 기대하기 때문이다.

문묘 국자감 안에 들어가면 구조물 자체에 베트남의 특징이 물씬 풍긴다. 대표적인 것이 천광정을 중심으로 해서 양편에 세워져 있는 82개의 진사석비進士石碑이다. 이 모든 석비들이 바로 거북이의 등 위에 놓여져 있다. 이렇게 많은 거북이 진사비가 그것도 한 장소에 집중되어 있다는 것은 한국과 무척 대조적이다.

베트남의 진사석비는 현재賢才를 칭찬하고, 당대와 후세에 배움을 격려하는 목적으로 유교를 크게 숭상했던 레 타잉 똥黎聖宗, Lê Thánh Tông에 의해 세워졌는데, 석비 위에는 베트남 진사들의 이름이 새겨져 있다. 이 석비에는 진사들의 이름 외에도 왕의 공덕을 찬양하는 내용과 과시科試를 개최하는 이유, 석비를 세우는 목적과 석비를 세운 사람의 이름과 직책, 시험 주관자와 응시자의 수가 모두 한자로 새겨져 있다.

거북이 등 위에 있는 진사석비

모든 진사비가 왜 거북이 등 위에 놓여 있을까? 거북이는 용龍, 기린麒麟, 봉황鳳凰과 함께 사영물四靈物 중 하나로서 특히 거북이는 장수를 상징하는 동물이다. 석비에 새겨진 진사의 이름이 거북이처럼 장구히 위세를 떨치라는 뜻이다.

한편 이 거북이가 베트남인에게는 베트남의 수호신과 같은 신령한 동물로 간주되고 있다. 베트남의 두 번째 고대 왕국인 어우 락Âu Lạc(B.C. 257~B.C. 208)이 세워진 것도 바로 거북이와 관련되어 있다. 그리고 하노이의 심장이라고 할 수 있는 호 환 끼엠Hồ Hoàn Kiếm 호수 한 가운데 거북이 탑이 세워져 있는 것도 같은 맥락이다. 이 호수의 전설에서도 볼 수 있듯이 레 러이Lê Lợi 장군이 명나라 군사를 완전히 퇴각시킬 수 있었던 것은 바로 거북이의 가호加護가 있었음을 암시하는 것이다.

입시철에 수험생들이 효험을 얻기 위해 진사비를 받치고 있는 거북이 머리를 얼마나 쓰다듬었는지 반질반질 하다. 국가의 보위를 위해서 뿐 아니라 이처럼 개인의 입신을 위해서도 거북이를 신령하게 여기는 베트남 사람들은 거북이의 속성과 매우 흡사하다는 느낌이 든다. 무엇보다도 베트남 사람들은 자신보다 강한 적이 침공할 때는 정면으로 대응하지 않고 거북이처럼 머리와 사지를 숨기면서 상대의 공격을 무력화시킨다. 또한 전쟁을 빨리 빨리 끝내지 않고 매우 느리게 장기전으로 끄는 것도 거북이의 느릿한 속성 중에 하나이다. 뿐만 아니라 거북이가 갖고 있는 변온동물의 특성, 외부의 온도가 높아지면 체온이 올라가고 외부 온도가 떨어지면 체온이 내려가는 특성도 베트남 사람들이 환경변화에 능동적으로 화동하며 적응하는 것과 비슷하다.

북베트남은 남부와 달리 여름에는 높은 습도 때문에 날씨가 매우 덥다. 그리고 겨울에도 역시 습도가 높아 매우 춥다. 그러나 베트남 사람들은 냉방시설이나 난방시설 없이도 잘 견딘다. 얼마 전에는 섭씨 45도를 오르내리는 무더위가 기승을 부렸다. 이런 무더위 속에서도 베트남 사람들은 거북이처럼 외부 온도에 체온을 조절하며 잘 견디고 있다.

아버지와 맞담배를 피우는 18세 아들

베트남에 입국한 지 얼마 되지 않았을 때, 베트남 가정에 식사 초대를 받았다. 식사 후 차를 마시는데 18세 된 아들이 아버지 보는 앞에서 담배를 피우는 것이었다. 같은 유교 문화권으로 알고 있었는데 이런 광경을 보니 놀라지 않을 수 없었다. 후에 호찌민시에서 활동하고 있는 지인을 만났을 때에 베트남의 이런 문화에 대해 흥분하면서 부자간에 예의도 없는 사람들이라고 격렬하게 비판하는 것을 들었다. 부모 앞에서의 주초酒草 문제는 우리에게나 웃어른들에게 삼가야 할 행동이지만 베트남인에게는 전혀 문제가 되질 않는다. 주초 문제를 가지고 베트남인을 이상하게 여기는 우리를 그들이 더 이상하게 여긴다. 문화란 자민족 중심적인 관점에서 보면 언제나 타 문화가 이상하게 보이기 마련인 것이다.

대학에서 강의를 할 때, 첫 시간에 가장 놀라웠던 점은 강사가 교실에 들어오면 학생들이 일제히 일어나서 반장이 구호를 외치면 모두 경례와 함께 자리에 앉는다는 것이다. 깜짝 놀랐다. 이렇게까지 스승을 존중하다니! 베트남은 존사중도尊師重道의 정신이 철저한 나라구나 생각했다. 그러나 수업이 시작되자 분위기는 싹 달라졌다. 일어서서 엄중하게 선생님에게 경의를 표할 때의 태도와는 정반대로 옆 사람과 소곤소곤 이야기를 하고 또 몇 명 학생은 들락날락하고 교실이 '웅성웅성'이었다. 이런 분위기는 외국인 강사에게는 참기 힘든 일이어서 "조용히 하세요."라는 소리를 수업 시간에 여러 번 했다. 그러나 베트남 선생들에게는 아무렇지도 않는 일이다. 이와 같이 베트남의 문화는 우리와 유사하면서도 우리 문화가 가지고 있는 엄격함, 엄중함에 있어서는 많은 차이가 있다.

식탁 문화도 그렇다. 우리 한국인들이 가장 당황스러워 하는 것은 베트남 측의 주요 간부들과 식사를 할 때 운전수도 동석을 하는 것이다. 처음에는 그 사람이 운전수인지 모르고 간부이겠거니 생각을 했다가 나중에 운전수라는 것을 알고 많이 당황해한다. 상하 구분과 서열 문화에 익숙한 우리로서는 이해가 되질 않는 부분이다. 베트남은 직장이나 기관의 서열이 있지만 대인 관계에 있어서 우리처럼 엄격하게 적용되질 않는다. 이것은 유교식의 서열과 질서를 중시하는 우리 한국의 직장 문화와 매우 대비된다.

제12장

설날과 복

복福 나무

베트남의 설날은 마치 새 생명의 축제 같은 느낌이 든다. 설날이 가까워오면 베트남의 거리는 황금빛 열매가 주렁주렁 달린 꺼이꾸엇cây quất(꼬마 귤나무)으로 길거리의 색깔이 확 바뀐다. 뿌연 먼지와 망가진 도로와 오토바이와 자동차가 이리 엉키고 저리 엉켜서 빵빵거리는 경적 소리로 정신이 없는 거리에 어느 날 갑자기 탁구공만 한 황금 열매가 주렁주렁 달린 1m 남짓한 꺼이꾸엇 나무가 도로를 메우기 시작하면 거리의 분위기는 확 달라지며 생명이 수혈된 것 같은 기분이 든다. 황금빛 열매에서 뿜어 나오는 빛은, 무질서의 회색의 도시를 압도하며 생명의 도시로 돌변한다. 어린 시절 크리스마스트리를 보며 가슴이 울렁거렸던 것처럼, 황금빛 열매는 또 다른 울렁거림의 세계로 나를 안내한다.

베트남 사람이라면 누구나 설날에 꼭 사는 필수품이 바로 이 황금 열매가 달린 꺼이꾸엇cây quất이다. 그 이유를 군이 캐묻지 않아도 한눈에 알

수 있다. 주렁주렁 달린 열매처럼 올해도 모
든 일에 많은 결실을 맺게 되기를 바라는 마
음에서이다. 새로운 해를 맞이하는 데 있어서
이보다 더 좋은 선물이 있을까 싶다. 예전에
한국에서는 설날에 소갈비를 많이 선물했다.
그것도 부잣집에 한해서이다. 가난한 사람끼
리는 내복, 양말 같은 것을 주고받았다. 그래
서 설날이 다가온다고 거리의 풍경이 별로 달

복 나무 꺼이꾸엇

라지는 것이 없다. 오히려 한국은 성탄절이 다가올 때, 거리의 풍경이 변
하면서 한 해의 마감을 실감하게 된다. 그런데 베트남은 생명이 있는 꽃
나무들이 즐비하게 거리를 장식하며 묵은해와 새해의 경계를 확연히 가
르며 힘찬 새 출발을 선포한다.

꺼이꾸엇과 함께 거리를 장식
하는 또 다른 나무는 분홍색의
화다오Hoa đào(복숭아꽃)와 노란색
의 화마이Hoa Mai이다. 이 두 나
무를 가정에서는 꽃가지만 사서
꽃병에 꽂아 놓지만, 기업이나

복 나무 화다오

기관에서는 화분째로 사서 놓는다. 지름이 1m 남짓한 화분에 심겨 있는
분홍색 화다오가 아파트 현관에 우뚝 서서 거주자와 출입하는 모든 사람
들의 번영을 기원한다. 화다오와 화마이가 설날의 꽃나무로 선정된 것은
꽃 몽우리가 만개하기까지 한 달 동안 지속되기 때문이다.

그리고 뒤늦게 설 꽃으로 등장한 보라색의 풍란風蘭이 있다. 베트남의 상류층을 위하여 3~4년 전부터 등장했는데 꼭 텐트 속에 있다. 다른 꽃들은 그냥 길바닥에서 파는데 풍란만은 화려한 텐트 속에서 자신이 상류층의 전유물임을 과시한다. 풍란이 상류층의 애호 화분이 된 것은 꽃이 만개한 채로 석 달 정도 가기 때문이다. 만개한 꽃이 오래 갈수록 복이 그 집에 오래 머문다는 믿음 때문에 풍란이 상류층의 선택을 받게 된 것이다. 이렇게 아름다운 꽃나무로 팡파르를 울리며 시작하는 베트남의 설은 수많은 제사와 구복求福의 행위로 한 달 동안 이어진다.

죄와 용서

설날, 즉 원단元旦 한 주 전인 음력 12월 23일에 첫 제사를 부엌신 따오 꿘Táo Quân에게 드리면서 시작되는 베트남의 설날은 매우 종교적이다. 찬란한 새 아침을 맞이하기 전에 죄를 용서받아야 한다는 것이다.

따오 꿘은 가정의 모든 식구들의 1년간 행위에 대한 선악을 파악하여 하늘의 옥황상제에게 보고하는 신이다. 그러므로 따오 꿘을 매개로 죄를 사함 받고자 정성을 다해 제사를 지내는 것이다. 인간의 마음속에 죄를 용서받아야 한다는 태고의 기억은 어느 민족을 막론하고 면면히 내려오고 있다. 용서의 주체는 항상 하늘이고, 매개자는 각 민족에 따라 다르게 나타난다.

마귀와 우주나무

음력 12월 23일에 부엌신 따오 꿘이
제사를 받고 하늘로 올라간 후에 베트남
사람들은 집 마당에 마귀를 쫓기 위해서
꺼이 네우cây Nêu라는 나무를 높이 세운
다. 꺼이 네우의 유래를 살펴보면, 원래
땅의 주인은 마귀였고 인간은 단지 소작
인에 불과하였는데 인간이 부처님의 도
움으로 지주인 마귀로부터 땅을 빼앗았
다. 그러나 마귀가 옛날 자신의 고향을

우주나무

몹시 그리워함으로 1년에 한 번 인간이 사는 땅을 방문한다. 이때 마귀가
재앙을 가져다줄지 모름으로 우주나무 위에 부처의 상을 걸어 놓고 모
든 악귀를 물리치게 한다는 것이다. 한국에도 이와 흡사한 풍속이 있다.
한국은 야광귀夜光鬼라는 귀신이 정월 초하루 밤에 사람이 사는 집에 몰래
내려와 신발을 훔쳐간다는 것이다. 이 귀신은 여러 신발을 신어 보고 자
기 발에 꼭 맞는 신발을 신고 달아나 버린다. 그리고 신발을 잃어버린 사
람은 1년 내내 불길하기 때문에 야광귀에게 신발을 뺏기지 않으려고 신발
을 감추어 두고 벽에다 체를 걸어 두고 잠을 자면 야광귀가 체에 뚫린 구
멍을 세다가 새벽닭이 울면 신발 훔쳐가는 것을 잊어버리고 서둘러 달아
난다는 것이다. 위의 두 전설에서도 보았듯이 마귀와 인간의 힘겨루기는
시원始原부터 있었으나 어떤 민족은 선한 신神이 등장하여 인간을 도우고,
어떤 민족은 인간의 지혜인 꾀로 마귀의 흉계를 물리친다.

설날과 물

베트남에 대해 이야기할 때 물을 빼놓고 말할 수 없다. 베트남인의 관념 속에 물은 삶의 시작이다. 생명의 근원이다. 물이 있다면 그들에게 모든 것이 있는 것이다. 베트남인의 민요 중에 "아버지는 산과 같고 어머니는 물과 같다(Công cha như núi Thái Sơn Nghĩa mẹ như nước trong nguồn chảy ra)."라는 가사의 민요가 있다. 어머니를 물로 표현하고 있다. 그래서 베트남에는 수모신水母神이 있다. 베트남의 절을 방문할 때 민족의 시원으로 생각하는 모신을 물로 비유하고 있다. 물은 베트남인에게는 어머니의 품이며 기원인 것이다.

베트남은 물이 많은 나라이다. 농촌에 가 보면 집집마다 연못이 있다. 베트남 전 국토에 웅덩이와 호수들 그리고 강들이 빽빽한 지류를 형성하고 있다. 그래서 베트남은 '물'이란 단어에도 느억nước을 쓰고 '나라'라는 단어에도 느억nước을 쓴다. 논에서 생산되는 벼도 물벼이다. 혀에 착 달라붙는 부드러운 맛의 쌀국수와 분짜가 이 물벼로부터 만들어지는 것이다.

물은 또 재물을 상징한다. 베트남 사람들이 서로 축복할 때 "물처럼 많은 재산을 소유하게 되기를 바란다(Của cải như nước)."라고 하고, 설날에 서로 복을 빌 때는 "물처럼 돈이 흘러오기를(Tiền như nước chảy ra)"이라고 기원한다. 베트남인에게 물은 단순히 경제적인 복 만을 뜻하는 것이 아니다.

물은 모든 어려운 문제를 해결해 주는 촉매제로서 그들의 관념 속에 들어 있다. 예를 들어, 이웃과 이웃이 다투었을 경우, 싸운다는 것은 서로의 마음에 불이 지펴진 것으로 간주한다. 그리고 그 불을 신속히 끌 수 있는 것은 물이라고 여기는 것이다. 그리고 또한 물은 그들에게 병을 고쳐 준다. 물은 베트남인에게 모든 것이다. 그래서 베트남인은 설날 자정 이후부터 생명의 물을 찾아 나선다. 한 해를 행복하게 살기 위해 물장수의 목소리에 귀를 기울인다. "물 사세요~ 물~(Ai mua nước đi)"

복조리와 물

한국은 설날 자정 이후에 복조리를 사고 베트남인은 물을 산다. 한 해 동안 가정에 재록財祿이 많이 오도록 하기 위해서이다. 한국인은 설날 자정 이후부터 새벽까지 복조리를 사서 집안에 많이 걸어 두면 걸어 둘수록 복을 많이 받는다고 믿는다. 그리고 베트남인은 물을 많이 사서 집안의 물통에 물을 가득 채워 두면(축수蓄水, tích nước) 복을 많이 받는다고 믿는다. 두 전통 모두 풍속을 통해 생겨난 일종의 민간 신앙이다.

한국 사람이나 베트남 사람이나 이날만큼은 복조리와 물을 살 때 가격을 깎지 않는다. 값은 부르는 데로 준다. 왜냐하면 가격을 깎으면 복이 나간다고 믿기 때문이다. 이날만큼은 그야말로 부르는 게 값이다.

왜 복을 위해 한국은 복조리를, 베트남은 물을 사는 것일까? 복조리의 원료인 볏짚은 수도작 농업의 결과물이고, 물은 수도작 농업의 근본이다.

베트남은 수도작 농업의 근본인 물을 취하여 한 해의 복을 상징화시켰고, 한국은 수도작 농업의 수확물인 복조리를 취하여 한 해의 복을 상징화시킨 것이다.

행과 불행의 시작

　베트남은 그해의 행운을 결정하는 것은 첫 손님에 달려 있다고 믿는다. 그래서 묵은해의 자정을 막 넘긴 시간에 송덧xông đất을 하고 설날 아침에 송냐xông nhà를 한다. 송xông은 '밟다'라는 뜻이고 덧đất은 '땅'이라는 뜻이다. 자정 이후 새해 첫날에 자신의 집 땅을 가장 먼저 밟는 사람이 그해의 행운을 결정한다고 믿고 있다. 만약 그해에 불운이 많이 끼면 송덧을 한 사람의 마음 상태가 안 좋아서 불운이 왔다고 믿는다. 그래서 베트남 사람은 송덧을 할 사람의 나이와 인품 그리고 사업이나 장사가 잘되고 있는지를 살펴보고 띠(십이지+二支)도 집 주인의 띠와 잘 부합하는지 살핀 다음에 미리 송덧을 할 손님으로 점지해서 음력 12월 31일 밤 12시를 막 넘긴 이후에 초청한다. 그리고 정월 초하룻날 아침에 또 한 번 송냐의 예식을 가진다. 송xông은 앞에서도 말했듯이 '밟다'라는 뜻이고 냐nhà는 '집'이라는 뜻이다. 설날 아침에 가장 먼저 자기 집을 방문하는 사람도 중요하다. 그래서 외국인은 설날 아침에 초대받지 않았다면 베트남 사람의 집을 방문하지 않는 것이 좋다. 만약 그해에 그 가정에 좋지 못한 일이 발생하게 되면 두고두고 원망을 받게 되기 때문이다.

복을 찾는 순례자들

베트남의 설은 모든 제사가 끝나
면 온 국민이 복을 찾아 나서는 순
례자巡禮者의 행렬로 모든 절과 사당
은 대만원을 이룬다. 복을 갈구하는
마음은 동서고금을 막론하고 어느
민족이나 똑같지만, 나라에 따라 복

절에서 향을 피우는 젊은 남자

을 찾는 형식이 다를 뿐이다. 한국인들이 보통 한곳의 절을 가는 것과 달
리 베트남 사람들은 아예 절 관광을 한다. 회사별로 동네별로 차를 렌트
하거나 배를 렌트해서 이 절, 저 절을 다니면서 복을 갈구하고 소원이 적
힌 종이를 태워서 연기와 함께 그 소원이 하늘에 닿기를 소망한다. 남자
들도 예외가 아니다. 한국의 절에는 주로 여자들이 오지만 베트남의 절
에는 남자들이 40% 정도를 차지한다. 젊은 남자들도 많다. 베트남의 설
날은 마치 이슬람교도들이 성지 순례를 가는 것처럼, 베트남의 전 국민이
복을 찾아 순례의 행진을 하는 것 같다.

하늘과 땅의 떡

베트남은 제사의 횟수가 많은 반면 제수 용품은 한국보다 훨씬 가짓수
도 적고 형식이 단순하다. 그러나 반드시 있어야 하는 제수 용품은 바잉
쯩bánh chưng과 바잉 자이bánh dày라는 떡이다. 이 두 떡에 대한 흥미로운

설날에 먹는 바잉 자이와 바잉 쯩

전설이 있다. 홍왕雄王(Hùng Vương)이 은나라를 물리친 후 나라가 안정이 되자 왕위를 물려주고자 22명의 왕자를 소집했다. 조건은 설날에 가장 맛있는 음식을 만들어 바치는 자식에게 왕위를 물려주겠다는 것이었다. 18번째 아들 랑 리에우Lang Liêu는 어머니가 이미 돌아가셨고 외가도 한미하여 좋은 음식을 만들 길이 없어 밤낮 걱정만 하고 있었는데 어느 날 꿈에 신령이 나타나서 천지의 물건 가운데 가장 소중한 것은 쌀이라고 하면서 찹쌀로 찰지게 찧어서 둥근 모양으로 빚어 하늘을 본뜨고 네모 모양으로 빚어 땅을 본떠서 그 안에 맛난 것을 넣으면 하늘과 땅이 만물을 품고 있는 형상이 된다. 이것을 부모가 자식을 키우는 은혜에 빗댄다면 어버이의 마음을 기쁘게 해드려 왕위를 얻을 수 있을 것이라고 했다. 기한이 되어 모든 자식들이 산해진미로 상을 가득 채웠는데 18번째 왕자만이 달랑 두 종류의 떡만 바친 것이다. 왕이 이상해서 그 연고를 물으니 랑 리우에는 신령이 가르쳐 준 대로 대답을 했고, 왕은 그 의미를 알고 그 떡을 맛보니 온갖 맛이 느껴지며 입에 맞아 물리지 않았다고 한다. 그로부터 왕은 모든 백성에게 명절에는 반드시 이 두 가지 떡을 만들어 부모님을 봉양하라고 명령했다.

이 두 떡의 모양이 말해주듯 고대 베트남인들은 동양의 여러 나라와 마찬가지로 음양의 조화를 인생철리로 생각했다. 라종lá dong잎에 싸여 있는 네모의 바잉 쯩 속에는 완두콩과 돼지 편육이, 둥근 모양의 바잉 자이

속에는 완두콩과 설탕이 들어 있다. 찹쌀은 수도작 농업의 주요 생산물인 쌀 중에서 가장 영양가가 높으며, 콩은 밭의 가장 주요 소산이며, 돼지는 초목 문화에서 자라는 모든 동물들의 상징이다. 따라서 이 두 떡은 땅의 소산물의 정수들을 조상에게 헌정하는 것이다. 베트남의 제수 용품의 유래에서도 보았듯이 베트남은 복잡한 형식보다는 소농의 형식에 입각한 소박한 것을 중요시하는 편이다.

시詩 한 수도 제물로

제수 용품으로 먹는 것만 있는 것이 아니라 한자로 된 대귀시對句詩도 제수 용품으로 놓인다. 설날 전부터 가게에서 한자로 된 대귀시를 판매한다. 더 인기가 있는 대귀시는 설날 이틀

설날에 대귀시를 쓰는 노인

이나 삼일째에 베트남의 수도 하노이의 문묘 국자감에서 서예가들이 직접 써 주는 대귀시이다. 문묘 국자감 안쪽에 위치한 공자사당의 별관 앞에서는 해마다 방문자의 요청으로 대귀시를 대필해 주는 베트남인 서예가들이 있다. 수많은 사람들에게 둘러싸여 북새통을 이룬다. 특히 부모들과 함께 온 대학 입시생들과 중·고등학생들까지 합세하여 복을 희망하는 대귀시를 받아가려고 문전성시를 이룬다. 수험생들이 가장 좋아하는 대귀시는 萬事如意만사여의(만사가 뜻대로)이다.

생생한 덕담

베트남인들은 설날 아침 쏭냐xông nhà 이후부터 비로소 사회적인 교류를 시작한다. 첫째 날에는 주로 친척 일가들을, 이튿날부터는 스승이나 친구 집을 방문한다. 이때 베트남 사람들이 통상 사용하는 새해 덕담이 매우 풍부하고 다양하다. 베트남은 우리보다는 더 많이 복을 기원한다. 우리는 보통 "새해 복 많이 받으세요."라고 하지만, 베트남은 "새해 복 많이 받으세요."의 뜻인 "쭉 뭉 남 머이Chúc mừng năm mới"는 기본이고, "안캉 팅 브엉An khang thịnh vượng(안녕 건강 왕성하시길)", "안 넨 람 자Ăn nên làm ra(돈을 벌게 되기를)", "반 스 느 이Vạn sự như ý(만사가 뜻대로 되기를)" 등이 있는데 그중에서도 기가 막히게 베트남 상황에 맞는 복의 덕담이 있다. 그것은 베트남을 특징짓는 요소를 가지고 만들어 낸 덕담이다. 베트남에는 까페 핀 이라는 베트남 사람들이 애호하는 드립 커피가 있고, 중국 운남성에서 발원하여 홍강과 만나는 길이 900km의 다강이 있다. "새해에는 돈이 다강처럼 들어왔다가 드립 커피 물방울처럼 조금씩 나가게 되기를(Chúc năm mới tiền vào như nước sông Đà, tiền ra nhỏ giọt như cà phê phin)" 이 얼마나 시각적·사실적·구체적으로 확실한 복의 덕담인가? 이렇게 베트남의 설날에는 복을 기원하는 말들이 실제 대화에서 오고 간다. 풍성한 덕담의 잔치라고 해도 과언이 아니다. 그리고 방문할 때 그 집에 아이들이 있으면 우리가 세뱃돈을 주는 것처럼 그들도 미리 준비한 빨간 작은 봉투에 돈을 넣어 부모님 말씀 잘 듣고 공부 잘 하라는 덕담과 함께 건넨다. 우리처럼 세배는 하지 않는다. 선물도 주고받지 않는다. 모든 선물은 반드시 적어도 설날 이틀 전까지는 보내야 한다. 그래서 설날 전에는 교통이 매우 혼잡하다.

새해 전에 채무 청산

또한 새해가 되기 전에 묵은해의 부채를 청산해야 새해의 복을 받을 수 있다는 믿음으로 인하여 서둘러 빚을 갚지만, 한편 빚을 갚을 능력이 없는 일부 과도한 구복자求福者들은 도둑질을 해서라도 빚을 갚으려 한다. 그래서 특히 설날 전에는 소매치기가 극성을 부리므로 지갑을 조심해야 한다. 얼마나 복을 받고 싶으면 남의 돈을 훔쳐서 까지 빚을 갚으려고 하겠는가? 뿐만 아니라 교통 법규도 못 당해 낸다. 베트남의 주 교통수단인 오토바이는 원래 2명이 정원이다. 그러나 설날에는 정원을 초월하여 3명 이상 4명도 타고 다닌다. 그래도 교통경찰이 모르는 척 한다. 왜냐하면 새해에 시비가 붙으면 1년 내내 행운이 따르지 않는다는 믿음 때문이다.

잉어의 수난

베트남에서 음력으로 12월 23일은 잉어 수난의 날이다. 부엌신 따오 꿘Táo Quân이 하늘로 올라갈 때 잉어를 타고 간다고 하여 베트남 사람들이 잉어를 제물로 바치기 때

잉어 방생

문이다. 따오 꿘은 지상과 천상을 연결하는 매개자이다. 1년 동안 한 가정에 있었던 일을 옥황상제에게 올라가서 낱낱이 보고한다. 그래서 베트

남 사람들은 이 매개자의 마음을 기쁘게 함으로 옥황상제로부터 복을 받기 위해 따오 꿘이 하늘로 올라가기 전에 제사를 지내고 잉어 3마리를 호수나 강가에 방생을 한다. 이런 베트남인의 민간 신앙으로 인하여 수십만 마리의 잉어가 팔려 나간다. 그리고 최근 몇 년 동안 매우 아름다운 잉어가 등장을 했다. 잉어 판매업자들이 잉어에게 레이저로 문신을 새기거나 염색을 시켜서 고가로 판다고 한다.

방생 설화는 어려움을 당한 존재를 도와주고 살려 준다는 갸륵한 뜻이 담겨져 있는 것으로, 이러한 착한 행위가 결국에는 보상을 받게 된다는 것을 알려 주는 교훈을 담고 있다. 설화 속에 나오는 주인공들은 어려움에 처한 잉어가 불쌍해서 무조건적으로 방생을 했다. 훗날 어떤 대가가 있을 거라고 생각하지 않았다. 그러나 현재 베트남의 방생 문화는 자신의 복을 전제로 한 방생이다. 잉어 방생으로 베트남의 호수와 강이 오염이 되고 있다. 방생한 잉어는 죽어서 떼거리로 하류로 내려온다. 관상어로 기른 잉어를 강에다 놓아주는데 몇 마리나 살 수 있겠는가? 또한 자연산 잉어라도 일단 한번 낚시에 걸렸던 잉어들임으로 기운이 쇠진하여 방생을 해 주어도 몇 날 살지 못한다.

제13장

무덤과 조상

베트남의 속담에 사람은 "무덤을 위해 살지 밥을 위해 사는 것이 아니다(sống vẽ mồ vẽ mả. Không ai sống vẽ cả bát cơm)."라는 속담이 있다. 조상 숭배를 하는 민간 신앙으로 인하여 무덤을 매우 소중히 한다. 한국 학교를 세울 때의 일이다. 부지를 확보했지만 거기에 무덤이 하나 있었다. 베트남에서 무덤은 불가침 영역이다. 비록 내 땅이라 할지라도 내 땅에 있는 남의 무덤에 대해 나는 어떠한 권한도 없다. 학교 건물을 빨리 세워야 하는데 이 무덤으로 인하여 일이 지연되고 있었다. 그래서 한국 대사관 쪽의 책임 있는 간부가 나섰다. 무덤을 옮기기 전에 제사를 지내 주기로 합의를 보고 무덤을 이장했다고 한다. 무덤에 대한 문제는 법으로도 정부의 명령으로도 해결할 수 없는 신성불가침의 영역이다.

무덤 옆의 주택가

2002년에 이엔화Yên Hòa로 이사를 했을 때의 일이다. 이사한 날이 그러하듯이 우리도 대충 짐을 밀어 넣고 잠을 잤다. 그리고 아침에 일어나 2층 베란다 쪽 문을 열고 기지개를 켜던 나는 그만 '으악' 하고 소리를 지르고 말았다. 광활한 공동묘지가 눈앞에 쫙 펼쳐져 있는 것이 아닌가? 어찌 이런 일이 있을 수 있단 말인가? 사람이 사는 주택가에 공동묘지라니!

정신이 하나도 없었다. 이사한 집은 큰길에서 골목으로 한참을 들어오는 집이었는데 골목 입구로 조금 들어서면 바로 양철 담이 죽 쳐져 있다. 그래서 그저 빈터이거나 공사를 하는 곳이겠거니 했지, 설마 공동묘지라고 생각이나 했겠는가?

며칠 동안은 2층 베란다의 문을 굳게 잠그고 커튼을 쳐 놓고 살았다. 그러나 베트남의 습한 공기로 인하여 문을 자주 열어 통풍을 해 주어야 하므로 2층 베란다 쪽의 문을 열지 않을 수가 없었다. 문을 열 때 마다 정말 등골이 오싹했다. 공동묘지는 바로 코앞이었다. 맞은편에 집이 있을 만한 자리에 공동묘지가 있는 것이다.

밤에는 더욱더 소름이 끼쳤다. 골목 입구에서부터 양철로 된 공동묘지 벽을 지나 집으로 오노라면 어렸을 때 들었던 '전설의 고향' 같은 이야기들이 떠올라 발걸음이 빨라지는데 그때 쥐 새끼라도 휙 지나가는 날이면 '으악' 소리를 지르며 거의 혼절할 뻔한 적이 한두 번이 아니다. 또한 바람이라도 심하게 부는 날이면 쉥~ 쉥~ 바람 소리와 함께 창문이 덜컹거리고, 손잡이가 끼익하며 저절로 돌아가면서 문이 스르르 열리는 공포 영화 장면이 떠올라 자꾸 문 쪽을 보게 된다. 이러다가는 정말 제명에 못 죽을 것만 같았다.

베트남 문화를 전공한 나의 남편은 "이것이 베트남 문화야. 베트남은 조상과 함께하는 심령이 있거든. 그래서 무덤을 자기 생활 반경에 두는 거니까 우리가 적응을 해야 돼." 하면서 제법 큰소리를 치더니, 어느 날 밤, 깜깜한 공동묘지 위에서 뭔가 하얀 불빛이 휙휙 솟아나는 것을 본 이후로 조용해졌다.

그리고 세월이 흘러, 2004년 우리는 하노이 최초의 신도시 쭝화 아파트 단지로 이사를 왔다. 쭝화는 아래로는 레반르엉 거리와 맞닿아 있다. 출퇴근 시간에는 택시 출입을 금할 만큼 차량 통행이 많은 번화한 거리이다. 이런 길가에 어마어마하게 큰 안락원安樂園이라는 공동묘지가 있다. 맞은편에는 Lexus, Mazda, hyundai 자동차가 반짝반짝 빛나는 유리 집에 전시되어 있다. 자동차 전시장 코앞에 공동묘지라니. 생뚱맞은 광경이 아닐 수 없다. 또한 왼쪽 옆으로는 고층 오피스 빌딩이 한창 공사 중이다. 앞으로 이 오피스 빌딩에 입주하는 사람들은 매일 이 공동묘지와 맞닥뜨려야 한다. 야간작업이라도 하는 날에는 묘지 위로 하얀 빛이 휙휙 지나갈 텐데 어찌할까 모르겠다.

한국의 무덤들은 모두 깊숙한 산 속에 위치해 있다. 그래서 고속도로를 타고 아무리 달려도 길가에서 무덤을 발견할 수 없다. 그러나 베트남은 조금만 변두리로 나가도 길가 논밭에 무덤이 즐비하게 세워져 있는 것을 볼 수 있다. 처음 이 광경을 접하는 한국 사람은 섬뜩하지 않을 수 없다.

왜냐하면 한국은 무덤과 멀리 떨어져서 살고 있는 문화권이기 때문이다.

그러나 조상 제사를 드리는 베트남 사람에게 무덤은 자손을 잘되게 지켜주는 조상이 계시는 성소인 것이다. 그러므로 무슨 일이 생기면 바로 찾아 가서 도와 달라고 부탁해야 함으로 무덤을 자신의 행동반경 가까이에 두는 것이다.

서양도 공동묘지가 더러 시내 한가운데 있지만, 공원같이 잘 단장되어 있어 섬뜩한 느낌이 별로 없다. 그러나 베트남은 음산한 분위기가 역력한 공동묘지가 시내 한가운데 있다. 이것이 서양과 다른 점이다.

무덤을 다시 파헤치고

어느 나라나 죽은 사람의 무덤을 다시 파헤치는 풍속은 없을 것이다. 세계 모든 민족의 풍속을 다 알 수는 없지만 아마도 그럴 것이다. 특히 한국인에게 있어서 한번 조성된 무덤을 다시 파헤치는 것은 이장을 하는 경우를 제외하고는 매우 불경스러운 일로 무덤 훼손죄가 적용된다. 조선 시대에는 무덤을 훼손한 자를 다음과 같이 다스렸다. 무덤을 파서 관이나 곽이 들어나면 곤장 100대에 처한 후 유배를 시켰고, 시체가 드러나면 교형絞刑이라고 해서 목 메달아 죽였다.

그리고 죽음 중에 가장 치욕스러운 죽음은, 죽은 후에 다시 시신에 형을 가하는 것이다. 조선 왕조의 문신 한명회는 세조(수양대군) 때부터 성종 때까지 30여 년을 조정의 요직을 두루 봉직한 대신으로 부귀와 영화를 한 몸에 누리며 조선의 조정에 막강한 영향력을 끼친 사람이었으나, 연산군 때에 폐비 윤씨 사건으로 대역죄인으로 몰리게 되어 무덤이 파헤쳐지고 관 속에서 꺼내져 몇 토막으로 참수되어 다시 묻히는 사건이 있었다. 살아 있는 자손에게는 치욕스러운 수모이다. 그러므로 한국에서 관 뚜껑을 다시 연다는 것은 이런 특별한 경우를 제외하고는 결코 있을 수 없는 일이다. 이장 때도 관 그대로 옮기지 관 뚜껑을 다시 열지는 않는다.

그러나 베트남은 매장 후 보통 3년이 지나면 무덤을 다시 파고 관을 꺼내고 관 뚜껑을 열어 그 안에 부패된 살덩어리를 걷어내고 뼈만 추려서 도기로 만든 곽(quách)에 넣고 다시 묻는다. 충격이 아닐 수 없다. 관 뚜껑을 다시 열고 부패된 시신을 다시 본다는 것은 아무래도 섬뜩하지 않을 수 없다. 서양의 장례식에서는 망자의 얼굴을 조문객들에게 보여 주는데 죽은 지 얼마 되지 않아 자는 것 같은 모습이어도 사실 속으로는 떨린다. 그런데 죽은 지 3년이 지난 시체를 다시 봐야 한다니……

죽은 자와 다시 이별 예식

베트남에서는 이것을 개장改葬이라고 한다. 우리에게는 생소하고, 다소 끔찍스러운 일이지만, 베트남사람에게는 매우 성스러운 예식이다. 이 개장은 후손들이 이 땅에서 마지막으로 조상의 육체와 이별을 하는 이별 예식으로 49제, 100일제, 1년상보다 더 중요하다. 그래서 직계 가족뿐만이 아니라 일가친척이 다 모여서 거행한다. 이 개장이 장례의 마지막으로 비로소 탈상(mãn tang)을 하게 되는 것이다.

베트남 사람들이 전답 위에 무덤을 만드는 것은 베트남의 주 종족인 낑족Kinh(비엣족)의 풍속이다. 낑족은 홍강 델타 지역을 중심으로 분포된 종족으로, 홍강 델타 지역은 산이 없는 평야이라 조상이 죽었을 때, 산에 묻으려면 멀리 가야 하는데, 옛날에는 교통수단도 지금처럼 발달하지 않았을 때이므로 멀리 갈 수도 없고 또한 베트남 사람들은 조상이 죽고 난 후에도 항상 가족과 함께 있다고 믿기 때문에 조상의 무덤을 자신의 생활 반경 가까이에 두기 위해 전답 위에 무덤을 두었다고 한다.

그러면 왜 개장을 하는가? 왜 무덤을 다시 파헤치고 뼈만 추려서 다시 묻는 특이한 풍속이 생겼는가? 조사한 바에 의하면 그것은 자연환경적인 요인으로 추정된다. 홍강 델타 지역은 강이 범람하여 자주 침수가 되는 환경적 조건을 가지고 있다. 그래서 종종 무덤이 물에 휩쓸려가서 시신을 분실하는 사고가 일어났다. 그러므로 무덤을 견고하게 해야 했다, 그래서 무덤을 다시 파서 뼈만 간추려 작은 곽에 넣고 봉분封墳을 없애고 직사각형의 시멘트 무덤을 만들

타일로 만든 무덤

어서 수마水魔가 지나가도 끄떡없게 만든 것이다. 한국에서 둥그런 흙무덤 위에 초록색 잔디가 입혀 있는 무덤을 보다가 베트남에 와서 시멘트와 타일로 만든 네모난 무덤을 보면서 얼마나 이상했는지 모른다.

또 다른 이유는 홍강 델타 지역에 날로 불어나는 인구로 인하여 경작할 땅은 점점 좁아지는데 무덤이 차지하는 면적은 자꾸 늘어났다. 그래서 무덤의 면적을 줄이기 위해서 개장을 하여 뼈만 추려서 60×80cm의 사각형 무덤으로 축소를 했다고 한다.

예전에는 개장을 3년 후에 했는데 요즈음은 화학 비료로 인하여 토질이 변했고, 또 사람들도 약을 많이 먹어서 살이 썩는 기간이 3년이 넘는다고 한다. 만약 개장을 했는데, 살이 다 썩지 않아서 뼈에 붙어 있으면 이걸 어떡하겠는가? 그래서 요즈음은 4년 개장, 5년 개장을 한다. 시신에서 골라낸 뼈는 알코올로 깨끗이 씻어서 나무 관이 아닌 도자기류의 곽에다가 뼈의 순서대로 차근차근 정렬을 해서 다른 장소로 옮겨서 묻고 시멘트와 타일로 마감한다.

연기煙氣로 전달하는 조상님 택배

8월 30일 저녁, 하노이 쭝화 아파트 단지의 무쇠 향로 앞에는 종이로 만든 제품을 들고 태우고 있는 어른들로 장사진을 이루었다. 빌라, 냉장고, 세탁기, 오토바이, 자동차 등등 꼭 우리 어렸을 때의 소꿉 장난감 같은 그런 것들이다.

양력 8월 30일은 음력 7월 15일이다. 이날은 베트남에서는 Ngày rằm tháng bảy(칠월 보름)이라고 하고, 또 lễ Vu Lan(우란분절)이라고 한다. 불교의 4대 명절(석가탄신일, 성도절, 열반절, 우란분절) 중에 하나이다. 이날에 베트남 사람들은 화방 제사를 드린다. 화방 제사는 내세에 있는 조상들에게 필요한 물건을 불에 태워서 공급하는 것이다. 별의별 제품이 다 있다. 벤츠 자동차도 있고 스마트 폰도 있다. 스마트 폰은 벌써 5G이다. 멋진 빌라 안에는 식탁과 침대 의자까지 풀 옵션으로 되어 있다.

베트남 사람들의 내세관은 현실과 내세가 일정 부분 겹쳐 있다. 즉, 사후 세상의 망인들도 현실 세상의 인간처럼 똑같은 방식으로 살고 있다고

화방 제사. 종이로 만든 벤츠 자동차와 오토바이, 스마트 폰, 세탁기, 냉장고 등을 무쇠 화로에 태운다.

믿고 있다. 그래서 돈도 필요하고 여러 가지 물건이 필요한데, 이것을 현실 세상에서 배송해 주어야 한다는 것이다. 어떻게 배송을 해야 하는가? 불로 태워서 배송한다. 종이로 만든 제품을 불로 태우면 연기가 되어 저승에 도달한다는 것이다. 그래서 적게는 몇 만 원부터 많게는 몇 백만 원가량의 종이 가전제품을 구매해서 한순간에 태워 버린다. 이것을 화방 제사라고 한다.

날로 늘어가는 화방 제사 용품의 가짓수로 인하여 예전에는 기껏해야 2~5달러로 준비했던 화방 제사가 지금은 50~500달러, 아주 부자인 경우는 몇 천 달러까지 사용하고 있고, 경제가 발전하면 할수록 화방 제사의 비용도 더 증가하고 있어 심각한 사회 문제가 되고 있다. 이에 베트남의 언론도 화방 제사에 대해 비판의 목소리가 높아지고 있다.

제14장

한베 가족 이야기

하나밖에 없는 교실

'베트남 국제결혼이주여성 한국문화교실'은 세상에서 하나밖에 없는 교실이다. 국제결혼을 하기 전에 이렇게 숙박을 하면서 한국 음식과 한국 문화를 가르치는 교실은 이곳뿐일 것이다. 이런 특별한 교실을 만들어 낼 수 있었던 것은 바로 베트남을 사랑하는 한국의 마음 때문이다. 가만히 있을 때는 막대기에 불과하지만, 큰 돌을 옮길 때는 지렛대가 된다. 우리 한베문화교류센터는 막대기가 아닌, 지렛대가 되어 베트남 국제결혼 여성들 앞에 놓인 장애물을 치워 주고 싶었다.

한국 요리를 비롯하여 한국의 의식주 문화를 미리 배우고 한국에 가는 것은 예방 주사를 맞는 것이다. 문화의 차이에서 오는 오해를 최소화하고, 한국 요리를 미리 배움으로 남편과 시댁 식구들로부터 사랑과 귀여움을 받게 된다. 베트남 신부들은 이곳에서 자신감을 얻고 한국으로 간다. 지금은 세상에서 하나밖에 없지만 앞으로 이런 교실이 많이 생겨나서

한국 요리 수업

큰절 배우기 수업

문묘 국자감 탐방

베트남민족박물관 탐방

더 많은 한베 국제결혼 신부들이 혜택을 받아 한국 생활에 잘 정착하기를 바란다.

우리 한베문화교류센터는 2010년부터 지금까지 이 교실을 운영하고 있다. 베트남을 사랑하며 전문성을 갖춘 강사진들이 내 자식을 시집보내는 친정 엄마의 심정으로 베트남 여성들을 돌본다. 그리고 여름 방학에는 한국에 정착한 한베 가족의 가정을 방문하여 한국 아줌마로서 잘 살고 있는지, 혹 문화 차이에서 오는 어려움은 없는지 살펴서 서로의 문화를 이해할 수 있도록 도와준다.

문학상 시상. 고부간의 갈등을 다룬 『사망의 골짜기를 넘어』(김양재 저)를 읽고 우수 독후감을 쓴 신부들에게 시상을 하였다.

베트남에 이런 속담이 있다. "버우Bầu와 비bí[1]는 과일 종류가 다르지만 같이 있기 때문에 서로 사랑해야 한다(Bầu ơi thương lấy bí cùng Tuy rằng khác giống nhưng chung một giàn)." 베트남은 혈통 중심 사회가 아니다. 54개 종족이 함께 살고 있는 나라이다. 그래서 과일 종류가 달라도 함께 있기 때문에 서로 사랑해야 한다는 속담처럼 서로 잘 융화하면서 살고 있다. 이제 한국도 혈통 중심의 사회가 아니다. 베트남의 속담처럼 우리가 함께 있기 때문에 서로 사랑하는 사회가 되기를 간절히 소망한다.

2주 교육을 마친 후 수료식

---

1   호박처럼 생긴 두 열매는 다른 종류지만 덩굴시렁을 같이 타고 올라간다.

한베 가족의 6가지 유형

2011년 부산에서 베트남 신부가 한국 남편으로부터 살해당한 사건은 우리 한국 사회에 큰 충격을 주었고 잠시이긴 하지만 이 때문에 한베 관계가 다소 불편해지기도 했다. 또한 이 사건으로 잘 살고 있는 한베 가족까지도 심적으로 많이 힘들었을 것이다. 이 시점에서 다양한 한베 가정의 형태를 살펴보고, 이를 몇 가지 유형으로 정리해 보았다.

한베 다문화 가족의 처음 시작은 한국 남성이 베트남에 와서 베트남 여성과 만나 결혼하면서 시작이 되었다. 1993년 한베 수교가 시작되고 한국 남성들이 베트남에 속속 들어오면서 베트남 여성을 만나 가정을 이루었다. 이 유형은 ① 연애 커플 in 베트남이라고 이름을 지었다. 이 유형은 사회적 문제를 일으킬 개연성이 크지 않다. 왜냐하면 대부분 연구원이나 주재원 혹은 사업이나 기타 활동을 하기 위해 베트남에 들어와 남녀가 자연스럽게 애정을 바탕으로 하여 가족을 형성하기 때문이며 또한 베트남에서 생활하는 과정에서 이미 베트남 문화에 대한 이해의 폭이 넓어지고, 결혼 후에도 생활 환경이 한국이 아니라 베트남이므로 한국 남성들이 한국 문화를 아내에게 강요하지 않게 된다. 또한 베트남 여성은 친구들과 가족의 후광이 있으므로 당당하게 되고, 문화 차이로 인한 어려움이 발생한다 하더라도 마음을 터놓고 이야기할 상대와 옹호 세력이 있기 때문이다. 반면 한국 남성은 베트남에서 처갓집의 사위가 됨으로 베트남의 생활 방식과 풍속, 습관을 보다 많이 따라야 된다. 그리고 나중에 한국에 돌아가더라도 베트남 여성은 이미 남편을 통해 한국 문화를 접하고 한국 생활 적응을 하기 위해 준비할 수 있는 시간도 있기 때문에 사회적 문제가 발생될 가능성이 거의 없다. 이 유형이 점차 늘고 있다. 한베 경제 관계의 발전으로 한국 남자들이 베트남에 많이 들어오고 있고, 또 한국에서 이혼한 남성들이 이곳에 와서 베트남 여성과 재혼하는 일이 많이 생기고 있다.

그다음 유형은 한국 남성이나 여성이 제3국인 외국에 가서 베트남 여성을 만나 결혼하는 경우로서, ② 연애 커플 in 제3국 유형이다. 이들 유형의 남녀는 주로 유학생 신분들이 많다. 타국에서 같은 동양인이라는 공통분모에다 문화가 서로 비슷해서 잘 어울리게 되고 지식과 경제 수준이 비슷하고 둘 다 가족의 후광을 누릴 수 없는 환경인 제3의 장소이기에 어느 한쪽이 상대방의 문화에 강한 압박을 받지 않게 해 주는 장점이 있다.

세 번째 한베 다문화 가족의 유형은 ③ 연애 커플 in 한국이다. 이 유형은 베트남 여성이 유학이나 연수를 목적으로 혹은 노동자 신분으로 한국에 와서 한국 남자를 만나 가정을 이루게 되는 유형이다. 요즈음에는 베트남 유학생의 급증으로 한베 대학생 커플이 많이 생겨나고 있다. 한베 대학생 커플은 연령대도 비슷하고 지적 수준도 비슷하다. 노동자로 온 여성의 경우 사내 결혼, 혹은 직장 상사의 중매로 짝이 맺어지는데 나이 차이가 많이 난다. 문화적인 후광에 있어서는 베트남 여성이 불리한 위치에 있다. 왜냐하면 베트남 여성은 거의 무조건 한국 문화를 따라야 하는 입장에 있기 때문이다. 그러나 이미 한국 문화에 어느 정도 적응을 한 후에 가정을 이루는 것이어서 비교적 원만한 편이다. 결혼 상대를 선택할 때도 오랜 시간의 만남을 통해 능동적으로 자신이 스스로 배우자를 선택할 수 있기 때문에 사회적 문제가 거의 발생하지 않는다.

네 번째 유형은 ④ 중매 커플 through 결혼 중개 회사 커플이다. 이 유형은 짧은 시간 안에 베트남에 와서 베트남 신부를 만나 두세 번의 데이트를 하고 결혼식을 올린 후 베트남에서 먼저 혼인 신고를 하고 남편이 한국에 돌아가서 국제결혼 배우자 초청 수속을 밟는다. 이 기간이 약 6개월 걸리고 그동안 신부들은 한국어를 4달 정도 배워서 한국어능력시험을 친다. 이 유형은 결혼식을 하고 떨어져 있는 시간에 전화와 카톡, 페이스톡으로 데이트를 한다. 이 유형에 속한 한국 남성의 대부분은 40~50대로서 평균 결혼 연령을 훌쩍 넘은 남자들이 많은 반면, 베트남 여성은 대부분이 20대로서 나이 차가 많이 나는 것이 문제이고, 또한 짧은 시간의 만남으로 인하여 상대에 대해 잘 알 수가 없어 전적으로 결혼 중개업자의 손에 자신의 운명이 달려 있다. 지금까지 발생한 국제결혼 사건들이 대부분 이 네 번째 유형이었다.

다섯 번째 유형은 먼저 결혼한 베트남 여성들이 자기의 친구나 지인을 소개하는 경우이다. 한베 국제결혼의 역사가 길어지다 보니 국제결혼 선배들이 많이 생겨서 후배들을 소개하고 있다. 이 유형은 ⑤ 중매 커플 through 친구 유형이다. 이 유형도 약간의 문제가 발생하고 있다. 친언니가 동생을 소개하거나, 사촌, 혹은 고향 친구를 소개하는 경우는 매우 바람직한데 그렇지 않고 돈을 받고 소개업을 하는 여성들이 생겨나고 있는 것이다. 이런 여성은 전문성이 떨어져 피해 사례가 속출하고 있다.

여섯 번째 유형은 인터넷의 발달로 새로 생겨나고 있는 유형으로 페이스북 같은 SNS를 통해서 맺어진 커플이다. 이것은 ⑥연애 커플 through SNS 유형이다. 이 커플은 구글 번역기의 도움으로 서로 문자를 주고받으며 맺어진다. 때로 구글 번역기가 이상하게 번역을 해서 오해도 하고, 그래서 헤어지기도 하면서도 SNS 커플은 점점 늘어나고 있다. 이 커플은 위험성이 매우 높다. 결혼 중매 회사는 원칙적으로 신상명세서를 주고받게 되어 있어서 중매 회사가 성실하게만 하면 속이거나 속거나 할 일은 거의 없다. 그러나 SNS를 통한 만남은 얼마든지 이력을 감출 수 있다. 우리 결혼이주여성 교육교실에도 SNS를 만난 커플이 하나 있었는데 정말 불안했다. 앞으로 잘 살지 모르겠다.

제일 바람직한 국제결혼은 연애를 통한 결혼이지만 지리적으로 멀리 떨어져 있어서 불가능한 일이므로 결혼 중개업체들이 잘해야 하는데 그러기 위해서는 결혼 중개업체들을 위한 교육을 실시하면 좋을 것 같다. 인문학적인 교육을 통해 결혼 중개업에 대한 중요성을 일깨워 주고 전문성과 체계를 갖추도록 도와주는 것이 급선무이다. 지역마다 다문화 센터와 상담 센터는 많이 있다. 그러나 문제가 터지기 전에 예방하는 것이 더욱더 중요하다. 남녀 커플을 맺어 주는 결혼 중개업체의 역할을 간과해서는 안된다. 비록 베트남에서는 결혼 중개업이 허가를 받을 수 없지만 한국에서는 일정 자격과 체계를 갖추면 국제결혼 중개업체로 정식 허가를 내주고 활성화를 시키고 정기적인 교육을 시키면서 베트남 쪽을 설득하여 음지에 있는 정보업체를 양지로 끌어올려야 한다.

결혼 중개업체를 통한 국제결혼은 베트남 중매업자의 합작으로 운영을 하고 있다고 한다. 베트남 쪽에서는 신부들을 소개하고 한국 쪽에서는 신랑을 소개하는 것이다. 그런데 베트남 중매업자는 정말 너무 심하다. 이윤 추구는 당연한 일이다. 그러나 어느 정도의 도덕적 규범이 있어야 한다. 더군다나 결혼은 한 사람의 평생의 운명을 결정짓는 인륜지대사人倫之大事이다. 그런데 여기에 대한 인식이 현저하게 부족하다. 예를 들어, 한국 남편이 베트남 신부들에게 한국어를 배우라고 보내 주는 수강료까지도 챙긴다. 한국 법무부가 지정한 위탁 교육 기관이 있는데도 자기네 회사에서 무자격자 선생을 고용하여 한국어를 가르치고 한국어능력시험을 보는 날에는 교묘한 수법으로 커닝 체계를 만들어서 합격 점수를 받도록 한다.

한국 법무부가 국제결혼의 문제가 언어불통에 있는 것을 알고 한국어 능력시험 1급을 받아야 비자를 받을 수 있도록 한 것은 잘한 일이다. 일부 시민 단체들이 인권 침해의 소지를 들어서 반박하고 있지만 현장에서 직접 국제결혼 신부들을 교육하는 입장에서 본다면, 다소 인권 침해의 요소가 있더라도, 긍정적인 면이 더 많기 때문에 이 법은 국제결혼 가정을 위해서도 잘 만들었다고 생각한다. 좋은 제도가 악용되는 일이 없도록 관리·감독도 철저하게 하면 더 많은 국제결혼 커플이 혜택을 받을 것이다.

김 씨의 3일의 사랑

어느 날 갑자기, 예기치 않게 찾아온 태풍처럼, 한국과 베트남 간 국제

결혼은 그렇게 시작되었다. 그리고 기하급수적으로 불어났다. 나는 베트남에 일찍 들어온 사람으로서 한국-베트남 국제결혼의 태풍을 피할 수 없었다. 2000년대 초반에 처음으로 3일 만에 이루어지는 결혼 소식을 접했을 때, 나는 울었다. 지금은 3일의 결혼이라도 웨딩드레스를 입고 서둘러 결혼식을 올리고 명색이 신혼여행이라는 이름하에 여행도 갔다 오고, 할 것 다 한다. 그러나 그때는 웨딩드레스도 없었고 신혼여행도 없었다. 그냥 "서로 OK 하면 여관에서 하룻밤 자면 돼요."라는 표현을 썼다. 그래서 울었다. 지금까지 내가 신봉했던 '인간다움의 기준'이 무너지는 것에 대한 아픔의 눈물이었고 분노의 눈물이었다. 그러나 지금은 이런 현실이 발생할 수밖에 없는 사회에 대한 연민의 눈물로 바뀌었다.

2010년 9월부터 삼성전자 베트남 법인의 후원으로 매달 25명의 신부들에게 2주 동안 숙식을 제공하면서 한국어, 요리, 예절, 문화와 역사 등을 가르친다. 그리고 상담 시간이 있다. 신부들이 가장 기다리는 시간이다. 말이 안 통하는 신랑과 매일매일 통화를 하자니 얼마나 답답하겠는가? 그래서 우리는 신부 쪽과 신랑 쪽을 통역해 주면서 그들의 답답했던 가슴을 시원하게 뚫어 준다. 그러고 나면 '사랑의 언어' 전달 시간이 된다. 한국 남편들은 나에게 이렇게 부탁한다. "사랑한다고 전해 주세요." "매일 아내의 사진을 보고 잠을 잔다고 전해 주세요." "아내를 위해 나의 마지막 생애를 다 바치겠다고 전해 주세요."

처음에 나는 이런 문장을 통역하는 데 힘이 들었다. 그것은 내 속에 이미 형성된 내 방식의 사랑 때문이었다. 어떻게 3일간 만나서 사랑이 성립

될 수 있겠는가? 나는 속으로 '사랑은 그렇게 가벼운 것이 아니에요.'라고 하면서 건성으로 통역을 해 주었다. 이런 나의 태도가 왕창 깨진 것은 아침에 출근하다 말고 천신만고 끝에 비행기 표를 구해서 베트남으로 달려온 김 씨 때문이다. 아내가 대사관 인터뷰를 앞두고 혼자서 걱정과 두려움에 떠는 것을 내버려 둘 수 없어서 달려왔노라는 김 씨의 선량한 얼굴을 보면서 3일의 사랑 속에 묻혀 있었던 위대한 진실을 발견할 수 있었다. 그는 이렇게 말했다. "한국에서의 결혼은 사람과 사람의 결혼이 아니라, 조건과 조건의 결혼입니다. 그것이 싫어서 이 방법을 선택했습니다." 그는 당당했고 자기의 선택에 대한 확신이 있었다. 그리고 그가 선택한 아내는 그만큼이나 속이 깊은 여성이었다.

두 사람이 한국에 보금자리를 튼 지 얼마 되지 않아서 아내가 큰 수술을 받게 되었다. 수술비가 만만치 않다는 것을 안 아내는 절대로 수술을 받지 않겠다고 했지만, 남편의 권유로 결국 아내는 수술을 받았고 회복을 한 다음에, 김 씨는 또 아내를 위로한다고 처갓집에 보낼 선물을 바리바리 준비해서 베트남으로 휴가를 보내 주었다. 계산이 둔한 내 머리로도 벌써 몇 백만 원이 깨진 것이 보인다. "김 씨, 결혼하느라고 돈 많이 들었을 텐데 결혼해서도 또 이렇게 돈이 많이 나가서 어떡해요."라고 위로 겸 떠볼 겸 말을 던지자 "돈보다 사람이 더 중요하지요."라는 그 흔한 문장이 그의 목소리를 통해 대단한 진리가 되어 메아리를 쳤다. 3일에 만나서 결혼했다고 가볍게 보았던 나의 편견은 비로소 막을 내렸다. 베트남 결혼이주여성 사전교육을 실시한 이후로 나는 판단을 유보하는 습관을 가지게 되었다. 만의 하나 나의 편견으로 인해 진실이 매를 맞는 일이 생기게 될까 봐서다.

교도소를 가야 했습니다

광주교도소를 가기 위해 고속버스에 몸을 실었다. 기분이 묘했다. 뭐라 형용할 수 없는 느낌이었다. 한 번도 안 가본 미지의 세계를 가게 된다는 설렘 같은 것도 아니고, 내 피붙이를 만나러 가는 것도 아니기에 비참한 심정도 아닌, 그야말로 정체불명의 느낌이었다. 그것은 아마도 내 삶에서 너무나 동떨어져 있었던 '교도소'라는 단어가 어느 날 갑자기 등장하자 내 몸의 세포들이 놀란 반응을 일으킨 데서 오는 감정인 것 같다. 차창으로 스쳐 가는 자연의 풍경을 뒤로 보내며 '교도소'라는 단어를 생각해 보았다. 어제까지는 한 번도 생각해 보지 않았던 단어이다. 그러나 오늘은 다르다. 나는 지금 교도소를 향해 가고 있고, 내 생애 처음으로 교도소 면회를 신청하게 된다.

2011년 11월 말의 어느 날, +82로 시작하는 한국의 낯선 번호가 핸드폰의 액정에 떴다. "꼬김 어이(김 선생님), 인천공항에 내렸는데 남편이 안 나왔어요." "무슨 소리야? 남편이 안 나오다니? 그럼 너 지금 어디에 있는데?" "친구 집에 있어요. 새벽에 인천공항에 내렸는데 남편이 안 나와서 한참 기다리다가 친구 집에 왔어요. 남편은 전화도 안 받아요."

이 무슨 해괴한 일인가? 아내를 초청해 놓고 남편이 사라지다니. 혹 인

신매매 조직에 걸려 들은 것은 아닐까? 한국에서 노숙자들의 이름을 빌려 외국 여성을 초청해서 팔아넘긴다는 뉴스를 본 적이 있어서 그런지 불길한 느낌을 떨쳐 버릴 수가 없었다. 그래서 투이에게 혹시 모르는 사람이 연락 오면 절대 혼자서 만나러 가지 말라고 단단히 일러두었다. 이렇게 걱정이 되면서도 나는 투이를 위해 당장 비행기를 타고 한국으로 달려가지 못했다. 그리고 내면의 목소리가 들려왔다. '만약 투이가 너의 딸이라면 네가 당장 안 달려가겠니?' 그랬다. 나의 딸이라면 나는 만사를 제쳐 놓고 달려갔으리라. 시간이 지날수록 마음은 더욱더 무거워지고 있었다. 혹시 내가 즉시 도와주지 못해서 투이에게 불행한 일이 생긴다면 어떡하지? 이런 불안감이 들면서도 나는 한국으로 당장 달려갈 수 없었다. 나는 과연 이들을 진심으로 사랑하는 것일까? 아니면 말로만 호들갑을 떠는 가식적인 사랑은 아닐까? 두려웠다. 사랑이 없는 사랑의 행위에 내가 길들여질 것 같아서.

그리고 한 달 후, 나는 공식적인 업무로 한국에 갈 수 있게 되었다. 한 달 동안 투이는 다행히 먼저 온 친구들의 도움으로 부산의 어느 봉제 회사에서 일하고 있었다. 일단 투이 남편의 행방을 찾는 일이 급선무였다. 백방으로 수소문을 해서 참으로 어렵게 투이 남편의 누나 되는 사람의 연락처를 찾아냈다. 떨리는 손으로 번호판을 눌렀다. "여보세요? 혹시 김○○ 씨의 누나 되십니까?" "네, 그런데요⋯⋯." 얼마나 반가웠는지, 나는 정말이지 눈물이 날 정도였다. 적어도 누나라면 김 씨의 행방을 알 수 있을 테니까. 나는 자초지종을 숨도 안 쉬며 단숨에 말하고 지금 김 씨가 어디에 있느냐고 물으니, 교도소에 있다는 것이다. 이 또 무슨 청천 날벼락 같은 소리인가? 교도소라니? 그럼 흉악범? 순간적으로 몸서리가 쳐졌다. 조심스럽게 무슨 일로 교도소에 들어갔는가를 물으니 사업하다가 잘 안되어 그렇다는 것이다. 누나는 짜증을 내며 다른 사람의 전화번호를 알려 주었다.

나는 투이를 만나러 부산행 열차에 몸을 실었다. 40kg가 될까 말까 한 가느다란 몸집에 작은 체구, 잘 다듬어진 이목구비, 또렷하고 까만 눈동자, 오똑한 콧날. 누가 봐도 깜찍한 모습이다. 왜 불운은 미인에게만 찾아오는 걸까? 20살의 투이는 2평 남짓한 작은 방에 아직 짐도 제대로 풀지 않고 살고 있었다. 나는 투이의 손을 꼭 붙잡고 되도록 투이가 충격을 받지 않도록 최대한 조심스럽게 너의 남편이 교도소에 있다는 것을 알려 주었다. 고향 산천과 부모를 떠나 낯선 이국땅으로, 딱 한 번 보고 결혼한, 잘 알지도 못하는 남편 하나 믿고 왔는데, 그런 남편마저 교도소에 있는 것이다.

왜 교도소에 있는가를 묻는 투이에게 나도 투이의 남편을 잘 모르지만, 일단 결혼을 한 이상 잘 살아야 하니까 최대한 긍정적으로 말해 줄 수밖에 없었다. "응, 너의 남편이 두 사람이 서로 사업을 하도록 소개를 했는데 사업이 잘 안되니까 한쪽에서 너의 남편을 고소했다는구나." 투이는 담담하게 듣고 있었다. 그리고 2주 후에 투이와 나는 투이의 남편을 면회하기 위해 광주에서 다시 만났다. 신분증을 제시하고 광주교도소 안을 들어가면서 면회 온 사람들의 표정을 나도 모르게 유심히 살폈다. 나와 똑같은 사람들이었다. 그러나 나는, 나와 동떨어진 사람일 거라고 생각을 했었다. 이렇게 해서 교도소는 조금씩 나에게 친숙하게 다가오고 있었다.

투이의 남편은 도대체 어떤 사람일까? 자신이 교도소에 갈 줄 알면서도 이렇게 젊은 여자와 결혼을 한 것일까? 뻔뻔한 사람? 파렴치한? 번호표를 받고 한참을 기다리면서 나는 투이 남편의 얼굴을 머릿속에서 그리고 있었다. 전광판에 내가 가진 번호가 떴다. 나는 투이를 데리고 면회실을 향해 걸어갔다. 영화에서나 보던 유리벽이 저쪽과 이쪽을 분리하고 있었다.

유리벽 저쪽에 나타난 사람은 투이를 보자마자 닭똥 같은 눈물을 뚝뚝 흘리며 손바닥을 유리벽에 대고 투이의 손을 기다리고 있었다. 투이도 손을 유리벽에 갖다 대었지만 유리벽의 두께는 10cm가 넘었다. 그러므로 손바닥과 손바닥을 통한 체온의 전달은 어림도 없었다. 두 사람의 손바닥은 시각적으로도 너무 멀리 떨어져 있었다. 그는 종이에다가 "Wait"라고 적어서 투이에게 보여 주며, 사랑한다고, 많이 보고 싶었다고, 한국에 왔다고 들었는데 연락이 되지 않아서 정말 걱정했다고 말하면서 나에게 통역을 부탁했다. 나는 그의 눈물 젖은 선한 얼굴을 보면서 조금 전까지 파렴치한으로 생각했던 나의 섣부른 예단을 '오판'으로 인정할 수밖에 없었다. 투이는 그에게 "Don't cry."라고 말하면서 자신도 울고 있었다. 그는 몇 번이나 반복해서 "기다려 달라고, 기다려 달라고" 애절한 소리만큼이나 애절한 눈빛으로 10cm의 유리벽 저쪽 세상에서 외치고 있었다. 유리벽이 갈라놓은 세상은 하늘과 땅만큼이나 멀었다. 어느새 나의 눈가에도 흥건한 액체가 고이고 있었다.

그리고 몇 달 후 한 통의 전화를 받았다. "김 선생님, 저 김 아무개입니다. 여기 광주예요. 교도소에서 나온 지 몇 달 되었고요, 투이 부산에서 데리고 왔어요. 그때 도와 주셔서 정말 감사했습니다. 투이 바꾸어 드리겠습니다." 아, 바로 이런 것이 나의 존재 이유인가 보다.

남편에게 여자가 있었어요

새벽 3시. 리엔은 가슴을 움켜지고 밖으로 뛰쳐나왔다. 그러나 갈 곳이 없었다. 한국에 온 지 이제 겨우 한 달, 갈 곳이 어디 있겠는가? 게다가 어디가 어디인지 알지도 못하는데. 그러나 어쨌든 그냥 있으면 숨이 끊어질 것 같아서 무작정 뛰쳐나왔다. '어떻게 내 앞에 버젓이 여자를 데리고 올 수 있단 말인가? 옛날에 알고 지내던 동생이라고? 말이 안 통해도 내가 인간인데 남녀의 정분을 모를 리가 있나. 내가 바보천치라도 그럴 수는 없는 거다. 아내인 나를 얼마나 우습게 여기면 옛날 여자를 집에 데리고 온단 말인가?'

리엔은 19살이다. 아직 젖내가 가시지 않은 아이. 고등학교를 졸업하자마자 동네 국제결혼 중매 아줌마의 성화에 못 이겨 신분이 좋다는 35살의 한국 남자와 맞선을 보았다. 공무원에다가 시부모님도 모두 교육자로 집안도 훌륭했다. 다들 시집 잘 간다고 부러워하는 속에서 결혼을 했다. 남편의 신분으로 인하여 서류 심사만으로도 바로 비자가 나왔다. 친구들은 인터뷰에서 떨어질까 봐 가슴을 졸였지만 리엔은 그 과정 없이 그냥 한국에 왔다. 리엔에게 남편은 첫 남자이자, 첫사랑이었다. 남편을 보고 이성의 감정에 처음으로 눈이 떴고, 눈 뜨자마자 마치 도화선에 당겨진 성냥불마냥 순식간에 달려와 19년 동안 고이 묻어 두었던 사랑의 감정을 터트리고 말았다. 잠자는 남편의 얼굴만 들여다보아도 배가 불렀다. 아쉬운 마음으로 출근을 배웅하며, 두근거리는 심장으로 퇴근을 맞이했다. 남편이 나간 방을 청소하며, 남편의 때 묻은 와이셔츠와 냄새 나는 양말을 빨며, 서투른 한국 음식을 만들며 마냥 행복했다. 리엔의 온 신경 세포는 남편을 향해 뻗어 있기에 떨어져 있어도 먼 데서 나는 발자국 소리만 들어도 남편을 알아냈다.

한국 드라마에서 본 멋진 남자가 내 옆에 누워 있는 것이 신기했다. 그러나 이 신비한 시간이 이렇게 빨리 끝날 줄이야. 시간이 지나자 남편의 귀가 시간은 점점 늦어지고 술이 만취해서 들어왔다. 하루 종일 애타게 남편만 기다린 리엔은 그의 안중에도 없었다. 남편 몰래 눈물을 흘리는 횟수가 많아지던 어느 날, 남편은 술이 잔뜩 취해서 여자를 데리고 왔다. 옛날 동생이라고 하면서. 그러나 리엔은 한눈에 둘의 관계를 알 수 있었다. 기가 막혔다. '어떻게 이럴 수가 있는가. 도대체 나를 뭘로 보는 건가. 나의 감정 따위는 필요 없다는 건가. 내가 베트남 아내이기 때문에 내 감정은 중요하지 않다는 건가.' 리엔은 존재의 상실감을 이겨낼 수가 없었다. 죽고 싶었다. 그러나 엄마와 아빠의 얼굴이 떠올랐다. 첫눈에 반한 딸의 철부지 사랑을 막을 길이 없어서 부모님은 내키지 않는 결혼을 시켜주었다.

한참을 걸었다. 개 짖는 소리가 무섭다. 누군가가 따라오는 것만 같다. 저만치 공원이 보인다. 공원으로 피했다. 벤치에 앉아 하늘을 보았다. 별이 초롱초롱 빛난다. 저 별 속으로 숨어 버릴 수만 있다면……. 19년의 세월이 한순간에 폐품이 되어 쓰레기통에 버려졌다. 혼자 버티기가 힘들다. 마음을 가다듬고 부산에 살고 있는 친구에게 전화를 했다. 친구는 자다가 전화를 받고는 너무 놀라서 자기의 남편을 깨웠다.

친구의 남편은 K이다. K는 지난 6월 출근하다 말고 아내의 인터뷰가 걱정이 되어 차를 돌려 베트남으로 온, 베트남 아내와 사랑에 푹 빠진 '김씨의 3일의 사랑'의 주인공, 바로 그 K이다. K는 화들짝 놀라며, 지금 이 시간에 여자 혼자서 공원에 있다는 것은 너무 위험한 일이니 일단 집으로 돌아갈 것을 권유했다. 그러나 리엔은 집으로 돌아가고 싶지 않았다. 나의 존재를 이렇게 휴지 조각으로 만들어 버린 그 남자에게 다시는 돌아가고 싶지 않았다. 그래서 그 공원에서 날이 밝기를 기다렸다가 이웃집 한베 가정의 선배 언니 집으로 갔다.

K로부터 전화가 왔다. "원장님, 리엔에게 전화 한번 해 보시소. 어제 새벽에 집을 나왔다고 카네요. 지도 리엔 남편 아는데요. 사람 참 얌전하던데……. 리엔이 맘 고생한 지가 꽤 오래되었능 기라요. 제 집사람이 절대 비밀이라 카면서…… 절대 말하면 안 된다고 했는데요. 원장님이 아셔야 될 것 같아서 말씀드립니더. 리엔 남편이 딴 여자가 있다 카네요." K는 나의 동역자이다. 나는 한 번도 K에게 동역자가 되어 달라고 말한 적이 없는데 K는 베트남 신부들에게 무슨 일이 생기면 나에게 전화를 해서 알려

준다. 나에게는 더할 수 없이 고마운 남자이다.

나는 일단 사건의 자초지종을 파악을 하고, 먼저 리엔의 남편에게 전화를 걸었다. "Y 씨 안녕하세요? 저 한베문화교류센터의 김영신입니다. 리엔이 하노이에서 교육받는 동안 우리 통화 몇 번 했지요? 리엔 잘 있어요?" 이렇게 해서 K가 나한테 고자질한 것이 들통나지 않게 했다. Y의 목소리는 좀 퉁명스러웠지만 불손하지는 않았다. 그도 아내가 집을 나가서 걱정이 되던 찰나에 나에게 전화를 받았으니 자기 입으로 술술 부부 싸움을 한 것을 털어 놓았다. 술을 먹고 늦게 들어왔고, 아내가 자기를 의심을 했고, 자기는 화가 나서 물건을 집어던졌다는 것이다. 그랬더니 집을 나갔다고 하면서, 절대 용서할 수 없다는 것이다. 부부 싸움 하다가 집을 나간 아내는 절대 받아들이지 않겠다는 허세를 부리고 있었다.

"Y 씨, 지금 어느 시대 사람이에요? 이조 시대에 살고 있어요? 부부 싸움 하다가 속상하면 집 나갈 수도 있지. 내 나이 60이 다 되어 가는데 나도 젊었을 때 부부 싸움 하고 속상하면 애 둘러업고 친정에 가서 며칠 쉬다가 왔어요. 만약 Y 씨가 한국 아내랑 살다가 부부 싸움 했다면 이러겠어요? 지금 아내가 베트남 사람이라고 무시하기 때문에 그런 말을 하는 거잖아요. 자기 아내를 무시하면 곧 자기 자신을 무시하는 거라는 것 몰라요? 한베 다문화 가정이 한국 땅에서 제대로 대접을 받으려면 먼저 남편들이 자기 아내를 잘 대우해야 되는 거예요. 자기는 베트남 아내라고 무시하면서 한국 사회에게 무시하지 말라고 하면 되겠어요?" 나도 화가 났다. 무시할 거면 결혼을 하지 말지, 왜 결혼해서는 무시하는가 말이다.

자기가 자기 부모에게 귀한 아들이면, 자기 아내도 그녀의 부모에게는 귀한 딸이라는 걸 모르나? 자식 사랑에 국적이 따로 있는가 말이다. 한국 사람이 자식 사랑하는 것과 베트남 사람이 자식 사랑하는 것이 뭐가 다른가?

Y의 목소리가 한 톤 내려갔다. "그럼, 이것 하나만 확인해 주세요. 저는 절대로 리엔을 안 때렸거든요. 리엔에게 전화해서 남편에게 맞았는가, 그것만 물어봐 주세요. 지금 리엔이 옆집에 있는데요. 거기서 계속 우니까 내가 마치 아내를 때린 줄로 알거든요." "그럼 때리지 않고 어떻게 했기에 리엔이 집을 뛰쳐나갔어요?" "번역기를 집어던졌어요." "그것 보세요. 어쨌든 Y 씨가 위협적인 행동을 한 거잖아요. 리엔이 얼마나 무서웠겠어요. 술 먹은 남편이 포악한 얼굴로 소리를 지르며 물건을 집어던지는데 19살 아이가 얼마나 무서웠겠냐고요? 리엔의 집안 잘 알잖아요. 부모님이 얼마나 점잖으세요? 리엔은 또 얼마나 착하고 예쁘고 순진합니까? 그런 아내 만난 것 감사하며 살아야지요. 근데 왜 싸웠어요?"

이리하여 Y는 스스로 여자 문제를 나에게 털어놓았다. 나도 이쯤 되면 고수가 되어 가고 있었다. Y의 말에 의하면 자기 인물이 어느 정도 받쳐 주어서 솔직히 한국 여자들이 따른다는 것이다. 그럼 따르는 한국 여자와 결혼을 하지 왜 베트남 여자와 결혼을 했느냐고 물으니 그런 여자들은 아내로는 적합하지 않다는 것이다. Y는 현재의 베트남 아내에 만족하고 있었다. 순수하고, 정숙하고, 단정하고, 너무나 자기에게 잘한다는 것이다. 요즘 한국에서는 찾아보기 힘든 마치 자기 어머니 시대의 여성 같다는 것이다. 이런 아내를 놓치기는 싫고, 바람도 피우고 싶고, 그런 심정이었다. 나와 한참 이야기를 하고, Y는 결국 양다리의 짜릿함이 오래 못 간다는 것을 깨달았다. 그리고 지금 자기가 정신을 못 차리면 이 아내를 놓치고 곧 후회하게 될 것이라는 것도 깨달았다. 그는 서둘러 옆집에 가서 리엔을 데리고 와서 나에게 전화를 하고 리엔을 바꿔 주었다. 리엔은 내 목소리를 듣자마자 펑펑 울었다.

그리고 몇 달 후 리엔에게 전화가 왔다. 추석을 며칠 넘긴 후였다. 추석에 나에게 전화를 했는데 내가 출장 중이어서 통화가 되지 않아서 다시 전화를 한 것이다. 너무나 반가웠다. 그리고 리엔의 남편이 어떻게 대하고 있는지 궁금해서 급하게 요즘 너의 남편이 어떠냐고 물었다. "선생님, 남편의 태도가 완전히 바뀌었어요. 너무너무 잘해 줘요. 그리고 매우 겸손해졌어요. 술도 많이 안 마셔요. 우리 시부모님도 제 남편이 변한 것이 너무 신기하다면서 선생님께 감사하대요. 남편을 일깨워 주셨다고요. 선생님 건강하셔야 해요. 그때 허리 아프셨는데 지금은 어때요? 언제 한국에 오세요? 한국에 오시면 꼭 우리 집에 들르세요." 내 손등에 따뜻한 물이 떨어졌다.

그리고 몇 년 후 나는 Y로부터 전화를 받았다. 아기 낳았다고. 그리고 리엔은 근처의 교회를 다니면서 구역 예배에 나가고 한국 사람들과 잘 어울린다고. 리엔이 구역 예배 때 베트남 음식을 만들어 가면 집사님들이 맛있다고 칭찬해 주고 또 리엔에게 한국 음식 하는 것도 가르쳐 주고 해서 리엔이 즐겁게 잘 살고 있다고. 이런 전화 한 통이 나의 삶의 원동력이다.

남편이 죽었어요

핸드폰의 폴더를 열었다. "알로?" "꼬김, 저는 프엉입니다. 한국문화교실 8기 신부예요." "8기? 8기라면 6월에 교육을 받았는데, 아직 한국에 안 갔어?" 핸드폰에 뜬 번호를 다시 확인했습니다. 분명 093으로 시작되는 베트남 번호였다. "베트남이에요." "왜? 어떻게 된 거야? 지금까지 베트남에 있다니?" 나의 목소리의 톤이 좀 높아졌다. 이렇게 오랜 시간 베트남에 남아 있다는 것은 문제가 생긴 것이기 때문이다. "꼬김 지금 시간 있으세요? 좀 만나고 싶어요." 프엉의 목소리가 무거웠다. 왠지 나의 모든 일을 뒤로 미루어야 할 것 같은 느낌이 들었다. 전화를 끊고, 8기 신부들의 사진 파일을 열어 보았다. 아, 이 신부. 프랑스 인형같이 생긴 신부였다. 인형같이 예쁜 눈을 반짝이며 열심히 한국어를 공부했던 그 신부, 조용하면서도 매우 적극적인 신부였는데……. 이 신부의 얼굴을 떠올리며 불안한 기다림 속에 들어갔다.

한참 후, 문을 열고 들어오는 프엉의 얼굴 표정에 나는 압도되어서 그녀가 나에게 명령한 것도 아닌데 황급히 그녀 앞에 앉았다. 그녀는 자리에 앉자마자 울음을 터트리며, "선생님, 제 남편이 자살했어요."라는 것이었다. 어리둥절했다. "왜 죽었어? 무슨 일이 있었는데? 너는 여기 베트남에 있는데 그 사람은 한국에서 자살을 했단 말이야?" 나의 목소리는 다급해졌다. "저도 남편을 따라 죽고 싶어요. 그 사람은 저 때문에 자살을 한 거예요." "네가 여기 있는데 그 사람이 왜 너 때문에 자살을 하니?"

프엉이 한국인 형부의 소개로 이 남자를 처음 만난 것은 올 초이다. 남자는 우울증을 앓아 온 사람이었지만 프엉을 만난 이후로 삶에 의욕이 생겼다, 세상에 이렇게 예쁘고 착한 여자가 있다니. 내가 프엉에게 너희 조상 중에 프랑스 사람이 있었냐고 물었듯이 그도 프엉의 눈동자를 보며 프랑스 사람의 눈 같다고 했다고 한다. 정말 인형같이 예쁜 아가씨이다. 35살이 되도록 세상과 단절돼서 살았던 그 남자는 프엉의 아름다움 앞에 그만 녹고 만 것이다. "너를 만나기 전에 나는 이 세상이 싫어서 죽고 싶었어. 그러나 너를 만나고 나니 내가 살고 싶어졌어. 너와 함께 오래오래 살고 싶구나. 인생이 아름답다는 말이 무슨 뜻인지 이제야 비로소 알겠어." 이 남자의 고백이었다. 25살 순정의 아가씨에게 왕자같이 생긴 한국 남자의 이런 고백은 프엉의 사랑의 뇌관에 불을 붙이고 말았다.

남자는 몇 달 동안 베트남을 오가며 둘의 사랑은 깊어졌다. 180cm가 넘는 훤칠한 키에 하얀 얼굴, 그 하얀 얼굴 사이에 언뜻언뜻 보이는 쓸쓸한 그림자, 프엉은 이런 표정 있는 남자가 좋았다고 한다. 둘은 더 이상 기다릴 수 없어서 6개월의 교제 끝에 베트남에서 혼인 신고를 했다. 그러나 신혼여행은 가지 않았다. 남자는 자기의 미래 운명을 알았던 걸까? 그리고 남자는 한국으로 돌아와 배우자 초청 수속을 밟기 시작했다.

그러나 한국의 법이 이 둘의 사랑을 영원히 갈라놓고 말았다. 국제결혼의 조건에 한국 남자는 납세의 의무를 필해야 한다. 그러나 이 남자는 조경 사업을 했었는데 사업의 불황으로 파산했고 세금이 밀린 상태다. 국제결혼은 한국에서처럼 그냥 사랑하면 결혼할 수 있는 것이 아니다. 한국 정부는 외국 여성을 보호하기 위해서 이런 기준을 세울 수밖에 없었다. 그는 밀린 세금을 내지 않으면 결코 프엉과 결혼할 수 없다는 것을 알고, 그만 농약을 먹었다. 이루어질 수 없는 사랑 앞에서 그가 택한 것은 죽음이었다.

35년의 무의미했던 한 남자의 인생이 맑은 눈동자의 여인 앞에서 잠깐 동안 반짝이다가 사라졌다. 그는 프엉과 만날 때, 수없이 눈물을 글썽이며 너를 만나기 위해 내가 지금까지 살았나 보다며 프엉의 손에 키스를 하며 너와 함께 살고 싶다고 했단다.

아, 그러나, 그가 갔다. 어여쁜 아내를 두고 그는 갔다. 짧은 시간이나마 영혼을 불태우며 사랑했던 그 기억을 부여잡고 그는 영원 속으로 떠났다. 프엉은 자기 때문에 이 남자가 자살을 선택했다는 죄책감에서 벗어나지를 못했다. 차라리 자기를 안 만났더라면 좋았을 거라면서 자신도 남편 따라 죽고 싶지만 늙으신 홀어머니를 생각하여 죽을 수 없다는 말을 하고 그녀는 다시 고향으로 내려갔다. 그녀가 떠난 이후, 그녀의 '남편 따라 죽고 싶다'는 말이 내 귓가를 맴돌았다. 바쁜 업무 가운데서도 프엉이 자살을 했으면 어떡하나 싶어서 가끔씩 전화를 해 보며 확인을 했다. 그리고 도저히 불안해서 견딜 수가 없어서 고향에 있는 프엉을 무작정 하노이 센터로 불렀다. 짐 싸 가지고 오라고 나와 함께 살자고.

드디어 프엉이 트렁크 하나 달랑 들고 왔다. 걱정도 되었다. 함께 산다는 것, 결코 쉬운 일이 아니기 때문이다. 그러나 프엉을 빨리 안정적인 상태로 돌아오게 하기 위해서 환경을 바꾸는 것이 좋겠다는 판단에서다.

　서로의 탐색 시간은 그리 오래가지 않았다. 프엉은 나를 믿었고, 나는 프엉의 행동거지가 반듯한 것을 금방 알아냈다. 프엉은 얼마나 싹싹하고 상냥한지 무뚝뚝한 두 아들만 키워온 우리 부부로서는 도저히 어색해서 어찌 반응을 해야 할지 난감할 때가 한두 번이 아니었다. 첫 월급을 탄날, 잠깐 나갔다 오겠다고 하더니, 그다음 날 아침 프엉이 내민 상자는 이세상에서 가장 예쁜 상자였다. 밤사이

에 포장을 했는데, 뭐를 어떻게 했는지 색색의 종이꽃이 상자 가득 붙어 있고, 포장지를 이리 꼬고 저리 꼬아서 만든 상자는 얼마나 정성을 들였는지 한눈에 알 수 있었다.

프엉이 꾸민 선물 상자

　누가 보나 안 보나, 자기 일처럼 열심히 하는 그녀의 모습을 보면서 자살한 김○○가 참 안되었다는 생각이 들었다. 이런 복덩어리를 놓치다니, 자살하지 말고 탄원서를 내든지, 무슨 방법을 써서라도 데려갔으면 좋았을 텐데……

　"꼬김(김 선생님), 저를 불러 주셔서 정말 고마워요. 우리 엄마는 저를 보면 울렁증이 일어난대요.""왜 안 그러겠니? 멀쩡한 딸자식이 시집도 가기전에 과부로 기록이 되었는데……""절더러, 너의 길은 네가 알아서 가라고 하셨어요. 그리고 엄마 눈에 당분간 안 보이면 좋겠다고요." 프엉의 엄

마는 감당할 수 없는 이 사건 앞에서 차라리 딸을 보지 않는 것이 잊어버릴 수 있는 지름길이라고 생각을 한 것 같다. 게다가 결혼 수속을 밟느라고 빚도 많이 졌다. 남편이 가난하다 보니, 남편으로부터 일체의 경비를 못 받아서 전부 빚을 내서 결혼 수속을 밟았고, 한국에 가면 일을 해서 갚으려고 했는데, 이제 남편이 죽었으니 그 돈이 전부 빚으로 고스란히 남게 된 것이다.

"프엉아, 지금부터 너를 위해 5년만 투자해라. 너의 형부가 다시 남자 소개시켜 준다고 해도 거절해라. 그리고 여기서 야간 대학 한국어과 졸업하고 한국에 유학을 가거라. 꼬김이 너에게 적당한 대학 소개해 줄게." "꼬김, 제가 만약 한국에 가게 되면 도착 첫날 꼭 하고 싶은 것이 있어요." "뭔데?" "병원에 가서 제 신체 기증서를 작성하고 싶어요. 제가 만약 뇌사 상태가 되면 저의 모든 장기를 한국 사람에게 기증하겠다고요." 그녀의 눈은 약간 젖어 있었습니다. 프엉은 이듬해 야간 대학 한국어과에 우수한 성적으로 입학하고 모 회사에서 낮에는 일하고 밤에는 공부하고 있다.

범죄 경력 증명서

"선생님 장소 부사에는 조사가 '~에' 혹은 '~에서'가 붙는다고 하셨는데 왜 지금은 '시장에서'라고 하지 않고 '시장이'라고 하죠?" 나는 순간 대학 강단에 선 것으로 착각하고 말았다. 베트남 대학에서 3년 동안 음운론을 가르친 경험이 있기에 베트남 대학생들의 수준을 알고 있었다. 그런데 지금은 대학 강단이 아닌, 베트남 신부들로 구성된 교실이다. 지적 수준도 천차만별인 이런 교실에서 이렇게 수준 높은 질문이 나오다니.

질문을 한 신부는 20살을 갓 넘긴 흐엉이다. 지적인 면에서 단연 돋보이는 그녀는 맨 앞자리에 앉아서 하나를 배우고 나면 열을 깨우치고 있었다. '야, 이 신부 누가 데려가는지 진짜 횡재했네. 완전 복덩어리다, 복덩어리.'라고 생각하며 늘 남편이 누구일까 궁금해하고 있었던 어느 날, 흐엉은 항상 생글생글하던 평소와는 다른 표정으로 상의할 것이 있다며 찾아왔다. 그러면서 날더러 놀라지 말라는 것이었다.

나는 무슨 영문인지 몰라 건성으로 "응."이라고 대답을 하고 기다리는데 흐엉이 한 서류를 내밀었다. 굵은 글씨로 '범죄 경력 증명서'라고 적혀 있었다. 그리고 그 아래 칸에 '특수강간'이라는 단어가 새겨 있었다. 순간 나도 모르게 소리를 지르고 말았다. 흐엉은 "쉿, 조용히 하세요, 다른 신부들이 알면 제가 뭐가 되겠어요."라며 나를 진정시킨다. 나는 갑자기 머리가 어지러웠다. 그동안 보아 왔던 일련의 불미스러운 사건들이 마치 이 신부에게 일어날 것 같아, 머리를 흔들었다. 이렇게 똑똑한 아이에게, 이렇게 영특한 아이에게 이 무슨 날벼락이란 말인가?

잠시 정신을 가다듬고 이 신부에게 너는 이 단어의 뜻이 무엇인지 아느냐고 물으니, 안다는 것이다. 어떻게 알았는가 물으니, 사전을 찾아보았다는 것이다. 이제 막 한국어를 배운 여성이 남편의 서류를 꼼꼼히 보면서 어떤 사람인지를 다 파악한 것이다. "그래, 너는 어떻게 하겠니?"라고 물으니 자기도 어떻게 할지 모르겠다는 것이다. 이미 결혼을 했고, 신혼여행도 갔다 왔고, 한국에 혼인 신고도 되어 있어서 여기서 이혼 수속을 밟기가 매우 어렵다는 것이다. 그리고는 고향에 내려갔다 오겠다며 주말 역사 유적지 탐방 수업을 불참했다.

주말 내내 이 신부로 인하여 마음이 무거웠다. 혹시, 만에 하나라도 이 신부에게 무슨 일이 일어난다면? 나는 상상하기가 무서웠다. 결혼이주여성 사전교육을 실시한 이후부터 신문지상에서 '베트남 신부'라는 활자만 보아도 가슴이 철렁 내려앉는 버릇이 생겼다. 지난 5월에 청도에서 베트남 신부 살해 사건이 일어났을 때도, 직원에게 먼저 우리 신부인가 아닌가 알아보라고 하고 나서야 비로소 신문을 읽을 수 있었다. 나와 같이 보름 동안 먹고, 자고, 떠들고, 웃었던 이 신부들에게 무슨 일이 일어난다면 나는 정말 견디기 힘들 것이다. 아는 사람의 죽음과 모르는 사람의 죽음이 이렇게 다른 것이다. 그래서 나는 밤마다 기도한다. 부디 우리 신부들이 한국에서 아무 사고 없이 잘 살게 해달라고.

고향에 갔다 온 흐엉은 수업 시간 내내 얼굴이 침착했다. 아니 차갑다는 편이 낫겠다. 눈망울을 굴리며 볼이 빨갛게 상기되어 질문을 하던 부산한 모습은 온데간데없다. 이 신부보다 조건이 못한 신부들도 좋은 남편을 만났는데 이렇게 예쁘고 똑똑하고 자신감이 넘치고, 능력 있는 아가씨에게 이런 남자가 걸리다니, 세상은 이렇게 뒤죽박죽일 때가 많다.

수업을 마치고 이 신부를 불렀다. "너 한국에 가지 말고, 하노이에 올라와서 야간 대학 한국어과를 다니는 것이 어떻겠니? 그리고 나서 한국의 전문 대학에 유학을 갈 수 있도록 도와줄게. 너는 해낼 수 있을 거야." 라고 하니, 신부는 무겁게 입을 열었다. "부모님과 상의를 했는데요, 20년 전 일이니까 지금은 사람이 변했을 수도 있지 않겠냐고 하시네요." "애야, 그건 50 대 50이야. 변했을 수도 있고, 안 변했을 수도 있잖니? 만약에 안 변해서 너를 때리면 어떡하니?" "그럼, 대한민국 정부는 왜 이런 사람을 베트남에 입국시켰어요? 결혼 전에 미리 알려 주었어야지요. 이미 결혼했고, 신혼여행도 갔다 왔고, 내 서류는 한국에 넘어갔고, 한국에 혼인 수속을 다 마쳤는데, 내가 지금 안 가겠다고 하면 결혼 정보 회사에서 순순히 이혼 수속을 밟아 주겠어요? 순순히 내 서류를 돌려주겠냐고요? 내가 결혼 정보 회사에 남편의 범죄 경력에 대해 말하니까 깜짝 놀라면서 어떻게 알았냐고 했어요. 모두 나를 속인 거잖아요?"

그랬다. 남편도, 결혼 정보 회사도 이 신부를 속였다. 베트남 신부들이 한국어를 모를 거라고 생각하고 속인 것이다. 범죄 경력 증명서를 떼어 보내면서도 한마디 언급도 하지 않았다. 설사 처음에는 결혼 정보 회사도 모르고 소개를 해 주었더라도 나중에 서류를 보낼 때는 분명히 그 사실을 알았을 테고, 그러면 적어도 당사자인 신부에게 사실대로 말해 주고 사과를 해야 옳지 않은가? 그리고 신부가 원하지 않으면 그에 따른 응당한 보상을 해 주어야 도리가 아닌가?

흐엉의 남편 K는 1991년에 군대에서 특수강간죄로 1년 6개월의 징역을 살고 제대한 후 기계 조립 자격증을 취득하여 현재는 건설 현장에서 일하고 있다고 한다. 한때의 잘못으로 장가를 못 가고 나이만 먹어 가고 있는 아들을 바라보며 노모는 가슴이 아파 눈물로 세월을 지새우고 있었으며, 그래서 이 남자는 엄마에게 효도하기 위해서 국제결혼을 결심한 것이라고 한다. 이 노모는 자신의 아들보다 더 열심히 며느리에게 국제 전화를 하고 있었고 이 신부는 그런 시어머님이 좋다고 했다.

우리의 몇 번의 만류에도 불구하고 흐엉은 일단 한국에 가겠다는 의사를 분명히 했다. 가서 살아 보고, 정 못살겠으면 그때 이혼을 하겠다는 것이다. 그렇다면 나는 이 남자와 통화를 해 보아야 한다. 도대체 어떤 생각을 가지고 결혼을 했으며 앞으로 아내에게 어떻게 대할지를 직접 들어 보아야 한다. 조심스레 다이얼을 눌렀다.

"K 씨, 저는 결혼이주 베트남여성 사전교육을 하고 있는 김영신입니다. 현재 흐엉을 비롯하여 36명의 신부들을 가르치고 있는데 K 씨의 아내가 매우 뛰어납니다." 그리고 무슨 말을 해야 할지 모르겠다. 정말로 하고 싶은 말은 "당신이 어떻게 범죄 경력을 속이고 베트남 여성과 결혼할 생각을 했습니까?"인데 차마 그 말을 할 수가 없었다. 그래서 다시 흐엉으로 화제를 돌려서 "지금까지 200여 명의 신부들을 교육했는데 그중에 제일 똑똑해요. 한국어도 얼마나 잘하는지 몰라요. 부인을 아주 잘 얻었어요. 이렇게 좋은 아내를 맞이하는데 잘해 주셔야 해요."라고 말하자 "나만치만 잘해 주라고 하이소."라고 한다.

"그래요? 그렇게 잘해 주실 수 있으세요? 다행이네요. 그리고 저…… 혹시, 화가 나더라도 폭력을 사용하시면 안 됩니다." 나는 용기를 내서 여기까지 말했다. 그리고 대답을 듣기가 두려웠다. 특수강간죄를 저지른 사람이라는데 얼마나 거칠까? 당신이 뭔데 그러느냐는 험한 소리가 수화기를 깨고 튀어나올 것만 같아 가슴이 조마조마했다. 그런데 의외로 온순한 대답이 나왔다.

"여자가 어디 때릴 때 있습니꺼?" 이때다 싶어서, "그렇죠? 여자를 어떻게 때려요. 말도 안 되지요. 여자를 때리는 것은 정말 야만인이에요. 저…… 사실 처음에 K 씨의 과거를 알고 나서 무척 놀랐어요. 그러나 한편, 과거의 잘못을 뉘우치고 아내에게 더 잘할 수도 있겠다는 생각이 드네요. 베트남 아내가 고맙지요?" "하모요, 고맙지요. 내사 잘해 줄낍니더. 우리 오메도 베트남 며느리 오기만을 손꼽아 기다리고 있심더. 신부 오면요, 문화 센터 다니라고 다 등록해 놓았고요, 일대일 가정 방문 지도 교사도 다 신청해 놓았심더." "그래요? 아주 잘하셨네요. K 씨의 신부는 똑똑해서 한국에 가면 금방 적응하고 K 씨의 집안을 일으킬 거예요. 우리가 옆에서 도와줄 테니까 어려운 일 있으면 전화주세요." "네, 고맙씀더."

내일이 수료식이다. 학생 대표 인사말은 당연히 흐엉의 몫이다. 흐엉은 베트남어로 적은 인사말을 가지고 와서 한국어로 번역해 달라고 한다. 한국어로 인사말을 하겠다는 것이다. 역대 수료식에서 2주 배운 한국어 실력으로 감히 한국어 인사말을 하겠다고 나선 신부는 흐엉이 처음이다. 이렇게 당차고, 영특하고, 도전 정신이 강한 흐엉의 모습이 드러날 때 마다 마음은 더욱더 무거워진다.

7월의 어느 깊은 밤, 전화벨 소리가 요란하게 울렸다. 잠이 막 들어서 안 받으려다가 왠지 받아야 할 것 같은 중압감에 핸드폰의 폴더를 열었다. "선생님 저 흐엉이에요. 여기 공항이에요. 조금 있으면 비행기를 타요. 근데 사실 저 무서워요. 만약에 제 남편이 안 좋은 사람이면 어떡하죠?" 흐엉은 울고 있었다.

나도 왈칵 눈물이 쏟아졌다. "흐엉아, 그래…… 잘될 거야. 걱정하지 마. 너희 남편이 잘하겠다고 약속했어. 그리고 무슨 일 있으면 즉각 꼬김에게 전화해. 알았지?" "네, 선생님 건강하세요." "그래, 너도 몸조심하고, 한국어 열심히 배워서 시 의원에 꼭 출마해야 한다. 몽골 여성이 베트남 여성보다 먼저 시 의원이 되어서 꼬김이 배가 아프다. 한베 가족이 한몽 가정보다 훨씬 많고, 베트남 여성이 훨씬 똑똑한데도 몽골에 져서 기분이 무지무지 나빠. 그러니까 네가 꼬김의 한을 풀어다오." 흐엉은 울다가 갑자기 웃음을 터트렸다. 그래 웃자, 웃음으로 너와 내 속에 도사리고 있는 이 불안을 떨쳐 버리자.

며칠 후, 핸드폰에 낯선 국제 전화번호가 떴다. "여보세요, 원장님 흐엉의 남편 K입니다." 매우 경쾌한 음성이어서 일단 안심을 했다. "아, 예, 안녕하세요? 흐엉 잘 도착했어요?" "네, 잘 도착했습니다. 흐엉 바꿔 드리겠습니다." 흐엉도 매우 들뜬 목소리로 남편도 잘해 주고, 시어머니도 잘해 준다며, 우리의 걱정은 기우였다고 한다. 남편은 매우 친절한 사람이고, 집안 식구들이 모두 다 자기를 너무 위해 주어서 몸 둘 바를 모르겠다며 꼬김 걱정하지 말라고 한다. "그래, 흐엉아, 참 잘되었구나. 너로 인하여 너의 시댁이 활짝 피게 되었으니 너에게도 보람이 아니겠니? 너의 시댁은 너를 보배로 여길 거야. 그럴수록 너는 더욱더 겸손하게 시어머니 공경하고 남편에게 잘해야 한다. 그래서 정말 멋진 한-베 가정 만들어서 세상을 놀라게 해 주자꾸나."

그리고 몇 년 후, 나는 흐엉을 만나러 대구로 갔다. 벌써 아들을 2명 낳았고, 한국 국적도 취득을 했다. 그리고 그동안의 흐엉의 한국 생활 스토리를 들으며 '역시' 하며 무릎을 쳤다. 시어머니와 분가하게 된 과정을 말하는데 얼마나 당차던지 정말 놀라지 않을 수 없었다. 흐엉의 말에 의하면 남편은 시어머니로부터 정신적으로 독립을 못했다는 것이다. 사사건건 참견하는 시어머니의 간섭은 마찰이 불가피했다고 한다. 그래서 '국적을 딴 다음에 보자.' 하고 꾹 참다가 드디어 국적을 딴 다음에 남편에게 분가를 선포한 것이다. "난 대구 시내로 나갈 거다. 당신이 나를 따라오려면 오고, 당신 엄마랑 살려면 살아라."라고 했더니 남편이 자기를 따라왔다는 것이다. 시어머니는 살림살이를 밖으로 다 내던지면서 소리소리를 지르고 난리를 쳤지만 자기는 눈 하나 깜빡 안 하고 나왔다는 것이다.

지금도 언어를 잘해서 다문화 센터에 취직해서 돈을 벌고 있었고, EBS에서 '다문화 고부 열전'을 찍을 한베 가정주부를 찾기에 흐엉을 소개하려고 했더니 흐엉 말이 그런 곳에 나가서 얼굴 팔리고 싶지 않다고 출발을 좀 더 높게 하고 싶다고 한다. 한국어를 얼마나 잘하는지 나는 마치 한국 아줌마랑 수다를 떨고 있는 느낌이었다.

아내의 학력 위조

'나 강한 여자'라로 쓰여 있는 얼굴이다. 힘이 들어간 눈, 이마에 내 천川 자, 까칠한 피부, 기차 화통 같은 목소리. 가만히 있어도 억센 기운이 뿜어 나오는데, 입을 열면 완전 못 말리는 왈패, 왈가닥이다. 이런 여자에게 첫 눈에 반한 남자가 있었으니……

"선생님, 저는 딱 이 사람, 한 사람만 보고 결정했습니다. 다른 남자들 은 수십 명의 여자를 보고 결정을 내리는데 저는 딱 이 한 사람만 보았습 니다. 더 보여 주겠다고 하는 것을 거절하고 이 여자를 선택했습니다. 제 아내에게 꼭 그렇게 전해 주십시오. 당신 한 여자만 보았다고." 한 여자 만 선본 것이 마치 무슨 대단한 정절이라도 지킨 것마냥 이 남자는 거듭 강조하고 있다. 그만큼 자기 아내에게 '일편단심'이었다는 것이다. 이유인 즉, 자기 아내가 탤런트 누구를 닮았다는 것이다. 그러면서 나에게 그렇지 않느냐며 동의를 구하는데 내가 그 탤런트를 본 적이 있나, 들은 적이 있 나. 내 시대는 문희, 남정임, 윤정희, 고은아, 신성일, 남진, 나훈아 시대인 데 요즘 연예인을 알 수가 있어야지. 그래도 아는 척하며, "그래요? 그러 고 보니 정말 그러네요. 강렬한 까만 눈동자가 정말 그 탤런트를 닮았네 요."라고 하자 수화기 저편에서 기다렸다는 듯이 "그렇죠? 눈이 정말 예쁘 지요?" 하며 반가워한다. "제 아내가 입국하면 서울대학에 입학시킬 거예 요. 제가 다 수속 밟아 놓았어요." 서울대학이라고? 나는 깜짝 놀랐다. "제 아내가 베트남에서 대학 졸업했거든요. 한국에 오면 어학당에서 한국어 배운 다음에 서울대학에서 석사 공부 시키려고요." 기쁨에 들뜬 이 소리의 파장이 사라지기 전에 나는 그대로 왈패 신부에게 통역을 해 주었다. 그러나 그녀는 씨익 웃으며 알 수 없는 표정으로 답을 대신했다.

한국어 수업 시간이었다. 그 남자와 통화 후 나의 눈길은 왈패 신부에게 자주 갔다. 그런데 그녀는 남편의 기대와는 달리 하품을 자주 하며 몸을 비비 꼬고 있었다. 쉬는 시간에 그렇게 눈에 불을 뿜어내며 수다로 활기가 충천하던 기세는 다 어디로 도망을 갔는지 수업 시간에는 동공이 풀린 명태 눈을 하고 있었다. "얘, 너 서울대학에서 공부하려면 열심히 해야지. 네 남편은 지금 얼마나 부푼 꿈을 가지고 있는데 그러니?"라고 하자, 그녀는 또 피식 웃는다. 그러더니 다음 날, 아예 수업 시간에 들어오지를 않았다. 직원을 시켜서 그녀를 불러왔다. "너 어디 아프니?" "네, 머리가 아파요." "그래? 열나니?" "아니요, 열은 안 나는데 머리가 막 쑤셔요." "왜?" "여기서 공부를 너무 많이 해서 그래요." "여기서 무슨 공부를 많이 하니? 2시간은 요리 시간이고, 2시간은 점심시간이면, 하루에 5시간밖에 안 하는데, 너 대학 나왔다며?" "아니에요, 저 초등학교 4학년 중퇴했어요." "뭐???" 기가 막혀서 벌어진 입이 다물어지질 않는다. 고등학교 졸업도 아니고, 중학교 졸업도 아니고, 초등학교 졸업도 안 한 사람이 대학 졸업으로 둔갑을 했으니, 이런 사기가 또 어디 있단 말인가? "근데, 왜 대학 졸업이라고 거짓말을 한 거니?" "베트남 중매쟁이가 그렇게 하라고 했어요. 저 남자가 대학 졸업한 여자를 찾으니 절더러 대학 졸업했다고 말하라고 했어요." 이 무슨 날벼락 같은 일이란 말인가?

이 남자는 대학을 졸업한 지성인 신부를 구하려다가 오히려 바가지를 옴팍 쓴 것이다. 이 왈패 신부는 초등 4년만 공부하고 농사에다 장사에다 닥치는 대로 살아온 여성이기에 억척스런 답답함이 충천한 여성이다. 지성하고는 하늘과 땅이 먼 것처럼 그렇게 먼 신부이다.

왈패 신부의 남편은 구청에 근무하는 공무원으로 혼기를 조금 놓친 노총각이다. 사회적 위치도 있고, 집안의 체면도 있으므로 베트남에서 대졸 신부를 데려다가 야무지게 공부를 시켜서 미래 다문화 사회의 지도자급으로 키워 볼 야심 찬 포부를 가지고 있었던 것 같다.

주위에서는 나에게 그 신랑에게 사실대로 알려 주어야 하지 않느냐고 하는데, 이미 결혼을 했는데 알려 주면 어쩌라는 건가? 결혼하기 전이라면 몰라도. 그래서 이 남자를 생각하면 가슴이 답답하다. 살다 보면 곧 알게 될 텐데 얼마나 실망을 할까? 대학을 졸업한 줄로 알았는데 고등학교 졸업도 아닌 초등학교 중퇴라니, 이 얼마나 청천벽력 같은 소리란 말인가?

그 후로 나는 왈패 신부를 이름 대신 '대학생'으로 불렀다. "어이, 대학생, 이거 읽어 봐." 그러나 그녀는 금방 배운 단어도 기억하지 못하는 둔재였다. "너 어쩌려고 그러니, 너희 남편은 너를 서울대학에 보내겠다고 하는데……." 나는 걱정이 되어 죽겠는데 이 신부는 무사태평이다. 일말의 두려움도 걱정의 기색도 전혀 없다. "뭐, 어때요. 안 한다고 하면 되지요." 라고 한마디로 일축해 버린다. 배짱도 이만저만 두둑한 것이 아니다.

요리 수업 시간이다. 대개의 신부들은 요리 시간을 제일 좋아한다. 공부에 취미가 좀 떨어지는 신부들도 요리 시간에는 눈동자를 반짝반짝 굴리며 핸드폰으로 사진도 찍고 노트에 적고 난리를 치는데 이 왈패 신부는 팔짱만 끼고 있다. "어이, 대학생, 뭐해. 요리라도 잘 배워 가야지."라고 하니까, 이 신부 왈 "그냥, 일하는 사람 쓰면 되잖아요."라고 하는 것이 아닌가. 뭐라고? 아이고 머리야. "얘야, 한국에는 인건비가 얼마나 비싼 줄 아니? 일하는 사람 쓰면 너의 남편 월급 반 이상은 줘야 돼."라고 하자, "우리 시댁 부자예요. 자동차가 3대 있대요."라고 하는 것이 아닌가? 이 황당한 신부를 어찌하면 좋을까?

한 달 후, 나는 이 왈패 신부가 한국에서 어떻게 살고 있을지 걱정도 되고, 궁금도 해서 전화를 돌렸다. 남편이 받았다. 베트남에서 몇 번 통화를 했으므로 반갑게 인사를 주고받고는 왈패 신부 한국에 잘 도착했느냐고 물으니 이제 한국에 온 지 일주일 되었다고 한다. 언제부터 대학에 다니게 할 거냐고 차마 물어 볼 수가 없었다. 가슴이 조마조마하다. 거짓말은 이 신부가 했는데 왜 내 가슴이 조마조마해야 하는지 모르겠다.

8월 5일 금요일 오후 국제 전화가 걸려 왔다. "원장님 제 아내가 집을 나갔습니다." 그의 목소리는 다급했고, 내 심장은 철렁했다. "원장님, 누군가가 투이를 꼬드긴 것이 분명합니다. 투이가 한국문화교실에서 공부할 때 활짝 웃으면서 찍은 사진을 보면 그렇게 맑고 순수할 수가 없습니다. 그런 웃음을 가진 투이가 위장 결혼으로 나를 이용했을 리가 없습니다. 분명히 누군가가 투이를 꼬신 것입니다." 그는 이 와중에도 아내에 대한 굳은 믿음을 가지고 있었다. 그런 남자에게 "투이는 이미 당신을 속였습니다. 대학을 졸업한 것이 아닙니다. 초등학교 4학년 중퇴입니다."라고 차마 말을 할 수가 없었다.

그는 나에게 몇 개의 전화번호를 주었다. 베트남에 있는 투이의 친언니, 한국에서 자주 통화했던 한국에 있는 베트남 친구, 결혼 중매업체 등등 투이의 행방을 추적할 수 있는 모든 정보를 나에게 주고 도움을 요청했다. 그는 하루가 멀다 하고 나에게 전화해서 투이는 순수하다는 말을 되풀이했다. 내가 볼 때 투이는 전혀 순수한 사람이 아닌데 무엇이 그로 하여금 그녀를 그렇게 믿게 만든 것일까? 투이가 초등학교 4학년을 중퇴하고도 대학을 졸업했다고 속인 것을 몰랐을 때도 내 눈에 투이는 억세고 머리 회전이 빠른 영악한 여성이었다. 그러나 그의 마음에 새겨진 투이는 전혀 다른 모습이었다.

"투이야, 오빠에게 빨리 와라, 신림역으로. 돈 없으면 그냥 택시 타고 와. 오빠가 신림역에 나가 있을게." 이렇게 문자 메시지를 보내고 투이를 기다리고 있다고 한다. 그는, 혹시 순진한 투이가 나쁜녀석들의 꾐에 넘어가 성매매 업소로 팔려 나갔으면 어떡하냐며 투이의 신상을 걱정했다. 남편 하나 믿고 왔는데 낯설고 물선 한국 땅에서 투이의 인생이 잘못되면 어떡하냐며, 안절부절하지 못한다. 분개하기보다는 투이를 걱정하는 그의 착한 마음이 나의 마음을 더 아프게 한다.

어느 날 밤, 그는 약간 술에 취한 목소리로 다시 나에게 전화를 했다. "원장님, 원장님은 투이의 선생님이었잖아요. 예부터 학생들은 선생님을 존경했거든요. 그러니 원장님의 말은 들을 거예요. 꼭 좀 투이를 찾아주세요. 그럼 평생 그 은혜를 잊지 않겠습니다." 얼마나 애간장이 타면 15일 선생 노릇을 한 나에게 이렇게 부탁을 하는 걸까? 그가 오로지 매달릴 수 있는 지푸라기가 나라니…….

　우선 나는 그가 준 한국의 결혼 중매업체에 전화를 했다. 이유는 투이가 학력을 속이고 결혼한 것을 묵과한 이 업체에게 따지고 싶어서였다. 굵은 목소리의 여성이 받았다. 나의 설명을 들은 그녀는 자기는 몰랐노라고 한다. 아마도 베트남 중개업소에서 그런 것 같다고 하는데, 나중에 알고 보니 베트남에서는 이 사장의 며느리가 이 사업을 하고 있었다. 자기의 아들을 베트남 여성과 결혼시켜서 베트남에서는 아들 내외가, 한국에서는 이 여인이 결혼 중매업을 하고 있었다. 결혼 중매업 자체를 비난하려는 것은 아니다. 그러나 일생일대의 대사大事를, 한 사람의 인생 전부가 걸려있는 인륜지대사를 이런 속임수로 해서야 되겠는가 말이다. 자기의 인생이 중요하듯 다른 사람의 인생도 중요하게 생각하며 돈을 벌어야 하지 않겠는가?

　베트남에 있는 투이의 친언니에게 전화를 했다. 그리고 사정을 했다. "투이의 남편은 정말 좋은 사람이다. 지금도 투이를 믿고 있고 투이가 다시 돌아오면 아무것도 묻지 않겠다고 한다. 그리고 한 달에 500불씩 친정에 송금해 주고, 투이가 합법적으로 한국에서 일을 할 수 있도록 도와주겠다고 한다. 이런 착한 사람을 아프게 하면 투이의 앞날에 무슨 좋은 일이 있겠는가? 언니가 동생에게 잘 권유해 주기 바란다."라고 투이의 언니를 설득했다. 투이의 남편은 매일 나에게 전화를 한다. 하루 이틀 시간이 지나면서 투이에 대한 의심과 아울러 원망이 나올만 한데도 그는 한 번도 투이를 원망하지 않고 있다. 혹시 투이가 잘못 되었을까 봐 오로지 그 걱정만 한다. 그는 투이가 자기의 진심을 알면 반드시 돌아올 거라고 굳게 믿고 있다. 그가 베트남에 와서 선을 볼 때 오직 투이 한 사람만 보고 바로 결정했다고 나에게 자랑했던 그의 일편단심이 이제야 비로소 이해가 된다.

투이는 왜 집을 나갔을까? 투이의 남편은 투이가 9월 1일부터 서울대학교 어학 센터에서 공부하도록 등록을 마쳐 놓았다고 한다. 아마 투이는 자신이 없었던 모양이다. 남편에게, "오빠, 나 공부하지 않고, 그냥 일하려 다니면 안 돼요? 일하면서 한국어 조금씩 배울게요."라고 하는 것을 남편은 투이의 장래를 생각해서, "일은 천천히 하고 우선 한국어를 빨리 배워. 돈이 필요하면 오빠가 줄게."라고 했다는 것이다. 투이가 집을 나가기 하루 전에 어떤 남자에게 전화가 왔고, 투이는 그 남자의 전화를 받고 울었고, 그다음 날 투이는 보따리를 싸고 집을 나갔다고 한다. 전화를 한 그 남자는 누구이며, 그리고 무슨 말을 했기에 투이가 울었을까? 남편은 오늘도 떠나간 투이를 이해할 수 없어, 그리움과 허탈감에 시달리고 있다. 날이 갈수록 그의 목소리는 점점 힘을 잃어가고 있다. "원장님, 베트남에서 투이와 함께 투이 어머니 산소에 다녀왔습니다. 향을 피우고 함께 절을 했습니다. 어머니 산소까지 나를 데려갔었는데 설마 위장 결혼을 하려고 한 것 아니겠지요? 저는 투이를 믿고 싶습니다." 그의 목소리는 젖어 있었다.

혹자는 나에게 말한다. 왜 투이의 남편에게 투이의 학력 위조를 말해 주지 않았느냐고. 그러나 우리 센터는 교육만 담당하고 있다. 우리가 이미 결혼한 가정에 개입할 수가 없다. 우리의 목적은 잘 살도록 도와주는 것이다. 그 이상은 우리의 권한 밖의 일이다.

70살 신랑과 52살 신부

개강식을 하기 위해 강당에 들어선 나는 순간 멈칫했다. 베트남 신부들 틈에 나보다 더 주름이 많은 아줌마가 앉아 있는 것이 아닌가? '음, 딸이 한국으로 시집을 가는 모양이군'이라고 생각하면서 그 아줌마에게 다가 갔다. 일전에도 딸과 함께 온 엄마가 있었기에 일말의 망설임도 없이 "찌 어이(여성 호칭), 딸이 시집가요?"라고 물었더니, "아니요, 내가 시집가요."라고 대답하는 것이 아닌가? 나는 깜짝 놀라서, "찌, 올해 몇 살이에요?"라고 나이를 물어보았다. "52살이에요." 이제는 표정을 수습해야 한다. 그래서 얼른 커진 눈을 줄이며 "아, 그러세요."라고 말하며 늙은 나이에 시집가는 것이 뭐 어떠냐는 표정으로 얼른 바꾸고는, "그럼 교육 잘 받으세요."라고 말을 마치고 돌아서려는데 "저는 한국에서 2년 살다 왔어요. 제 남편은 70살이에요. 한국 강원도에서 살았어요. 재혼이에요." 이 아줌마의 말은 끊임없이 줄줄 쏟아져 나오고 있다. 사실 나도 이 아줌마에 대해 궁금한 것이 많았지만 프라이버시에 관한 것이라서 천천히 좀 사귄 다음에 결례가 되지 않게 물어보려고 했던 것을 이 아줌마가 단숨에 쏟아내고 있는 것이다. 나는 계속 고개를 끄덕이며, "아, 그러세요."라고 응수해 주면서 아줌마의 얼굴을 찬찬히 살폈다. 고생한 흔적이 역력하지만 웬만한 고난은 충분히 물리치겠다는 얼굴이다.

개강식이 끝나고 오리엔테이션 시간이 되었다. 이 시간에 반장을 뽑는다. 비록 2주밖에 안 되지만 반장은 대단한 파워가 있다. 25명의 신부 학생을 대표하여 신부 학생들을 통솔하고, 강사와 신부 학생들 간의 연결을 원활하게 하며, 행정팀의 통보 사항을 신부 학생들에게 전달한다. 그러나 뭐니 뭐니 해도 가장 끗발이 서는 것은 우리의 관심을 많이 받는다는 것이다.

이 아줌마는 만장일치로 반장이 되었다. 젊은 신부들 틈에서도 전혀 기가 죽지 않고 적극적으로 수업에 참여하고, 어린 신부들과 똑같이 화장을 하고, 어떨 때는 짧은 미니스커트도 입는다. 요리 시간에는 강사보다 더 말을 많이 한다. "얘들아, 오이 무침은 번거롭게 소금에 절일 필요 없어. 우리 보통 길게 썰어서 먹잖아, 그냥 거기다가 양념 섞어서 무치면 돼." 해 가면서 강사를 제치고 자기가 강사가 되어 좌지우지한다. 신부들은 한국 요리 강사보다, 한국에서 2년 살다가 온 이 아줌마의 말에 더 무게를 두고 경청한다. 오전 8시 반부터 저녁 5시까지 빡빡하게 이어지는 수업에 눈을 똑바로 뜨고 한마디도 안 놓치려고 받아 적는 이 아줌마의 향학열에 젊은 신부들도 도전을 받아 꾀도 못 부리고 꼼짝없이 따라 하면서 수업 분위기가 한결 고무되었다.

드디어 신부들이 제일 기다리는 저녁 상담 시간이 되었다. 저녁 7시부터 9시까지 진행되는 이 시간에는 그동안 말이 안 통해서 신랑과 제대로 의

사소통을 못했던 신부들이 하고 싶었던 말을 다 쏟아 놓는 시간이다. 그러면 우리는 한국의 신랑에게 전화를 해서 통역해 주고, 한국 신랑도 신부에게 하고 싶었던 말을 우리를 통해서 한다. 드디어 아줌마와의 상담 시간. 50대의 아줌마와 결혼한 아저씨가 누구인지 정말 궁금했다. 그래서 나는 대뜸 "남편이 몇 살이에요?"라고 물었다. "70살이에요." "어떻게 결혼하게 되었어요?" 이렇게 질문하자 봇물 터지듯이 좔좔 쏟아내었다.

아줌마의 결혼 스토리를 요약하면 다음과 같다. 아줌마는 40대 중반에 어떤 한국 남자와 결혼했다. 그런데 사기 결혼이었다. 남자는 장애인이었고, 아이까지 딸려 있었다. 이혼하고 집을 나왔다. 갈 곳이 없었다. 그때 친구의 소개로 안 씨 아저씨네 가정부로 들어갔다. 안 씨는 이미 70을 바라보고 있었고, 아줌마는 이미 50을 넘은 나이여서 설마설마했다고 한다. 그런데 두 노인은 사랑을 하게 되었다. 두 사람은 9개월 동안 사랑을 키우다가 결혼을 했다. 한국에서 혼인 신고를 하고 베트남 하이즈엉성에 혼인 신고를 했다. 그리고 한국 대사관에 비자 신청을 했다. 그리고 우리 센터의 '한베 국제결혼이주여성 사전교육'을 위한 '한국문화교실'에 참가한 것이다. 2주의 교육이 끝나고 우리는 이 아줌마의 체제 속에 들어갔다.

이 아줌마는 비자가 안 나올 줄은 추호도 생각해 본 적이 없다. 결혼 중개업소를 통한 것도 아니고, 한 집에서 9개월을 산 사실혼 관계이다. 한국에서 계속 살아도 되지만 기왕이면 제대로 서류를 갖추고 싶어서 일부러 베트남에 돌아와 정식으로 수속을 밟은 것이다. 그런데 한국 대사관에서 청천벽력 같은 선고가 떨어졌다.

"결혼사진이 가짜입니다." 결혼사진이 가짜라니? 타잉 아줌마는 혼이 나갈 지경이었다. "얼굴과 몸이 따로따로입니다." 타잉 아줌마는 그제야 생각이 났다. 둘이 혼인신고를 하고 기념사진을 찍으려 사진관에 갔는데 다 늙어서 결혼 예복을 입는 것도 어색하고, 또 두 사람에게 맞는 예복이 없었다. 그때 사진관 기사가 "그냥 찍으세요. 제가 결혼 예복 입혀 드릴게요." 무슨 말인지 모르지만 사진사가 시키는 대로 했다. 그리고 찾을 때 보니 "어마나, 이렇게 신기할 수가. 멋진 예복이 입혀져 있네요." 신기하고 좋다고 했던 것이, 이 두 사람의 결혼을 가로 막는 치명적이 장벽이 될 줄이야! 게다가 대사관에서 남편에게 전화를 해서 결혼의 진위를 파악하는데, 70세 된 신랑은 정신이 오락가락해서 언제 만났는지, 언제 결혼을 했는지 뒤죽박죽으로 대답을 했다고 한다. 그러니 한국 대사관에서는 가짜로 여길 수밖에.

타잉 아줌마는 우리 사무실에 울면서 달려왔다. "이번에 비자 못 받으면 6개월 후에 다시 신청해야 하는데 제 남편은 제가 올 날만 손꼽아 기다리고 있어요. 빨리 가서 농사일도 도와드려야 하는데 어떡해요." 나는 한국의 70세 신랑에게 전화를 했다. "아저씨, 직접 오셔서 증명을 하셔야 겠네요. 지금 사진도 그렇고, 또 아저씨가 대답을 잘 못하셔서 일이 어렵게 되었어요."

그다음 날 얼굴에 주름이 가득한 할아버지가 우리 사무실로 들어왔다. 바로 뒤따라 타잉 아줌마가 들어오지 않았으면 우리는 정말 웬 불청객인가 했을 것이다. 아저씨는 급하게 비행기 표를 구해서 막 달려온 것이다.

어떻게 어제 통화하고 오늘 바로 비행기를 탈 수 있었는지, 그것도 강원도에서.

두 부부는 우리 사무실에 와서 두 사람이 어떻게 만나서 결혼을 했는지, 왜 사진이 그렇게 되었는지에 대한 소명 자료를 만들기 시작했다. 그런데 아저씨는 그냥 맘 좋은 아저씨이지, 뭘 어떻게 만들어야 하는지도 모르고, 날짜도 잘 기억을 하지 못한다. 전라도 말로 하자면 모든 게 '거시기'이다. 그래서 아저씨와는 서류를 만들 수가 없었다.

그러자 타잉 아줌마가 나섰다. 아줌마는 분명하고 딱 부러진 베트남어로 두 사람의 만남부터 결혼하기까지의 스토리를 구두로 불러 주었고, 우리 베트남 직원이 컴퓨터로 받아 적었다. 그리고 그 베트남어를 다시 한국어로 번역을 했다. 한국 영사에게 제출할 서류이기 때문이다. 만약에 아저씨가 한국말로 잘 불러 주었으면 한 번에 끝날 일을 우리는 두 번에 한 것이다.

번역이 다 끝나서 출력해서 주며 영사님께 드리라고 했더니 타잉 아줌마가 안 된다는 것이다. 그러면서 한국어 본을 아저씨에게 주면서 자필로 이대로 적으라는 것이다. 아줌마 왈, 인쇄된 내용은 다른 사람이 얼마든지 써 줄 수 있는 것임으로 신빙성이 부족해서 영사님이 의심할 수 있으니 아저씨가 자필로 써야 한다는 것이다. 우리는 깜짝 놀랐다. 미처 우리가 생각하지 못한 부분이었다. 와, 대단한 아줌마이다. 우리는 이 아줌마의 주도면밀함에 혀를 내둘렀다. 안 씨 아저씨는 아내가 시키는 대로 자필로 적었다.

우리 사무실은 늙은 새신랑과 새신부로 인하여 거의 하루 종일 마비 상태가 되었다. 그러나 사랑보다 더한 것이 어디 있으랴? 이렇게 무르익을 때로 무르익어 앞으로 살아갈 날이 얼마 남지 않은 완숙한 나이에 선택한 사랑이 아닌가? 그래서 우리는 이 숭고한 사랑에 끽소리도 하지 못하고 타잉 아줌마의 명령에 복종하면서 며칠을 보냈다. 그녀의 의지와 신념은 참으로 대단했다. 안 씨 아저씨는 이런 아내가 좋은가 보다. 내내 흐뭇한 눈길로 바라보고 있다.

다음 날 오후, 타잉 아줌마에게 전화가 왔다. "저예요, 비자 받았어요. 너무 고마워요." 좋아서 어쩔 줄 몰라 하는 타잉 아줌마의 목소리가 반갑다. 우리 한베문화교류센터 직원들 모두 그 소식을 듣고 자신의 일처럼 기뻐하며 감사했다. 정말 다행이다. 만약 비자가 안 나왔다면 우리는 또 얼마나 타잉 아줌마에게 시달림을 받게 되었을까, 생각만 해도 정말 어수선하다.

타잉 아줌마가 사랑하는 남편과 함께 한국에 간 지 한 달이 되어 간다. "안녕하세요? 타잉 아주머니. 잘 지내시죠?" "아, 선생님, 네, 잘 지내요." 하더니 바로 남편을 바꾸어 준다. 안 씨 아저씨는 어제 강원도 출입국사무소에 가서 1년 도장 받아 왔다며 자랑을 하신다. 고맙다, 두 분. 황혼에 만났으니 부디 행복하게 잘 살기를 바란다. 오늘도 한국문화교실을 거쳐 간 모든 수료생들에게 한국으로 전화를 건다. 행복한 가정을 일구어 가는 반가운 소식을 기대하며……

내가 남편을 선택했어요

짱은 유치원 교사를 하다가 한국 남자를 만나서 결혼하게 된 27세의 요즘 말로 '귀요미' 여성이다. 우리는 짱을 통하여 국제결혼의 성격이 바뀌고 있는 것을 알게 되었다. 짱이 늘 자랑하는 것은 남편이 자기를 선택한 것이 아니라, 자기가 남편을 선택했다는 것이다. 짱의 자부심 넘치는 결혼 스토리는 다음과 같다.

7층 대기실에서 다른 베트남 여성들과 맞선 볼 남자들을 기다리고 있었어요. 그때 한국 남자들이 6층 복도에서 담배를 피우고 있는 거예요. 저는 몰래 그들을 훔쳐보고 있는데 한 남자의 얼굴이 내 시야에 확 들어왔어요. 마음에 쏙 들었어요. 미남에다 눈빛도 순하고 키도 크고, 그래서 저 남자다 싶어서 결혼 중개 회사 사장님에게 저 남자를 소개해 달라고 했더니, 저 남자는 다른 여자와 미팅이 잡혀 있다고 안 된다고 하는 거예요. 그리고 나를 다른 남자에게 소개해 주었어요. 저는 그 남자가 맘에 들지 않았어요. 그래서 싫다고 하고, 계속 기다렸어요. 원래는 하루에 한 사람만 선보게 되어 있어서, 저는 집에 가야 했어요. 근데 안 갔어요. '저 남자'를 놓치고 싶지 않았어요. 그래서 아침부터 저녁까지 무작정 대기실에 앉아 있었어요. 배에서는 꼬르륵 하는 소리가 들렸어요. 저녁이 되어 사장님에게 다시 갔어요. "저 남자를 꼭 소개해 주세요, 제발." 그랬더니 그 사장님이 저 남자를 나에게 데리고 왔어요. 저 남자도 다른 여자와 맞선을 보았지만 성사되지 못하고 결국 나를 만나게 된 것에요. 참 힘들고 가슴 태우는 하루였어요.

짱은 2주 동안 진행하는 우리 센터의 '한베 국제결혼이주여성 사전교육'을 위한 '한국문화교실'에서 단연 으뜸이다. 한 남자를 자기에게로 오게 했던 그 적극성이 어디 가겠는가? 짱은 자기 남편을 얼마나 좋아하는지 잘 때에도 페이스톡을 열어 놓고 잔다. 잠결이라도 눈을 뜨면 페이스톡에서 잠자고 있는 남편의 얼굴을 보면서 사랑을 키워 갔다. 남편에게 보내는 영상 편지도 얼마나 귀엽게 찍었는지 보는 이로 하여금 식었던 사랑을 다시 샘솟게 했다.

나는 짱의 '저 남자'의 얼굴이 궁금했다. 얼마나 잘생겼기에 짱이 이다지도 좋아하나 싶어서, 어느 날 짱의 남편과 페이스톡을 했다. 과연 훈남이었다. 선하게 생긴 얼굴에다 말투까지 부드럽고 약간의 수줍음도 있는 푸근한 사람으로 보였다. "김 씨, 당신은 세상에서 가장 행복한 남자에요. 한 여성으로부터 이렇게 극진한 사랑을 받고 있다니요. 잠잘 때도 페이스톡을 켜 놓고 김 씨의 잠자는 모습 보면서 자요."라고 했더니, 김 씨도 빙긋이 웃으면서 "저도 그렇게 생각합니다."라고 대답하는 모습이 영 겸손하다. 잘됐다, 짱아! 네가 적극적이고 발랄하고 당차고 하니, 잘 어울리겠다.

짱은 지금 한국에 있다. 베트남에 있을 때, 남편이 보고 싶어서 그렇게 극성을 부렸는데, 이제 직접 만나니 얼마나 깨가 쏟아질까 해서 전화를 했다. 그랬더니 지금 냉전 중이란다. 이유는 이웃에 사는 아주머니가 자기 남편에게 너무 잘해 주어서 자기가 질투가 나서 남편에게 그 아주머니의 친절을 뿌리칠 것을 강조했더니 남편이 삐쳤다는 것이다.

남편의 뺨을 때리는 아내

올 7~8월에 한국에 살고 있는 한베 가족들을 방문했다. 우리 센터에서 실시하는 베트남 결혼이주여성 사전교육 2주 과정인 '한국문화교실'을 수료한 베트남 신부들이 한국에서 잘 살고 있는지 살펴보기 위해서이다. 2주 동안 숙식하며 한국어, 한국 음식, 한국 문화를 비롯하여 한국에서의 문화 충격을 최소화하기 위해 빡빡한 일정으로 많은 것을 가르쳤다

부산 지역 한베 가족을 방문할 때의 일이다. 우리가 도착했다는 전갈을 받은 어떤 시어머니가 장사하다 말고 헐레벌떡 뛰어와서 우리를 반갑게 맞아 주시며 며느리의 한국 생활에 대하여 이런저런 말씀을 하시다가 "아이고 마, 이것 통역 좀 해 주이소" 하며 꺼내는 말이 "글쎄, 자가 지 남편의 뺨따귀를 찰싹찰싹 때리고 막 꼬집고 안 그라는교?" 하는 것이었다. 나는 깜짝 놀랐다. 어떻게 아내가 남편의 뺨을 때린단 말인가? 간혹 남편이 아내를 때린다는 말은 들었어도 아내가 남편의 뺨을 때린다는 말은 처음 들어보는 것이다. 나는 너무 놀라서 그 신부의 얼굴을 다시 보았다. 20살의 하염없이 수줍은 얼굴을 하고 있는 신부였다. 그런데 감히 40살 남편의 뺨을 때리고 꼬집는다니. "애야, 너 정말 남편의 뺨을 때렸니?" 하고 묻자 그 신부는 아무렇지도 않게 생글생글 웃으며 "네." 하고 대답을 하는 것이 아닌가? "미쳤니? 어떻게 남편의 뺨을 때린단 말이니?" 하자, 그 신부 왈, "사랑해서요."라고 하는 것이었다. "뭐? 사랑해서 뺨을 때린다고?" 나는 믿어지지가 않았다. 20년 동안 베트남에 살면서 남녀가 사랑해서 뺨을 때리고 꼬집는다는 말은 금시초문이었다. 그래서 베트남에서 나와 함께 출장

온 직원 홍늉에게 되물었다. "정말이니? 너희 베트남 사람은 사랑하면 남녀가 서로 뺨을 때리고 꼬집고 그러니?" 하고 묻자 그렇다는 것이다. 아, 이럴 수가. 이런 것을 여태 몰랐다니. 허긴 내가 베트남 남자와 사랑을 해 보았어야지 알 수 있지.

나는 베트남 신부에게 한국에서는 절대 남자의 얼굴에 손을 대면 안 된다는 것을 알려 주며, 내 신혼 시절 남편의 턱을 만졌다가 혼났던 사건을 말해 주었다.

나의 신혼의 어느 날, 남편의 턱을 만져 보았다. 부드러운 얼굴 밑에 있는 까끌까끌한 촉감, 신기했다. 어렸을 때 아버지의 턱수염을 만지면서 느꼈던 감정이 아련히 떠오르고 있었다. 그런데 갑자기 남편이 눈을 부릅뜨고 "어데 여자가 남편의 얼굴에 손을 대노? 건방시럽게스리!"라고 하는 것이 아닌가? 깜짝 놀라 얼른 손을 떼었다. 우리의 무드는 그 길로 끝이 났다. 나의 남편은 부산 사람이다. 한국의 문화가 다 그런 것인지, 지방마다 다른 것인지 모르겠지만 한국에서 얼굴을 쓰다듬는 것은 대개 윗사람이 아랫사람에게 하는 행동이다. 가령 어른들은 아이들이 귀여울 때 볼을 톡톡 친다. 그런데 베트남은 다른가 보다.

그 시어머니는 나보다 나이도 많은데 얼마나 놀랬을까? 20살짜리 며느리가 40살 아들의 뺨을 찰싹찰싹 때리면서 꼬집었으니. 이 신부에게 한국 문화를 잘 설명하고 절대 시어머니 앞에서는 남편에 대한 사랑 표현을 이렇게 하지 말라고 일러주었다.

그다음 집 방문할 때부터는 나는 신랑들에게 "아내가 당신의 뺨을 때리는 가요?"라고 물어보았더니, 그런다는 것이다. 그래서 "그것이 사랑의 표현이에요."라고 말하자 "네, 알고 있어요."라고 하는 것이었다. "어떻게 알았어요?" 하자 "좋다고 하는 행동인데 왜 모르습니까?"라고 한다. 부부끼리 살 때는 문제가 없는데 시어머니랑 사는 집은 이런 것이 문제가 되는 것이다.

슬픈 재혼

A 씨는 10년 전에 베트남 여성과 재혼을 했다. 그러나 A 씨의 재혼에는 슬픈 사랑의 아픔이 있다. A 씨의 첫 번째 아내는 한국 여성으로 두 사람 사이에는 두 명의 아들이 있었다. 두 사람은 부부 사이가 매우 좋았다. 자란 환경이 험난했던 A 씨, 그래서 약간의 공황 장애를 가지고 있는 A 씨를 아내는 잘 이해하며 보듬어 주었다. 그러나 행복은 항상 잠깐만 머물다 가는가 보다. A 씨의 아내가 암에 걸렸다. 행복했던 A 씨의 가정은 점점 어두워지기 시작했다. A 씨는 어린 자녀들을 누나네 집에 맡기고 낮에는 회사로, 퇴근 후에는 병원으로 달려갔다. 이렇게 3년을 수발을 했다. 이 당시에는 암이 보험이 되지 않아서 한 달 월급이 몽땅 아내의 병원비로 들어갔다. 가세는 점점 기울어져 갔고, 빚도 지게 되었다. 그러나 A 씨는 개의치 않았다. 사랑하는 아내가 다시 회복만 할 수 있다면 뼈가 으스러지게 일을 해서라도 돈을 벌겠다고 굳게 마음을 먹었다.

그러나 날이 갈수록 아내의 병세는 호전이 되지 않고 있었다. 이렇게 3년이 흘렀다. 어느 날 아내는 강력하게 퇴원을 요구했다. 병원에서 안 된다고 하는데도 아내는 소리소리 지르며 여기서 답답해서 못살겠다고 며칠이라도 집에 갔다가 다시 오게 해 달라며 난리를 쳐서 퇴원을 하게 되었다. 집에 온 아내는 A 씨에게 ○○라면이 먹고 싶다고 했다. 그런 음식을 먹으면 안 되는 상태인데 아내는 막무가내였다. 남편은 아내의 성화를 견딜 수 없어서 "알았어, 사 올게."라고 말하며 현관문을 열고 나가는데 아내가 쫓아 나오더니 A 씨가 엘리베이터를 탈 때까지 복도에서 빙그레 웃으며 A 씨를 바라보았다. A 씨는 손짓하며 "들어가 있어, 금방 갔다 올게."라고 말하고는 엘리베이터를 탔다. 슈퍼마켓은 바로 아파트 앞 상가에 있었다. 한 10분이면 갔다 오는 거리다. 그런데 이상하게 시간이 매우 길게 느껴졌다. 마치 몇 시간이 지난 것 같은 그런 느낌이었다. 서둘러 라면을 사 가지고 잰걸음으로 집으로 달려왔다. "여보, 라면 사 왔어." 하며 현관문을 열었지만 아내의 모습은 보이지 않았다. 화장실에 있나 싶어서 화장실 문을 두드렸다. "여보, 화장실에 있어?" 노크를 했지만 아무런 대답이 없었다. 화장실 문을 급하게 열었다. 아내는 없었다.

"여보, 여보, 여보!!!" A 씨의 목소리는 점점 더 커지며 이 방 저 방 다 뒤져 보았지만 아내의 모습은 보이지 않았다. 베란다 쪽으로 나가 보았다. 베란다 창문이 열려 있었다. 순간 뒷골이 섬뜩했다. 열린 창문으로 황급히 다가가 아래를 내려다본 A 씨는 온몸이 와르르 무너졌다. 사랑하는 아내가 저 밑에 널브러져 있었다.

아내는 이렇게 떠났다. 보험도 안 되는 병을 앓으면서 회복할 가망도 없는데 자신으로 인하여 경제적으로 고통을 받는 남편의 짐을 덜어 주고자 아내는 이런 선택을 한 것이다. 아내는 충분히 그럴 수 있는 여성이었다. 남편은 아내를 가슴에 묻었다. 착한 아내, 한 번도 자신을 위해 살지 않았고, 항상 남편과 아이들을 위해서 살았던 아내, 남편의 정서 불안을 늘 따뜻한 마음으로 감싸 주던 가슴이 넉넉한 아내, 암과 투병하면서도 마지막까지 오직 가족만을 생각했던 아내, 남편은 이 아내를 도저히 떠나보낼 수가 없었다.

그러나 두 명의 어린 아들, 이제 막 초등학교에 입학하는 큰아들과 유치원에 다니는 작은아들을 데리고 혼자 살 수가 없었다. 누나가 키워 주는 것도 한계가 있지, 이제는 아이들도 데려와야 했습니다. 아이를 잘 키우는 것이 죽은 아내가 간절히 바라는 것이라고 생각한 A 씨는 아이들을 위하여 재혼을 결정하고 베트남에 선을 보러 갔다. 그러나 A 씨가 요구하는 결혼 상대를 찾을 수가 없었다. '반드시 결혼에 한 번 실패한 여성으로 자녀가 딸려 있는 여성'이어야 했다. 그도 그럴 것이 A 씨는 자신을 위해 재혼을 하는 것이 아니었다. 자녀를 위해서였다. 그러기 위해서는 여성의 자녀도 자기가 키워 주어야 공평한 것이니까.

이런 특별한 조건의 여성을 찾을 수가 없어서 그만 포기하고 발길을 돌리려고 할 때, 한 여성이 손을 들었다. "저요, 사실은 저에게 세 살짜리 아들이 한 명 있습니다."라고 실토를 했다. A 씨는 이렇게 극적으로 아들 딸린 이혼녀를 만나 재혼을 하고 베트남 아내와 아들을 함께 한국에 데려와서 새로운 삶을 시작하게 되었다. 그러나 초기 결혼 생활은 쉽지가 않았다. 문화가 다른 두 사람이 맞추어 가는 과정도 힘이 드는데 아이들까지 있으니 부부의 갈등은 배가 되었다. 식사 시간에도 서로 자기의 자녀들에게 맛있는 음식을 먹이려는 신경전을 시작으로 상이한 자녀 교육 방법 등 사사건건 부딪쳤다. 그러나 A 씨는 결혼의 목적이 자신의 행복이 아니라, 사별한 아내와 두 아들을 위한 것이었기에 갈등 가운데서도 참고 양보하며 의지적으로 가정을 잘 유지해 오고 있었다.

그러던 중, 우리 한베문화교류센터의 서울센터에서 처음으로 실시하는 한베 가정의 남편들을 위한 강좌 '우리 남편의 베트남 학교'를 알게 되어서 신청을 하고 10주 과정의 강의에 참석하게 되었다. 이 강의에는 베트남 언어와 문화뿐만이 아니라 전문가의 부부 코칭 강의도 있었다. A 씨는 한베 국제결혼 가정으로 10년을 살았지만 너무나 이해가 되지 않는 부분이 많아서 우리 센터를 오게 된 것이다. 그리고 A 씨는 이 과정을 통해 새로운 빛을 만났습니다. 그는 환희에 찬 목소리로 나에게 다음과 같이 말했다.

"원장님, 제 생애에 한베문화교류센터를 만난 것은 큰 행운입니다. 지금까지 저의 문제가 뭔지 몰랐습니다. 왜 결혼 생활에 이런 파열음이 나는지 그 원인을 몰랐습니다. 그런데 이제는 알게 되었습니다. 막힌 것이 확 뚫어진 느낌입니다."

A 씨는 자신의 아픈 과거를 이렇게 진솔하게 나에게 들려주었다. 10주

과정이 끝나고 수료식에는 A 씨의 베트남 부인도 함께 동석했다.

베트남의 남녀 관계 vs 직장 동료와 사진 찍었다고 이혼을 요구하는 한국 남편

"알로"

"찌낌어이(김 언니), 나 마이예요."

"마이? 어떤 마이?"

"마이 타잉이요."

"어머, 너 오랜만이다. 그동안 어떻게 지냈니? 내 전화번호 어떻게 알았어?"

"Mr. 뚜언이 우리 집에 놀러 왔어요. 뚜언이 가르쳐 주었어요."

"뭐? 뚜언이? 너 뚜언이랑 지금까지 연락하며 지낸다고?"

이 짧은 대화 속에 베트남의 남녀 관계의 문화가 숨어 있다. 우선 마이를 소개하자면, 그녀는 홍콩 난민 출신이다. 1995년에 남편 타잉과 어린 아들을 데리고 홍콩에서 베트남으로 돌아왔다. 두 부부가 모두 영어를 조금씩 할 줄 알아서 마이는 나의 비서로 채용하여 나와 함께 김성일 씨의 『땅끝에서 오다』를 베트남어로 번역을 시작했고, 남편 타잉은 미국 NGO에 취직을 시켜 주었다. 그런데 남편 타잉이 바람을 피고, 아내를 구타했다. 우여곡절 끝에 두 사람은 이혼했고, 마이는 나와 번역을 마친 후 독일 NGO에 취직을 시켜 주었다.

이 당시 우리 부부는 무료 한국어교실을 운영하고 있었고 Mr. 뚜언이 한국어를 공부하려고 우리 교실에 왔다. 뚜언은 체코슬로바키아를 국비 유학생으로 갔다가 그곳에서 체코 여성을 만나 딸까지 낳았지만 베트남 정부에서 소환을 했다. 죄목은 정부 장학금으로 유학을 가서 공부는 안 하고 연애를 했다는 것이다. 귀국한 지 10년이 흘렀지만 베트남 정부는 뚜언의 체코 입국을 막고 있었다. 아내와 딸을 생이별하고 혼자 살아가는 뚜언을 볼 때마다 마음이 짠했다. 뚜언은 늘 지갑에 아내의 사진과 딸의 사진을 가지고 다녔다.

이런 뚜언과 마이는 평소에 친구처럼 지냈다. 그러다가 마이가 이혼을 하자 뚜언은 마이에게 바짝 다가갔다. 마이랑 재혼하고 싶어서 많은 노력을 했다. 그러나 마이는 비록 이혼 후에 휘청거리기는 했지만 그렇다 고 뚜언에게 달려가지는 않았다. 그러다가 마이는 자기보다 연하의 총각 을 만나 재혼을 했고, 아기까지 낳아서 잘 살고 있다. 그런데도 뚜언은 마 이랑 지속적으로 연락을 하고 있었던 것이다. 한국의 문화로는 이해가 안 되는 일이다. 이렇게 베트남의 남녀 관계는 우리와 많이 다르다.

두 번째, 마이가 전화 왔을 때, 내가 어떤 마이냐고 물으니까, '마이 타 잉'이라고 대답했다. 타잉은 이혼한 남편의 이름이다. 베트남은 똑같은 이 름이 너무 많아서 결혼한 부부일 경우에는 자기 이름 뒤에 배우자의 이름 을 붙여서 구별을 한다. 10년 만에 걸려온 전화이기에 내가 자기를 몰라 보니까 '마이 타잉'이라고 한 것은 이해가 되는데, 내가 전화번호를 저장 해야 하는데 마이라는 이름이 하도 많아서 어떻게 저장해야 할지 모르겠 다고 하니, 그냥 마이 타잉으로 저장을 하라고 한다. 이혼한 남편의 이름을 꼬리표처럼 자기 이름 뒤에 달고 다니는 것에 대하여 거부감이 없다. 우리 한국은 어떤가? 나에게 상처를 주고 떠난 남편에 대해 이렇게 관대할 수 없는 문화이다.

얼마 전 한국에서 한베 가족을 돌보는 C 사모님으로부터 국제 전화가 왔다. 희생정신이 높고 사랑이 많은 사모님이라 내가 무척 좋아한다. 그래서 한국에서 한베 가족을 방문할 때도 늘 같이 다닌다. 속이 깊은 사람이라 웬만한 일로는 전화를 하는 사람이 아닌데 한베 가족의 일로 속상한 일이 있어서 나에게 국제 전화를 한 것이다. 내용은 몇 년 동안 돌보았던 한베 가족 중에 한 베트남 아내가 직장에서 다른 외국 남자랑 사진도 같이 찍고, 같이 놀러 다니면서 무척 친하게 지내자 한국 남편이 의심을 하게 되었는데 베트남 아내는 절대 그런 사이가 아니라는 것이다.

그냥 재미로 놀러 갔다가 찍은 사진이지 사랑해서 찍은 사진은 아니라고 극구 부인하며 눈물을 흘리며 자신의 결백을 호소했지만, 남편의 의심은 좀처럼 누그러들지 않았다. 그래서 C 사모님이 몇 번 방문해서 상담을 했고, 베트남 아내는 결코 남편과 이혼할 생각이 없고 자기를 의심하는 남편 앞에서 잘못했다고 빌며 다시는 이런 행동을 하지 않겠다고 맹세를 했다는 것이다.

그러나 한국 남편은 자기 아내가 딴 남자와 찍은 사진을 보면 의심하지 않을 수 없다고 한다. 한국 남편은, '베트남의 문화는 자기 남편을 두고도 이런 행동을 하는가?'라며 나름 문화적 접근을 해 보려고 하지만, 한국의 유교 문화권에서 살아온 남편들은 태생적 한계로 인하여 이런 일을 쉽게 넘어가지 못한다. 한국 남편은 말하기를, 이해하고 용서하고 살려고 무진 노력을 하고는 있지만, 아내가 외딴 남자와 놀러 다니면서 찍은 사진을 보면 쉽게 용서가 되지 않는다고 한다. 이런 여자와 남은 생을 어떻게 살 수 있겠나 생각하면 차라리 이제 결단하고 이혼하고 싶은 마음이 굴뚝같다며 고민을 털어놓았다고 한다. 몇 년 동안 돌보았던 한베 가정이 이혼할 위기까지 가게 되자 C 사모님이 너무 허탈해서 나에게 전화를 한 것이다.

한국의 문화는 남녀가 내외하는 문화이다. 특히 결혼한 부부는 더욱더 남의 남자와 친하게 지내면 안 된다. 그러나 베트남은 그렇지 않다. 위의 마이의 경우를 보더라도 예전에 자기를 좋아했던 남자와 재혼 후에도 지속적으로 연락을 주고받으며 친구처럼 지내고 있지 않은가? 이 부분을 한국 남편들이 좀 이해를 해 주면 좋겠다.

베트남 아내들이 사회 활동을 하게 되어 견문이 넓어지면 도망을 갈까 봐 걱정이 되어 절대 밖에 못 나가게 하고 문화 센터에도 안 보내는 가정도 있다. 그건 너무 비인도적인 처사이다. 인간의 자유를 그렇게까지 속박을 하면서 어떻게 진정한 결혼 생활을 유지할 수 있겠는가?

미국 남자와 국제결혼을 한 가정과 한국 남자와 국제결혼을 한 가정을 비교해 보면 우리 한국은 너무나 비인도적이다. 그렇기 때문에 오히려 이혼율이 더 높은 것이다. 베트남 여성은 사리 판단을 할 줄 안다. 아내를 존중하고 인격적으로 대하는 남편에 대해 등을 돌리는 매정한 여성들이 아니다.

한국에 온 지 7일 만에 숨을 거둔, 황 응옥 신부의 집을 찾아서

2011년 4월에 껀터성의 신부, 한국에 온 지 8일 만에 정신 질환 남편에 의해 생을 마감해야 했던 타익 티 황 응옥Thach Thi Hoang Ngoc 신부의 마을을 방문했다. 참으로 조심스러웠다. 혹시 나를 향하여 돌을 던지지는 않을까 걱정도 되었다. 그러나 그 마을에 여전히 남아 있을 아픔, 한국에 대한 원망, 딸을 비명횡사로 보낸 부모님의 마음을 위로하고 싶은 마음으로 껀터성의 꺼도 마을을 찾아갔다.

크메르족이 밀집해서 살고 있는 동네, 개천이 쓰레기장으로 변하여 세균의 온상이 되어 있고, 마실 물이 없어서 주민들의 얼굴이 까맣게 타들어가고 있었으며, 온 동네가 양철로 되어 있는 회색의 마을이었다. 그 우중충한 마을에 화려한 금빛을 뿜어내는 건물이 있었으니 그것은 바로 절, 금빛 절이었다. 우리 일행이 제일 먼저 인사를 드린 곳은 인민위원장이 아니고 주지 스님이었다. 모든 주민은 주지 스님의 영향력 아래에 있었고 인민위원장은 작은 의자에 쪼그리고 앉아 주지 스님을 어른으로 모시고 있었다. 고대 제정일치 시대의 한 장면을 보는 듯 했다.

황 응옥 신부의 부모님을 찾아뵙고, 슬픔을 함께 나누고 싶다고 말머리를 꺼내며 요즘의 근황을 물었더니, 대뜸 한국 정부에게는 고마운데 사위와 그 집안은 용서할 수 없다는 것이다. 이유는 사위 집안에서 아직 어떤 말도, 어떤 보상도 없었다는 것이다. 잘못은 장 씨가 했는데 왜 당사자인 장 씨와 장 씨의 집안은 가만히 있고 국가가 나서서 용서를 구하느냐는 것이다. 당사자가 용서를 빌어야 내 딸이 편안히 눈을 감을 수 있지 않겠느냐며 눈물을 글썽인다. 그러면서 나에게 사위의 모든 서류를 쥐어 주며 자기를 대신하여 한국 법원에 고소해 달라는 것이었다. 황 응옥 부모는 한국 정부로부터 받은 보상금으로 딸을 위해 동네에 절을 하나 지었고, 49제와 100일제를 크게 지냈다. 또한 1년제를 지내기 위해 보상금을 은행에 고스란히 넣어 두었다는 것이다. 딸의 생명으로 받은 돈을 함부로 사용할 수 없어서 한 푼도 건드리지 않고 있다는 것이다. 과연 그랬다. 황응옥의 집도 여느 집과 마찬가지로 양철집이었다.

황응옥 신부의 마을 사람들은 우물을 만들어 주면 좋겠다고 한다. 오염된 물로 인하여 2살 이전의 유아들이 많이 죽는다는 것이다. 왜 안 그러겠는가? 어른인 나도 동네에 머문 지 몇 시간 안 되었는데 머리가 아파왔다. 어떤 기업이든지, 어떤 복지가든지, 어떤 정부 기관이든지 이 마을에 깨끗한 물이 퐁퐁 솟아나는 우물을 선물해 주면 좋겠다. 미성숙한 국민을 양산한 것을 사죄하는 마음으로, 인권 후진국의 불명예를 속죄하는 마음으로, 자식을 잘못 기른 것을 참회하는 마음으로, 결혼 이주 여성들의 아픔에 적극적인 대처를 못한 것을 후회하는 마음으로, 이 마을의 숙원 사업인 깨끗한 물을 공급해 줄 사람이 없을까? 한 응옥 신부의 집도 그리 많지 않은 보상금의 15%를 공동체를 위해 기증했다.

참고문헌

박일봉(2000), 『동양고전신서 1 論語』, 육문사.

심상준(2008), 「베트남 여성의 지위와 한베다문화가족」, 『베트남연구』 9.

유인선(1981), 「월남여조사회에서의 가족제도와 제산상속관행」, 『아세아연구』
  24-1.

_____(1982), 「전통월남사회에서의 여성의 지위」, 『아세아연구』 68.

_____(1993), 「베트남 黎朝사회와 유교이념」, 『송갑호교수 정년퇴임기념논문
  집』, 기념논문집간행위원회.

_____(1993), 「베트남전통가족제도에서의 부부관계」, 『아시아문화』 5.

_____(1996), 「전근대 베트남사회의 양계적 성격과 여성의 지위」, 『역사학보』
  150.

_____(1997), 「전근대 베트남의 중국가족제 수용과 변용 – 가부장권을 중심으
  로」, 『동남아연구』 5.

_____(1999), 「베트남인의 남진과 남부문화의 형성」, 『동방학지』 105, 연세대학

교 국학연구원.

_____(2001), 「전근대 베트남인의 歷史認識」, 『동양사학연구』 73, 동양사학회.

_____(2002), 『새로 쓴 베트남의 역사』, 이산.

_____(2005), 「베트남 黎朝의 성립과 유교이념의 확립 - 불교이념으로부터 유

교이념으로」, 서강대학교 동아연구소.

_____(1984), 「베트남院朝의 성립과 '大南' 帝國秩序」, 『아시아문화』 10.

_____(2009), 「전근대 베트남의 대중인식 - 조공과 대등의식의 양면성」, 『동북

아역사논총』 23.

_____(2012), 『베트남과 그 이웃 중국』, 창비.

_____, 서울대학교 동양사학연구실 편(1988), 「베트남黎朝時代(1428~1788) 村

落(社)의 구조와 성격」, 『近世 동아시아의 國家와 社會』, 지식산업사.

이기석 · 한용운(1999), 『孟子』, 홍신문화사.

전혜경(1994), 「한 · 중 · 월 전기소설의 비교연구 - 전등신화, 금오신화, 전기만록

을 중심으로」, 숭실대학교 대학원 국어국문학과 박사학위논문.

_____(2016), 「베트남 문학작품 속에 나타난 베트남 여성의식의 변모양상 - 소

설장르를 중심으로」, 『외국문학연구』 61, 한국외국어대학교 외국문학연

구소.

최병욱(2003), 「19세기 남부베트남의 여성상 - '음탕함'과 그 함의」, 『동남아시아

연구』 13-1.

_____(2006), 『동남아시아사』, 대한교과서주식회사.

_____(2006), 「전통시대 베트남 여성의 교역활동」, 『동양사학연구』 96, 동양사

학회.

한도연(2003), 「베트남의 향약의 조직원리와 지역자치 - 베트남 모짝사慕澤社, xa

Mo Trach의 사례」,『동아시아 연구』13-2.

_____(2003),「전통시대 한국과 베트남의 농촌사회조직에 대한 비교연구」,『한 국농촌사회학회』13-2.

후루타 모토오, 박홍영 역(2008),『베트남의 세계사』, 개신.

Bui Xuan Dinh(2010), Giao duc va khoa cu Nho hoc Thang Long-Ha Noi(탕 롱-하노이의 儒學의 敎育과 科試), Nxb. H.

Dao Duy Anh(2002), Viet Nam van hoa su cuong(베트남 文化史綱), Xuat ban Bon Phuong.

Do Thi Hao & Mai Thi Noc Chuc(1993), Cac nu than Viet Nam(베트남 女神들), Nxb. Phu nu.

Hoa Bang(1957), Luoc khoa ve lich de qua cac trieu dai(各 王朝를 통한 堤防의 歷 史에 대한 略考), Ban Nghien cuu Vam Su Dia Viet Nam.

Hoang Dao Duy(2007), Nguoi Canh Ha Noi(하노이의 경관), Nxb. H.

Hoi dong tac gia(1993), Tu dien Van hoa Viet Nam(베트남문화사전), phan Nhan chi(人物誌편), Nxb. Van hoa-Thong tin, Hanoi.

Huu Ngoc(chu bien)(1995), Tu dien van hoa co truyen Viet Nam(베트남古傳文化 辭典), Nxb. The gioi.

Le Hong Hong Ly(2010), Tiem hieu Le Hoi Ha Noi(하노이의 의례의 고찰), Nxb. Hanoi.

Le Trung Vu(1989), Le hoi trong doi song nhan dan xua va nay(과거와 오늘날의 국민 생활 속에서의 축제), Van hoa dan gian, nhung linh vuc nghien cuu(민 간문화, 연구영역들), Uy ban Khoa hoc xa hoi Viet Nam-Vien Van hoa dan gian.

Ly Khac Cung(2009), Ha Noi Van Hoa va Phong Tuc.

Mai Thanh Hai(2006), Cac ton giao va the gioi Viet Nam(베트남의 세계 종교들), Nxb. Van hoa Thong tin, Hanoi.

Nguyen Hoai & Nguyen Loan & Nguyen Tue(2002), Tu dien duong pho Hanoi(하노이의 거리사전). Nxb. Dai hoc Quoc gia Hanoi.

Nguyen Lang(1994), Viet Nam Phat Giao Su Luan(베트남의 佛教史論) I, Nha Xuat Ban Van Hoc, Hanoi.

Nguyen Linh Khieu(2003), Nghien cuu phu nu gioi va gia dinh(여성의 연구 - 성별과 가정), Nxb. khoa hoc xa hoi.

Nguyen Minh San(1994), Tiep can tin nguong dan da Viet Nam(베트남의 민간신앙의 접근), Nxb. Van hoa Dan toc, Hanoi.

Nguyen Van Khon(1960), Han-Viet Tu Dien漢越辭典, Nha Sach Khai Tri.

Nguyen Vinh Phuc & Nguyen Duy Hinh(2004), cac thanh Hoang va tin nguong Thang Long-Ha Noi(탕롱-하노이의 각 성황과 신앙들), Nxb. Lao dong.

Nhieu tac gia(1998), Hoi va dap ve van hoa Viet Nam(베트남文化의 質疑應答), Nxb. Van hoa dandoc.

Phan Huy Chu(1960), Lich trieu hien chuong loan chi, phan Van tich chi(歷朝憲文籍誌편), Nxb. Su hoc, Hanoi.

Phan Huy Le(1999), phan Ket cau kinh te(경제구조), Tim ve coi nguon(재판), tap 1, Nxb. The gioi, H.

_____(1999), Tim ve coi nguyen(起源에 대한 發見), tap 1, Nxb. The gioi, H.

_____(2007), Lich Su va Van hoa Viet Nam Tiep can bo phan, Nxb. Giao Duc.

_____(2010), Lang xa Viet Nam mot so van de kinh te van hoa xa hoi(베트남의 촌락 - 경제, 문화, 사회의 몇 가지 문제들), Nxb. Chinh tri Quoc Gia Han Noi.

Phan Ke Binh(2005), Viet Nam Phong Tuc Phan Ke Binh(판께빙의 베트남풍속), Nxb. Van Hoa-Thong Tin, H.

Sim Sang Joon(2001), Gia dinh nguoi Viet o chau tho song Hong va moi lien he voi cac cong dong xa hoi(홍하유역 베트남인의 가족과 각 사회공동체와의 연계), Luan an tien si Lich Su, Dai ho Quoc gia Hanoi(하노이국립대학 역사학부 박사학위 논문).

_____(2001), Ve ung xu mang tinh tinh huong cua nguoi Viet(베트남인의 상황적인 대처방법), tap chi Van hoa nghe thuat, so 1, Vien van hoa nghe thuat.

_____(2007), Tu Dai Le ba nghi ve dac thu van hoa VN(국회의원선거를 통하여 본 베트남의 문화의 특징), bao Dai Doan Kiet, 18/05.

_____(2009), Rua da o Van Mieu va nguoi Viet(문묘의 거북이와 베트남사람), bao Hanoi moi, 19/07.

_____(2010), Con rong va Vien Nam(용과 베트남), bao Hanoi moi, 03/01.

_____(2010), Tan man ve Tet Viet va Tet Han(한국설과 베트남설의 이모저모), bao Lao Dong, 08/01.

_____(2010), Thien do chieu va y thuc tu cuong dan toc VN(천도조와

베트남민족의 자긍의식), bao Lao Dong, 08/10.

_____(2013), Tai sao Trung Quoc nam Tho, Viet Nam Meo?(왜 중국은 토끼띠, 베트남은 고양이띠인가?), bao Lao Dong, 13/02.

_____(2014), Tuong dong Tet Viet va Tet Han(베트남설과 한국설의 유사성), Dien Dan Doanh Nhiep, 01/01.

_____(2016), Chuyen co dau Viet o xu Kim chi(김치나라에 살고 있는 베트남 며느리의 이야기), bao Dien Dan Doanh Nhiep, Xuan Binh Thuan.

Tang Kim Ngan(1997), Co tich than ky nguoi Viet(베트남인의 신비한 전설), Nxb. Khoa Hoc Xa Hoi, Hanoi.

Thi Sanh(1993), Vinh Ha Long – Di San vo gia(최高價의 문화유산), Nxb. So Van hoa Thong Ti Quang Ninh.

Toan Anh(1991), Phong tuc Viet Nam, tho cung to tien(베트남풍속, 조상숭배), Nxb. Khoc hoc xa hoi.

_____(2009), Ha Noi Nhu Toi Hieu(내가 알고 있는 하노이), Nxb. Thoi Dai. H.

Tram Van My(2009), Ha Noi van vat(하노이 문물), Nha Xuat Ban Van Hoa-Thong Tin.

Tran Quoc Vuong(2010), Dat Thieng Ngan Nam Van Vat(신령한 천년의 문물), Nha Xuan Ban Ha Noi.

Tran Quoc Vuong va Vu Tuan San(2009), Ha Noi Nghin Xua(옛 천년의 하노이), Nxb. H.

Tran Thi Van Anh & Le Ngoc Hung(1996), Phu nu gioi va phat trien(여성과 발전), Nxb phu nu.

Tran Tu(1984), Co cau to chuc cua lang Viet co truyen o Bac Bo(북부지방의 전통

적인 베트남 촌락의 構造와 組織), Nxb. Khoa hoc xa hoi.

Unknown(1993), Huong uoc co Ha Tay Ha Tay(하떠이의 古鄕約), Bao Tang Tong Hop So Van Hoa Thong Tin The Thao.

_____(1999), Bao Cao Quoc Gia Lan Thu 2 - ve tinh hinh thuc hien cong uoc lien hop quoc xoa bỏ moi hinh thuc phan biet doi xu voi phu nu(제II국가보고, 여성 차별행위에 대한 모든 형식의 폐지 - UN공약실현상황에 대해), Nxb. phu nu.

_____(2003), Tho To Huu va nhung loi binh(To Huu의 詩와 評論), Nxb. van hoa-thong tin.

_____(2008), Luat hon nhan va gia dinh, Luat phong, chong bao luc gia dinh, binh dang gioi(혼인 및 가족법, 가족폭력방지법, 남녀평등법), Nxb. Lao dong-xa hoi.

Uy ban Khoc hoc xa hoi Viet Nam(1974), Vien Khoa co hoc, Hung Vuong dung(국가를 건설한 홍王), tap 4, Nxb. Khoa hoc xa hoi.

_____(1995), Vien Van hoa dan gian, Van hoa gian(민간문화), nhung linh vuc nghien cuu.

Vu Quynh-Kieu Phu(1960), Linh Nam Chich Quai(嶺南摭怪), Nxb. Van hoa.

Vu Tu(1993), Van hoa va cu dan dong bang song Hong(문화와 홍하평야의 거민), Nxb. hoa hoc ki thuat.

KOVICULTURE
Korea Vietnam Culture Communication Center
사단법인 한베문화교류센터

한국 사무소

주소　서울 구로구 가마산로 26길 27 AJ파크 구로점 201호
전화　02-561-8284, 8286

베트남 사무소

주소　Lo 40 TT1 My Dinh Me Tri Hanoi, Vietnam
선화　+84-24-3787-8640, 8644, 8700(하노이)
　　　+84-320-3898-640(하이즈엉 한국어교실)

후원 참여

예금주　사단법인한베문화교류센터
계좌　국민은행 532001-01-231907 / KEB하나은행 630-008103-503
